Norbert Nedopil

**Jeder Mensch
hat seinen Abgrund**

Norbert Nedopil
mit Shirley Michaela Seul

Jeder Mensch hat seinen Abgrund

Spurensuche in der Seele
von Verbrechern

GOLDMANN

Die in diesem Buch dargestellten Fälle sind so verfremdet, dass sie keinem einzelnen Menschen zugeordnet werden können. Eine Ausnahme stellen Fälle dar, die durch die Berichterstattung in den Medien hinlänglich bekannt sind. Hier wurde teilweise auf eine Anonymisierung oder Verfremdung verzichtet.

Der Verlag weist ausdrücklich darauf hin, dass im Text enthaltene externe Links vom Verlag nur bis zum Zeitpunkt der Buchveröffentlichung eingesehen werden konnten. Auf spätere Veränderungen hat der Verlag keinerlei Einfluss. Eine Haftung des Verlags ist daher ausgeschlossen.

Dieses Buch ist auch als E-Book erhältlich.

Verlagsgruppe Random House FSC® N001967

1. Auflage
Originalausgabe 2016
Copyright © 2016 by Wilhelm Goldmann Verlag, München,
in der Verlagsgruppe Random House GmbH,
Neumarkter Str. 28, 81673 München
Umschlaggestaltung: UNO Werbeagentur München
Umschlagmotiv: © FinePic®, München
Satz: Buch-Werkstatt GmbH, Bad Aibling
Druck und Bindung: GGP Media GmbH, Pößneck
Printed in Germany
ISBN 978-3-442-31442-3
www.goldmann-verlag.de

Besuchen Sie den Goldmann Verlag im Netz

Inhalt

Begegnung mit dem Bedrohlichen 9
Spurensuche in der Psyche 12
Wahrer Wahn 18
Gewalt-Fantasie 20
Mad or bad? 23
Die Krone der Psychiatrie 26
Wie es auch gewesen sein könnte 29

Die Erforschung der Täterpersönlichkeit 34
Ein kriminueller Lebenslauf 37
Gibt es ein Gewalt-Gen? 41
  Biologie, Umwelt und ihr
  Zusammenwirken 44
  Der Kreislauf der Gewalt 49
  Schutzfaktoren 54
Menschen- und Tätertypen 56
Diskrepanzen – Schlüssel zur
forensischen Diagnostik 59
Besondere Tätertypen 64
Persönlichkeit und Situation 70
  Der Tropfen und das Fass 75
  Alkoholrausch 79
Kriminell oder krank? 81

Krank oder böse? 88
Wie gefährlich ist das Leben unter Menschen? 89

Triebkräfte des Verbrechens 93
Drei Ursachen für Konflikte 98
Gier und Neid 101
Wenn aus Gier Sucht wird 103
Wenn Gier und Sehnsucht Hochzeit halten 106
Zaghaftigkeit und Angst 112
Narzissmus 114
Rache und Wut 119
Jähzorn 121
Fanatismus und Radikalisierung 124
Terror 128
Terroristische Einzeltäter 130
Der kranke Terror 141
Die Lust an der Gewalt 142
Das sogenannte Böse 144
Sadismus 149
Gewalt und Rücksichtslosigkeit 151
Gefühlskälte 155
Sexualität und Sexualdelinquenz 157
Die sexuelle Prägung 160
Sexuelle Perversion 174

Täter und Opfer 177
Beziehungstaten 178
Die Partnertötung 192

Kinder als Opfer 195
Sexualdelikte an Kindern 203
Viktimologie – Nicht jedes Opfer bleibt
ein Opfer 204
Gibt es einen Opfertyp? 208
Ohnmacht-Macht-Umkehr 212
Posttraumatische Belastungsstörung 216
Der Rechtsfrieden 221

Die Realität und ihre Rekonstruktion 225
Wie wahr ist die Wahrheit? 229
Die polizeilichen Ermittlungen 233
Untersuchungshaft 237
Der Rechtsbeistand 240
Das Gutachten 242
Die zwei Gesichter des Gutachters 252
Unter Ausschluss der Öffentlichkeit 256
Die Haft 258
Der psychiatrische Maßregelvollzug 260
Resozialisierung zwischen Reue
und Rechtfertigung 264
Die Entlassung 267
Kriminalitätsfurcht und Realität 273

Das Verbrechen und die Gesellschaft 277
Medien als Verbrechensverstärker 278
Schaufenster Psychiatrie 279
Buhmann Psychiatrie 286

Der forensische Psychiater als Schamane? 287
Kann man Verbrechen vorhersagen? 291
Was fasziniert uns an Verbrechen? 296
Sind Verbrechen Teil unseres Menschseins? 299

Das dünne Eis der Zivilisation 300
*Mentalisierung und Empathiekonzept –
Theory of Mind* 305
Verbrechen verstehen heißt: sie verhindern 307
Von wegen: Früher war alles besser 311

Literatur 316

Begegnung mit dem Bedrohlichen

Es trifft Sie wie ein Blitz: Der Mann, dem Sie in der U-Bahn gegenübersitzen, hat seine Frau vor den Augen seiner Kinder getötet. Beim Frühstück haben Sie sein Bild in der Zeitung gesehen, unter der Schlagzeile: *Mörder auf freiem Fuß*. Was geht in Ihnen vor? Wie reagieren Sie?

Vielleicht tun Sie so, als wäre nichts. Oder Sie wechseln den Sitzplatz, weil Sie sich bedroht fühlen. Es schießt Ihnen die Frage durch den Kopf, ob einer, der schon einmal einen Mord begangen hat, für Sie gefährlich werden könnte. Das ist nicht abwegig: Menschen, die bereits getötet haben, wiederholen eine solche Tat mehr als hundert Mal so häufig wie andere, die keinen Mord begangen haben. Diese Rückfallquote bedeutet nicht, dass Sie akut in Gefahr sind, zeigt jedoch, dass – rein theoretisch – Ihr Gegenüber ein größeres Risiko für Sie darstellt als die anderen Fahrgäste in der U-Bahn. Aber nicht aus diesem Grund sind Sie misstrauisch, Sie kennen diese Prognosen vielleicht gar nicht. Sie sind vorsichtig, weil Ihnen das Ihre Erziehung und die Natur vermittelt haben. Unsere Vorfahren lebten in einer bedrohlichen Welt, in der die Abwehrbereiten besser zurechtkamen als die Vertrauensseligen. Heute ist die Welt nicht mehr so bedrohlich. Vorsicht und Misstrauen sind dennoch tief in uns verwurzelt. Sie bestimmen unser

Handeln geradezu reflexartig, wenn wir in Situationen geraten, die uns fremd sind.

Unsere Reaktionen sagen aber nichts über unser zufälliges Gegenüber in der U-Bahn aus, auch wenn wir das glauben mögen. Wir machen uns Gedanken, beginnen zu interpretieren, verknüpfen Aussehen mit Charakter, beobachten die Regungen des Fremden und fragen uns, was sie bedeuten: Jetzt eben der Blick aus dem Fenster zum Bahnsteig. Sucht er ... ein neues Opfer? Fatalerweise neigen wir dazu, eine spontan entwickelte Vorstellung weiterzuverfolgen, ein Vorurteil zu unterfüttern – bis wir scheinbar vor einer unausweichlichen Wahrheit stehen. Die aber nur ein großer Irrtum ist. Und der kann entsetzliche Folgen haben.

Es könnte sein, dass Sie darüber nachdenken, warum der Mann seine Frau getötet hat. Sie haben möglicherweise schon einmal gehört, dass mehr als die Hälfte aller Tötungsdelikte im nahen familiären Umfeld passieren. Da Sie nicht mit Ihrem Gegenüber in der U-Bahn verwandt sind, ist er also für Sie weniger bedrohlich als für ein Familienmitglied. Vielleicht ist er ein Narzisst, der es nicht verkraftet hat, dass seine Frau ihn nicht mehr vergöttert? Oder wollte sie ihn verlassen? Oder ist er ein Psychopath, der rücksichtslos alles aus dem Weg räumt, was sich ihm entgegenstellt? Was vermuten Sie?

Ich vermute zuerst einmal gar nichts. Meine Antwort würde lauten: Ich weiß nicht, welche Beweggründe ihn angetrieben haben. Und dann beginnt meine Arbeit. Denn erst wenn ich mir eingestehe: »Ich weiß es nicht«, bin ich unvoreingenommen und offen für alles, was ich im Folgenden erkunden kann: Die von der Polizei ermittelten Spuren, die Aussagen von Familie, Freunden und Bekannten, die ersten Reaktionen des Täters nach dem Verbrechen. Welche innerpsychischen Vorgänge haben ihn bewegt? Welche Situation hat sein Handeln ausgelöst? Wie denkt er heute über die Tat?

Ähnlich wie Sie sich gefühlt haben, wenn Sie sich die Situation in der U-Bahn vorstellten, dürfte es den Nachbarn von Helmut P. ergangen sein, als sie am Abend des Ostermontags vor der Eingangstür ihres Reihenhauses standen, um sich von ihren Gästen zu verabschieden. Da kam Helmut P. mit seiner sechsjährigen Tochter aus der Nachbarswohnung, seine Hände und die Hose blutverschmiert, ebenso der Schlafsack, in den das Kind eingehüllt war, voller Blut. Helmut P. drückte seine Tochter der Nachbarin in die Arme, stammelte mehr, als dass er es sagte: »Pass auf die Kleine auf, ich habe gerade die Hedwig umgebracht, ich muss jetzt die Polizei anrufen.« Mit diesen Worten ging er zurück in seine Wohnung.

Kurz darauf folgte die Polizei der Blutspur von der Küche ins Wohnzimmer und fand dort Helmut P. neben seiner leblosen Frau kniend. Er versuchte verzweifelt, sie durch Herzdruckmassage wiederzubeleben. Sie hatte durch Schläge mit einem schweren Holzscheit mehrere Schädelbrüche erlitten.

Die Nachbarn kannten Helmut P. nicht als Gewalttäter, für sie war er ein liebevoller Ehemann und fürsorglicher Vater. Was also ist hinter den verschlossenen Türen des Reihenhauses und hinter der Fassade dieser Familie passiert? Das zu beleuchten ist mein täglich Brot.

Spurensuche in der Psyche

Als forensischer Psychiater beschäftige ich mich seit über dreißig Jahren mit allen persönlichen und zwischenmenschlichen Aspekten, die einen Menschen in Konflikt mit dem Gesetz bringen können. Meine Aufgabe ist es festzustellen, ob ein Straftäter krank ist oder nicht. Das ist manchmal gar nicht so einfach herauszufinden, entscheidet aber letztlich darüber, wie ein Täter bestraft wird. Ist er schuldfähig, vermindert schuldfähig oder schuldunfähig? Wird er freigesprochen? Verbüßt er seine Strafe im Gefängnis oder in der Psychiatrie? Wird er gar sicherungsverwahrt, weil die Gesellschaft vor ihm geschützt werden muss? Um eine psychische Krankheit zu erkennen – und sie von einer vorgespielten zu unterscheiden –, gibt es Methoden und Kriterien, die ich als Leiter der Abteilung Forensische Psychiatrie der Klinik für Psychiatrie und Psychotherapie der Ludwig-Maximilians-Universität München an meine Studentinnen und Studenten vermittle, angehende Mediziner und Juristen. Darüber hinaus versuche ich als Forscher das Wissen über Kriminalität, psychische Störungen und die

Zusammenhänge zwischen beiden zu erweitern. Es reicht aber nicht, in der Forschung immer mehr Wissen zu sammeln. Ich möchte diese Erkenntnisse weitergeben an Gerichte und Politiker, um dazu beizutragen, dass Straftaten vermieden und die Strafen für die Täter sinnvoll werden – durch zielgerichtete Gestaltung des Strafvollzugs, durch Verbesserung der therapeutischen Rahmenbedingungen für die Verurteilten und durch die Erinnerung, dass die eigentliche Arbeit häufig erst dann beginnt, wenn der Freiheitsentzug beendet ist.

Das alles sind genauso verantwortungsvolle Aufgaben wie die Begutachtung von Straftätern, bei der nicht selten meine Expertise den Ausschlag bei der Entscheidungsfindung des Gerichts gibt. In Deutschland wird im Vergleich zu anderen Ländern zwar nicht über Leben oder Tod entschieden, doch immerhin über die Lebensqualität – Gefängnis, Freispruch, Sicherheitsverwahrung. Das ist den Menschen bewusst, die mir im Rahmen einer Begutachtung gegenübersitzen. Und natürlich versucht jeder, das Beste für sich herauszuholen. Ich gehe davon aus, belogen zu werden. Es würde mich wundern, wenn es anders wäre. Doch es gibt Methoden, Lügen zu durchschauen. An dieser Stelle sei nur so viel verraten: An der Körpersprache entlarvt man keinen Lügner.

Im Laufe der Jahre sind mir Tausende von Probanden, so nennen wir die Menschen, die wir begutachten, gegenübergesessen. Ich habe zahlreiche Gutachten für Strafprozesse verfasst, die in der Öffentlichkeit starke Aufmerksamkeit erregten: Wenn es um besonders verabscheuungswürdige Taten wie Kindstötungen und sadistische Morde ging – der »Maskenmann«, der jahrelang in Schullandheimen Kinder missbrauchte und drei Jungen tötete; der Lastwagenfahrer, der mindestens sechs Frauen strangulierte –, um politisch brisante Prozesse wie den rechtsradikalen Bombenleger Franz Fuchs oder um Verfahren, die die Rechtsprechung änderten – wie jenes von Gustl Mollath.

Es saßen mir aber auch unzählige Menschen gegenüber, die keine Tötungsdelikte begangen hatten, deren seelische Verfassung aber dennoch beurteilt werden musste, damit Gerichte über ihre Zukunft in der Gesellschaft entscheiden konnten. Die forensische Psychiatrie befasst sich mit dem ganzen Spektrum der Kriminalität und der menschlichen Schwächen. Dabei habe ich nicht nur Grenzen des Erträglichen, sondern auch Grenzen dessen erfahren, was man mit wissenschaftlichen Kriterien erfassen kann. So wie bei dem Partisanenkämpfer, nach dessen Begutachtung ich zum ersten Mal in meinem Leben feststellte, dass es mir schwerfiel, rein wissenschaftliche Begriffe zu verwenden. Und dass ich, wenngleich widerwillig, auf das Wort *böse* zurückgreifen musste, um auszudrücken, was diesen Menschen ausmacht.

Die Frage, ob das Böse existiert, ist mir von Beginn meiner professoralen Karriere an immer wieder gestellt worden. Anfangs erwiderte ich darauf, dass *gut* und *böse* als moralische Kategorien in meinem Gebiet nicht relevant seien. Es gehe darum, Entwicklungen aufzuzeigen, die einen Menschen zu einer gewissen Verhaltensbereitschaft gebracht haben. Im Laufe der vielen Jahre mit Straftätern sind mir jedoch einige wenige Menschen begegnet, die ich – bei aller wissenschaftlichen Zurückhaltung – als böse bezeichnen würde. So der ehemalige russische KGB-Agent, der als junger Mann zum Militär kam und in seiner »Initiationsnacht« an der chinesischen Grenze acht Menschen erschoss.

»Ich merkte, dass mir das Spaß macht«, erklärte er mir lapidar. »Menschen töten.«

Dafür bekam er Anerkennung, seine Vorgesetzten lobten ihn und gewährten ihm einen Extraurlaub. Schließlich hatte er Feinde eliminiert. Und so machte er weiter, bis er schließlich im Afghanistankrieg der Sowjetunion auf die Führer der Taliban angesetzt wurde. Mit einem Fallschirm sprang er hinter der Front ab und schoss dann aus dem Hinterhalt. Dies allein hätte mich noch nicht zu meiner späteren Einschätzung gebracht, einem »bösen« Menschen gegenüberzusitzen, wenngleich die Sicherheitsvorkehrungen in der Untersuchungszelle wegen seiner mutmaßlichen Gefährlichkeit besonders hoch waren. Normalerweise werden die Probanden von der Polizei in mein Büro an der Universitätsklinik gebracht. Hier sitzen sie meistens ohne Handschellen, und auch die Begutachtung findet fast immer ohne Fesseln statt. Diesmal jedoch hatte man mich gebeten, den Probanden im Gefängnis zu begutachten. Er wurde als so hochgefährlich eingestuft, dass man ihn nicht quer durch die Stadt fahren wollte. Als ich ihn, der sich seiner Taten rühmte, fragte, wie er während seines mehrwöchigen Einsatzes hinter der Front mit seiner Sexualität umgegangen sei, antwortete er: »Die Männer waren im Krieg. Nur die Alten und Kranken sind in den Dörfern geblieben. Die Frauen gingen allein zu den Brunnen, um Wasser zu holen. Sie waren unbewacht.«

»Wissen Sie denn«, fragte ich ihn, »was in diesem Land mit vergewaltigten Frauen geschieht?«

Er lächelte. »Sie werden gesteinigt.«

Nicht die Vergewaltigungen, die er begangen hatte, nicht die egoistische und bedenkenlose Befriedigung seiner sexuellen Bedürfnisse auf Kosten anderer veranlassten mich zu der Einschätzung »böse«, sondern seine wissentliche Inkaufnahme eines viel größeren, nahezu unaufwiegbaren »Begleitschadens«, der in keiner Relation zu seiner Bedürfnisbefriedigung stand. Das war es, was ich nicht mehr mit fachlichen Begriffen fassen konnte.

Auch an diesem Menschen habe ich etwas Positives entdeckt, falls seine Angaben wahr sind, wovon ich aufgrund verschiedener Unterlagen ausgehe. Dieser eiskalte Killer teilte seine Sondervergütung, die er für die Einsätze hinter der Front der afghanischen Taliban erhielt, mit den Witwen gefallener Kameraden. Für sie wird er ein guter Mensch gewesen sein, sie werden ihn gepriesen und für ihn gebetet haben. So hat jeder seine Sichtweise. Zu diesem Schluss bin ich immer wieder gekommen bei den vielen Gutachten, die ich selbst abgefasst und bei meinen Mitarbeitern in der Ausbildung betreut habe – zwischen dreihundert und vierhundert sind es pro Jahr. Unter dem Strich steht, dass Pauschalurteile in die Irre führen, denn sie verhindern es, dass man sich differenziert und ohne Vorurteile einem Menschen nähert. Nun kann man einwenden, dass Pauschalurteile wichtig seien. Ja, das ist richtig. Manchmal müssen wir sehr schnell handeln und haben deswegen keine Zeit für ein gründliches Abwägen. Das mag im Alltag praktisch, ökonomisch und meist sinnvoll sein. Die Begutachtung und Beurteilung von Straftätern und psychisch Kranken, die mit dem Recht in Konflikt gerieten, ist aber keine Alltagsaufgabe.

Der israelisch-US-amerikanische Psychologe und Nobelpreisträger Daniel Kahneman[*] spricht von zwei menschlichen Denksystemen, einem schnellen und einem langsamen, die für ein und dieselbe Sache oft zu verschiedenen Schlüssen kommen. Im Alltag beurteilen wir Informationen als wahr, die unseren Vorstellungen entsprechen, und ziehen solche in Zweifel, die ihnen entgegenlaufen. Bei der Begutachtung eines Probanden wäre es fatal, ein forensischer Psychiater würde sich allein auf seine intuitiven Eingebungen verlassen, wenngleich sie mit zunehmender Erfahrung eine Rolle spielen können. Doch gibt es kaum etwas, was einen so raffiniert aufs Glatteis führt wie die eigene Psyche. Wer einen Menschen nur aus dem Gefühl heraus beurteilt, wird Schwierigkeiten haben, dies für andere

---

[*] Kahnemann, Daniel (2011): Schnelles Denken, langsames Denken. München, Siedler Verlag.

nachvollziehbar zu begründen. Der kleine Test, die Frage zu beantworten, welche Fakten und welches Wissen zu den Schlüssen führten, ist ein wirkungsvolles Gegenmittel, wenn man Gefahr läuft, sich selbst auf den Leim zu gehen.

Wahrer Wahn

Wer auf Pauschalurteile setzt, glaubt an eine Wahrheit, die für alle gilt. Doch von Mensch zu Mensch kann Wahrheit völlig anders aussehen, und sobald eine psychische Erkrankung die Regie übernimmt, zeigt Wahrheit noch einmal ein ganz anderes Gesicht. Meine Aufgabe als forensischer Psychiater verläuft an der Grenze zwischen normalpsychologisch nachvollziehbarem Verhalten und gestörter Verhaltenskontrolle. Ein Beispiel für diesen häufig schmalen Grat ist die schwierige Frage, wo der Glaube endet und der Wahn beginnt. Hierbei müssen die kulturellen Umstände berücksichtigt werden. Wenn mir ein Muslim erklärt, dass er nicht geisteskrank sei, sondern von Dschinns besessen, macht er damit zuerst einmal keine Aussage über seinen Geisteszustand, sondern über seine kulturelle Herkunft. Wenn ein gläubiger Katholik mir versichert, dass Maria unbefleckt empfangen habe, geschieht das nicht im Wahn, sondern konform mit dem Denksystem seines Glaubens. Für einen Andersgläubigen könnte sich die unbefleckte Empfängnis ebenso wahnhaft darstellen wie für einen Katholiken die Dschinns – nach dem islamischen Glauben unsichtbare dämonenartige Wesen, die Krankheiten und Verrücktheiten verursachen. Um die geistige Gesundheit eines Menschen zu beurteilen, muss das Umfeld, in dem er lebt, berücksichtigt werden. Aber natürlich gibt es Kriterien für Wahn, auch für den religiösen Wahn. Man erkennt ihn, wenn man das Denksystem eines Menschen nicht nur erfragt, sondern auch provoziert. Argumentiert das Gegenüber in einem geschlossenen, von der Realität abgehobenen Denksystem oder kann es in das wechseln, was wir als Realität bezeichnen?

Unterschiedliche Wahrheiten kommen nicht nur in verschiedenen Ländern und Kulturen vor, sie leben nebeneinander im selben Stadtviertel, Tür an Tür. Da schüttelt der atheistische Studienrat den Kopf über seinen jüdischen Nachbarn, der am Sabbat keinen Finger rührt, und womöglich unterstellt der eine dem anderen: der spinnt! Manchmal dient eine solche »Spinnerei« oder eine andere Kleinigkeit als Grund für einen Mord.

Jedes Jahr mit dem Schnee begann das Martyrium des Peter B. Dann nämlich griff sein Nachbar in der Doppelhaushälfte zur Schneeschaufel und schob *schipp, schipp, schipp, schipp* den Schnee von seiner Garageneinfahrt auf die Straße vor das Haus von Peter B. Das macht der nur, um mich zu ärgern, war sich Peter B. sicher. Er ärgerte sich und mehr als das: Er war wütend. Seit dreißig Jahren ging das nun so. Fast so lange hatte man kein Wort mehr miteinander gewechselt. Peter B. war überzeugt, der Nachbar wolle ihm zeigen, dass er sieben Quadratmeter mehr Grundbesitz hatte und dass man ihm nichts anhaben könne, weil er bei der Stadt beschäftigt war. Wenn die ersten Frostnächte durch die Reihenhaussiedlung zogen, wurde Peter B.s Schlaf schlechter. *Schipp, schipp, schipp* schabte die Schaufel durch seine Träume. Bis er ihr Einhalt gebot mit der Axt eines Morgens im Dezember. Und der Schnee färbte sich rot mit dem Blut des ahnungslosen Nachbarn, der nicht im Traum auf die Idee gekommen wäre, wie sehr Peter B. ihn hasste.

Gewalt-Fantasie

Wer sich mit der forensischen Psychiatrie beschäftigt, könnte leicht dem Trugschluss erliegen, die Welt würde immer gefährlicher. Laufen nicht immer mehr »verrückte Gewalttäter« herum? Oder nehmen wir das vielleicht nur so wahr durch die Begeisterung, mit der sich die Medien auf Mord und Totschlag stürzen? Die Zahlen sprechen eine klare Sprache: Seit es die Menschheit gibt, nimmt die Gewalt ab. Heute verzeichnet Deutschland pro 100 000 Einwohner 0,78 Gewalttote. Im Jahr 1890 waren es 2,5 und 1990 1,7. Die Abnahme ist umso erstaunlicher, als bei Mord und Totschlag die Dunkelziffer immer niedriger und die Aufklärungsquote immer höher wird. Dank der verbesserten polizeilichen Ermittlungstechniken wie DNA-Analysen bleiben nur noch vier von hundert Morden unaufgeklärt. Gewaltdelikte von psychisch Kranken sind ebenfalls weniger geworden, jedoch nicht im gleichen Umfang, wie es die Abnahme der Gewaltkriminalität insgesamt erwarten ließe. Aber wer gilt nun eigentlich vor Gericht als psychisch gesund? Nun, das ist sehr einfach zu beantworten: jeder erwachsene Mensch, solange nicht das Gegenteil bewiesen ist. Diese Ausgangslage erspart uns die Antwort auf die kaum zu beantwortende Frage, was normal ist. Nicht aber auf die Frage, was krank oder gestört ist, zumal wir berücksichtigen müssen, dass Krankheit im juristischen Sinn etwas ganz anderes sein kann als im medizinischen und noch einmal etwas anderes als im allgemeinen Sprachverständnis, wo wir schon mal die Formulierung hören *Bin ich Jesus oder was?* und darin keinen Hinweis auf eine psychische Erkrankung vermuten.

Wolfgang H. glaubte, er sei auserkoren. Der Paraklet sprach zu ihm.

»Wer ist das?«, fragte ich ihn.

»Ein Professor müsste das eigentlich wissen«, entgegnete Wolfgang H. spöttisch.

»Klären Sie mich auf«, bat ich ihn.

»Der Heilige Geist«, hauchte er ehrfürchtig.

Wolfgang H. hörte auch andere Stimmen. Sie kündeten von der Wiederkehr des Messias. Eines Tages würde es so weit sein. Manche Stimmen wollten dies verhindern. Wolfgang H., im Dienste des Heiligen Geistes, musste wachsam sein. Er musste sich vorbereiten, weshalb er keiner Arbeit nachgehen konnte. Seit Monaten lebte er in einer Obdachlosenunterkunft. Wegen seiner Mission konnte er sich kaum mehr auf Dinge des täglichen Lebens konzentrieren. Aber er ließ nicht nach in seinen Bemühungen und besuchte täglich Kneipen, in denen er keinen Alkohol trank, sondern seine Mitmenschen mit Andeutungen auf das Große, das bevorstand, vorzubereiten trachtete. Was sehr gefährlich war, die Stimmen hatten es ihm prophezeit: Eines Tages würde er in einer Kneipe angegriffen und getötet werden. Doch Wolfgang H. fürchtete sich nicht. Er glaubte sich fest von Gott beschützt, das hatte der ihm sogar ins Ohr geflüstert. Hab keine Furcht, Wolfgang, ich bin bei dir. Sei wachsam! Und Wolfgang war wachsam. So fielen ihm die beiden Gäste sofort auf, die eines Abends in einer Kneipe auftauchten. Es war schon spät, und sie brachten einen eiskalten Luftzug mit. In grauen Mänteln und mit beschlagenen Brillengläsern standen sie an der Eingangstür, dann deutete der eine Mann in Richtung Tresen, wo Wolfgang H. in diesem Augenblick seine Gesprächspartnerin fragte, ob sie überhaupt ahne, was demnächst bevorstünde: die Wiederkehr des Messias.

Wolfgang H. wusste sofort, dass dies der Mann war, vor dem ihn die Stimmen gewarnt hatten. Der wollte ihn töten. Der wollte ihn daran hindern, seine Mission zu erfüllen. Und schon kam er näher, zögernd, die beschlagene Brille in der Hand, was Wolfgang H. nicht über seine Absichten täuschte. Er riss das große Messer an sich, mit dem die Barfrau eben noch Zitronen geschnitten hatte, und stürmte auf den fremden Mann zu, der die Gefahr nicht erkannte, wie auch, ohne Brille, ein weißes Taschentuch in der Hand. Mit einem Schrei rammte Wolfgang H. das Messer in den Hals des Feindes. Das Opfer verblutete innerhalb weniger Minuten.

Wolfgang H. konnte nicht verstehen, dass man ihn für sein Verhalten zur Rechenschaft ziehen wollte. Er hatte in Notwehr gehandelt. Und weil er wahnhaft davon überzeugt war, wurde er nicht mit jenem Maßstab zur Rechenschaft gezogen, wie es bei einem psychisch gesunden Menschen der Fall gewesen wäre.

Mad or bad?

Heute bezeichnen wir Menschen wie Wolfgang H. als psychisch krank. Früher wäre er geisteskrank genannt worden. Beide Begriffe sind neuzeitlich. Im Mittelalter bis zur Renaissance befasste man sich vorwiegend mit dem ersten Teil des Wortes, nämlich den Geistern, von denen diese Menschen angeblich besessen waren. Eine psychische Erkrankung lag jenseits des damals herrschenden Weltbildes, in dem Hexen mit dem Satan kopulierten und der Teufel und seine Vasallen für alles Übel und Gott und seine Engel und Heiligen für alles Gute verantwortlich waren. Nachdem mit der Aufklärung die religiösen Überzeugungen mehr und mehr in den Hintergrund traten, fand man andere Kräfte, die den Menschen von außen besetzten und lenkten. Den Mond nämlich. Tanzten die Irren nicht im Schein des Vollmonds und heulten ihn an wie Wölfe? Seelisch kranke Menschen wurden für vom Mond beeinflusste

Geschöpfe gehalten, sie galten als mondsüchtig. Jahrhundertelang wurden Anstalten für psychisch kranke Menschen im Englischen als *Lunatic Asylum* bezeichnet, während bestimmter Mondphasen wurden die Patienten zur Vorbeugung ausgepeitscht.

Noch bis ins 18. Jahrhundert sperrte man psychisch Kranke in Gefängnissen zusammen mit Kleinkriminellen, Bettlern und Trunkenbolden, wo sie der vornehmen Gesellschaft zur Belustigung vorgeführt wurden. Ein Kupferstich des Bilderzyklus *A Rake's Progress* von William Hogarth im Jahr 1735 vermittelt einen guten Eindruck von der Szenerie – und inspirierte später Igor Strawinsky zu seiner gleichnamigen Oper. Der französische Arzt Philippe Pinel setzte sich schließlich dafür ein, die psychisch Kranken von den Verbrechern zu trennen. Nach seiner Beschreibung verschiedener psychischer Erkrankungen wurde die Psychiatrie in die Medizin aufgenommen. Pinel gilt heute als Geburtshelfer der Psychiatrie. Mit ihm begann die Aufteilung in *mad* or *bad*, die zu einer der Hauptaufgaben der Psychiatrie wurde. Der erste Professor für Psychiatrie in München ist vielen Menschen ein Begriff, wenngleich vielleicht nicht aus fachlicher Sicht – Bernhard von Gudden ertrank 1886 zusammen mit dem »Märchenkönig« Ludwig II. im Starnberger See, nachdem er sein Gutachten über den Geisteszustand des Königs abgegeben hatte.

Wie menschenfreundlich unsere Gesellschaft heute ist, nehmen wir oft gar nicht wahr. Schutz gewährt allein schon die Tatsache, dass der Staat das Gewaltmonopol innehat und nicht jeder nach eigenem Gutdünken und Ermessen Vergeltung für ihm tatsächlich oder eingebildet widerfahrenes Unrecht durchsetzen muss, kann und darf. Und selbst wenn es emotional nachvollziehbar sein könnte, dass Empörung und Wut einen Menschen zur Vergeltung für erlebtes Leid treiben, so wird der Staat eine solche Selbstjustiz nicht ungestraft lassen, wie man am Fall der Marianne Bachmeier sehen kann. Sie erschoss den mutmaßlichen Mörder ihrer Tochter im Gerichtssaal bei der Verhandlung 1981 in Lübeck und wurde wegen Totschlags zu sechs Jahren Haft verurteilt. Nach unserem aktuellen Strafgesetzbuch wird nur derjenige nicht bestraft, der schuldunfähig ist, der aufgrund einer psychischen Störung nicht erkennen kann, dass er etwas Unrechtes tut, oder der sich aufgrund einer Störung nicht steuern kann. Um das herauszufinden, muss der Psychiater den Täter genau untersuchen – und der Täter muss in der Regel bereit sein, sich untersuchen zu lassen. Er kann dazu nicht gezwungen werden – Zwang wäre für den gutachtenden Psychiater wenig hilfreich. Wie sollte sein Gegenüber auch nur halbwegs offen reden können, wenn es zur Äußerung gezwungen wird, und wie sollte der Sachverständige Vertrauen aufbauen, wenn er den Untersuchten zum Reden »zwingt«. Allerdings können die Gerichte nicht auf die Beratung durch Sachverständige verzichten. Im Falle Gustl Mollaths lag beispielsweise kein Einverständnis des Angeklagten vor. Ich stützte mich in meinem Gutachten auf meine Beobachtungen während der Verhandlung sowie auf das Studium der Akten, auch dies war aufschlussreich.

Die Krone der Psychiatrie

Zu Beginn meiner Laufbahn sah ich meinen Wirkkreis in der klinischen Forschung. Ich hatte die Wahl zwischen zwei Angeboten. Sollte ich stellvertretender Klinikleiter in Regensburg werden oder Vertreter des forensischen Psychiaters an der Universität München? Ich neigte zu Regensburg. Dort wurde ich bei meinem Erstgespräch von einem älteren Oberarzt durch die Klinik geführt. Er kannte die Namen der uns begegnenden Patienten nicht und pries die großzügige Unterbringung in einem Zehnbettzimmer. Ich versetzte mich in meine Zukunft nach dreißig Berufsjahren an diesem Ort, und meine Stimmung passte sich dem grauen Novembertag an, der die an und für sich schöne Stadt Regensburg trist und trostlos erscheinen ließ. Vor meiner Entscheidung fragte ich einen älteren, mir gewogenen Oberarzt um Rat. Professor Dietrich, den ich sehr schätzte, fackelte nicht lang. »Was wollen Sie in Regensburg? Sie gehen selbstverständlich in die Forensik. Das ist die Krone der Psychiatrie.«

Heute weiß ich, dass er recht hatte – zumindest für mich. Die forensische Psychiatrie war damals das Gebiet mit den meisten weißen Flecken. Hier gab es noch viel zu tun, hier konnte man in der Forschung viel bewirken.

Davon abgesehen liegt im Wissen um die weißen Flecken meiner Überzeugung nach der Schlüssel zur Erkenntnis sowohl zu einem Menschen als auch einer Idee. Der weiße Fleck symbolisiert mein Eingeständnis: Ich weiß nichts. Ich gehe vorurteilsfrei in eine Begutachtung und begegne den Menschen, die mir gegenübersitzen, mit Respekt. Sie spüren, dass ich mich ihnen unbefangen nähere, mich nicht nur auf ihre Straftat konzentriere, sondern an ihnen als Mensch interessiert bin, an ihrer Geschichte, ihren Wunden und Narben. Aber auch an ihren Stärken und Ressourcen, an ihrer Lebenseinstellung und den Motiven, die sie zu ihren Taten geführt haben. Manches davon überrascht mich. Und dann freue ich mich, denn ich lasse mich gern überraschen. So wachsen meine Erfahrungen, und trotzdem fange ich bei jedem Probanden neu an, und von den meisten kann ich etwas lernen. Natürlich gibt es ein System von Fragen und Themen, die ich in einer Begutachtung abarbeite, eine Struktur der Untersuchung, aber kein starres Schema. Ich will wissen, wie sich der Mensch entwickelt hat, welche Erfahrungen er gemacht hat und vieles mehr. Es ist mir bewusst, dass ich nur erfahren werde, was ich erfrage. So führe ich mein Gegenüber gedanklich in Situationen, die es kennt, und solche, die ihm unbekannt sind. Ich versuche die weißen Flecken auf seiner individuellen Landkarte aufzudecken. Für mich – und wenn es geht, auch für ihn. Als junger Psychologiestudent habe ich gelernt, dass man bei Testungen nicht nur sein eigenes Wissen erweitern sollte, sondern dass diese für den Betroffenen einen »emanzipatorischen Effekt« haben sollten. Er sollte davon profitieren, wenn er sich untersuchen lässt. Dies möchte ich den von mir untersuchten Probanden mitgeben. Auf diese Weise habe ich viel erfahren. Und manchmal haben Täter mir ihr Vertrauen geschenkt, die lange geschwiegen haben, von denen niemand glaubte, dass sie überhaupt reden würden.

Wenn man historische Landkarten aus der Zeit vor Kolumbus betrachtet, findet man darauf Tiere, Pflanzen und Symbole. Die Gelehrten glaubten, alles zu kennen. Nach Kolumbus kam die Erkenntnis, dass es unbekannte Gegenden auf der Welt gibt und weiße Flecken auf der Landkarte. Man wusste nicht, wie genau sie beschaffen waren. Man musste sie erkunden. Auch ich schaue mir die Dinge genau an. Ich erkunde die Menschen; ich bin ein Suchender, der mit menschenkundlicher Neugier die Spuren in der Psyche meiner Gegenüber verfolgt. So materialisiert sich vielleicht eine Trasse, ich weiß noch nicht, wohin sie mich führen wird. Wenn ich eine Landkarte allmählich, Schritt für Schritt, gefüllt, ein Gutachten verfasst habe, bin ich zwar nicht sicher, dass ich alle Flüsse und Täler und Berge und Seen und Wälder an der richtigen Stelle aufgespürt habe, doch ich weiß, dass meine Landkarte die Realität des Menschen, der mir gegenübersitzt, deutlicher abbildet als eine Landkarte, die von Anfang an ausgefüllt gewesen wäre.

Wie es auch gewesen sein könnte

Wie eine Sache wirklich gewesen ist, weiß man nur, wenn man die Fakten kennt. Wie ein Ereignis auf einen Menschen gewirkt haben mag, weiß man vielleicht nie exakt. Aber man kann es erfragen, kann sich einfühlen. Und wird doch an Grenzen stoßen, die schon dort beginnen, wo zwei Menschen dasselbe Wort benutzen und etwas anderes damit meinen, was sie in der Regel aber gar nicht wissen. Ist diese Sache noch dazu im Bereich der Psychiatrie angesiedelt, wird es nicht einfacher. Denn was ist schon wahr, was ist real, und was ist psychisch krank oder eben gesund?

Ein Schriftsteller erzählte mir einmal, dass er oft große Probleme damit habe, ein Projekt, an dem er arbeite, anderen zu beschreiben. »Ich mache den ganzen Tag nichts anderes, als mich damit auseinanderzusetzen, doch ich kann nicht wirklich erklären, was ich da eigentlich tue.«

Nach einer langen Laufbahn in der forensischen Psychiatrie wage ich nun ebenfalls ein Geständnis: Es fällt mir noch immer schwer zu erklären, was unter psychisch krank umfassend zu verstehen ist. Damit bin ich im Übrigen nicht alleine, alle mir bekannten Definitionen halten sich relativ bedeckt. Und so stelle ich fest, dass mich die Jahre gelehrt haben, wie es *auch* sein kann. Im Grunde genommen sind wir diesbezüglich nicht viel weiter als der Pionier der modernen empirisch orientierten Psychopathologie, mit der das psychologische Denken überhaupt erst Fuß fasste in der Psychiatrie: Emil Kraeplin (1856–1926) formulierte im Jahr 1910 folgendermaßen:»In diesem Sinne ist die Aufstellung von unanfechtbaren Krankheitsformen in der Psychiatrie leider erst in sehr bescheidenem Umfange und mit einer gewissen Annäherung erreichbar.« Sein Kollege Kurt Schneider (1887–1967) schrieb im Jahre 1951:»Hier sind nirgends scharfe Grenzen gegenüber den ›normalen‹ Lagen, und daher ist es in leichteren Fällen oft willkürlich, ›Geschmackssache‹, ob man schon von Abnormität reden will oder noch nicht.«

In der *ICD 10* aus dem Jahr 2014, der internationalen Klassifikation der Krankheiten der Weltgesundheitsorganisation, die in Deutschland verbindlich ist, liest man:»Der Begriff ›Störung‹ *(disorder)* wird in der gesamten Klassifikation verwendet, um den problematischen Gebrauch von Ausdrücken wie ›Krankheit‹ oder ›Erkrankung‹ weitgehend zu vermeiden. Störung ist kein exakter Begriff; seine Verwendung in dieser Klassifikation soll lediglich einen klinisch erkennbaren Komplex von Symptomen oder Verhaltensauffälligkeiten anzeigen, der immer auf der individuellen und oft auch auf der Gruppen- oder sozialen Ebene mit Belastung und mit Beeinträchtigung von Funktionen verbunden ist, sich aber nicht auf der sozialen Ebene allein darstellt.«

Manche Kriminalfilme und -romane, deren Protagonisten im wahrsten Sinne des Wortes »irre« agieren, berufen sich gern auf diese scheinbare Unbestimmtheit. Doch ein psychisch kranker Mensch ist nicht irre. Er lebt oft in einer

Welt, zu der wir kaum Zugang haben. Manche dieser Welten sind streng strukturiert und gefüllt mit bedeutungsvollen Ritualen. Andere Menschen leben in einem auch für sie kaum erträglichen Chaos, das ihnen oft sogar Angst macht. In der fachlichen Begutachtung fallen die richtigen Puzzlesteine an die richtige Stelle, weil es eben doch Kriterien gibt, die Zuordnungen zu bereits bekannten Bildern ermöglichen. Aber sie sind nicht immer eindeutig. Es ist gerade die Mehrdeutigkeit, die mein Fach so reizvoll macht. Manchmal wird das Puzzle erst gelöst, wenn der letzte Stein sitzt, und manchmal entzieht sich auch dieser dem Zugriff. Umso wichtiger ist es, sich einen freien Blick zu bewahren, wann immer wir Menschen und ihre Handlungen beurteilen sollen. Und das kommt täglich vor, auch bei Ihnen, denn eine kleine Begutachtung steckt in jeder menschlichen Begegnung. Wir lernen jemanden kennen und schätzen ihn erst einmal grob ein. Das hat meistens keine großen Folgen für ihn. Aber eben nur meistens. Im Alltag kennen wir nur sehr wenige Fakten, vielmehr Gerüchte, Meinungen, wir haben etwas aufgeschnappt, dichten etwas dazu, erzählen es weiter. Meinen Studentinnen und Studenten rate ich manchmal, Begebenheiten aus ihrem Leben aus verschiedenen Blickwinkeln zu betrachten und mildernde Umstände nicht nur für geliebte, sondern auch für ungeliebte Zeitgenossen zu finden, Fakten, die zu einem Freispruch führen können, wenngleich nicht vor Gericht, so doch von einem Vor-Urteil. Wollen wir, dass andere oberflächlich über uns urteilen? Oder würden wir uns nicht vielmehr wünschen, dass sie sich differenziert mit ihrer Meinung über uns auseinandersetzen? Dann sollten wir selbst damit beginnen. Für mich ist jeder sinnvolle Perspektivenwechsel eine große Bereicherung.

Die Fakten:

Das Ehepaar F. betreibt einen Getränkemarkt. Frau F. hat es nicht leicht mit ihrem Mann, der selbst sein bester Kunde ist. Nach zwölf Flaschen Bier neigt er zur Gewalttätigkeit. Zwanzig Jahre bleibt Frau F. ihrem Gatten eine treue Stütze. Bis er durch seine Alkoholsucht nicht mehr in der Lage ist, seine Körperflüssigkeiten bei sich zu behalten. Frau F. macht hinter ihm sauber, freiwillig, ohne große Worte. Als er diesen Dienst eines Tages von ihr verlangt, packt sie seine kotbeschmierte lange Unterhose, windet sie um seinen Hals und erdrosselt ihn.

Die Sichtweisen:

Herr F., als Inhaber eines Getränkemarktes, musste tagsüber hin und wieder ein Glas mit seinen guten Kunden trinken. Schließlich wollte er sie nicht verlieren, das konnte er seiner Frau nicht antun. Sie lebten schließlich beide von dem kleinen Laden. Als er wegen einer für seinen Beruf typischen Erkrankung auf die Hilfe seiner Frau angewiesen war, versagte sie ihm diese und ermordete ihn.

Die Ehe ist für die fünfzigjährige Frau F. unauflöslich. So verspricht man es schließlich vor dem Pfarrer. In guten und in schlechten Zeiten. Ob sie in ihrer Ehe mit ihrem Partner überhaupt jemals gute Zeiten erlebt hat, ist fraglich. Der Mann wurde zum Alkoholiker, er neigte zur Gewalt. Doch Frau F. blieb bei ihm. Niemand zwang sie, ja, man redete ihr sogar zu, sie solle ihn verlassen. Aber als er ihre Hilfe brauchte, versagte sie ihm diese. Warum war sie nicht früher gegangen?

Die Bewohner im Viertel sind schockiert. Wie konnte das geschehen? Das Ehepaar F. war allseits beliebt – auch bei Kindern, die in dem kleinen Eckladen häufig Süßigkeiten zugesteckt bekamen. Doch Herr F. ist nicht mehr. Er wurde hinterrücks erdrosselt von seiner Frau.

Andere Bewohner des Viertels haben es kommen sehen. Herr F. habe seine Frau immer schlecht behandelt. Nun hat sie es ihm heimgezahlt – nach Jahren eines Martyriums.

Dieser Fall ist ungewöhnlich. Mit Frauen als Mörderinnen habe ich selten zu tun, sie machen insgesamt in der Kriminalstatistik nur fünf Prozent in dieser Tätergruppe aus. Ansonsten spielt es keine Rolle für mich, ob jemand ein Mörder oder ein Totschläger ist. Das sind Feinheiten, die nicht in mein Fachgebiet fallen, darum mag sich die Polizei und Juristerei kümmern. Ich finde die Beweggründe eines Täters spannend. Wann hat jemand angefangen darüber nachzudenken, einen anderen Menschen zu töten? Was für eine Persönlichkeit steckt in diesem Täter?

Die Erforschung der Täterpersönlichkeit

Wer ist schuld daran, wenn ein Mensch zum Mörder wird? Gibt es ein Täter-Gen? Sind Eltern für die kriminelle Laufbahn ihrer Kinder verantwortlich? Oder gibt die Umwelt, in der ein Mensch lebt, den Ausschlag? Die Meinungsvielfalt durch die Jahrhunderte ist beachtlich. Aktuell gehen wir von einem Zusammenspiel aller Faktoren aus, die gemeinsam das Bedingungsgefüge für die spezifische Entwicklung eines Menschen bilden: genetische Disposition, Erziehung und Umwelt machen uns zu dem Menschen, der wir sind. Es ist also nicht so einfach, wie es vor gut einhundert Jahren erschien, als die Wissenschaft der Physiognomik ihre Blütezeit erlebte. Sie ist eng verknüpft mit dem italienischen Arzt und Professor der gerichtlichen Medizin und Psychiatrie, Cesare Lombroso (1835–1909). Er entwickelte ein System, nach dem man Verbrecher an ihrem Äußeren identifizieren sollte. Vorstehende Schneidezähne, wenig Bartwuchs und eng zusammengewachsene Augenbrauen gehörten zu den Kennzeichen für Verbrecher. Ach ja, nach Lombroso war deren Haarfarbe öfter schwarz als blond. Und Betrüger erkannte man an ihren Locken. Heute mögen wir über solch eine Einfalt schmunzeln, wissen wir doch längst, dass ein Krimineller sehr attraktiv, dicht bebartet und blond sein kann. Und doch lassen wir uns von Äußerlichkeiten blenden: Wider besseres Wissen, dass das Aussehen eines Menschen nichts über seine kriminellen Aktivitäten auszusagen vermag, ganz im Gegenteil, diese sogar verschleiern kann, beeinflusst das visuelle Erscheinungsbild unsere Meinung. Wenn der ehemalige US-Präsident George W. Bush nach seinem ersten Treffen mit Vladimir Putin feststellt, »ich blickte in seine Augen und sah, dass er ein guter Mensch ist«, weiß ich, dass eine Korrelation zwischen Aussehen und Charakter nicht möglich ist.

Im Warteraum meiner Abteilung an der Universitätsklinik in München sitzen Strafgefangene, Polizisten in Zivil, die die Häftlinge begleiten, andere Patienten und Besucher. Niemand könnte allein vom Äußeren feststellen, wer der Polizist, wer der Strafgefangene, wer der Patient – oder beides – ist. Und schon gar nicht sollten wir uns auf eine solche Einschätzung verlassen. In vielen Studien wurde nachgewiesen, dass wir dazu neigen, Menschen mit ebenmäßigen Gesichtern und einem sympathischen Erscheinungsbild schneller zu vertrauen. Was Betrüger wie Heiratsschwindler weidlich auszunutzen wissen. Hilfreicher als der Blick auf das Erscheinungsbild eines Menschen ist die Analyse seiner Entwicklung.

Die Entwicklungspsychologie ist hier zu einer Reihe interessanter Ergebnisse gekommen. Besonders aufschlussreich waren Studien, die ganze Geburtskohorten – Kinder, die im gleichen Jahr geboren wurden – vom Kindergarten bis in ihr Erwachsenenleben begleitend untersuchten, um festzustellen, welche Kinder im Beruf Erfolg haben, welchen soziale Beziehungen gelingen, welche scheitern und insbesondere, welche dissozial und kriminell werden. Als dissozial bezeichnet man Menschen, die kontinuierlich die Regeln des sozialen Zusammenlebens missachten. Das kann sich in Verwahrlosung, Streitsucht, Aggression oder Kriminalität äußern. Man kann unterscheiden zwischen einer Dissozialität aus Stärke, bei der diese Regeln missachtet werden, weil der Betreffende glaubt, daraus Vorteile zu ziehen, zum Beispiel andere zu dominieren, finanziellen Gewinn zu erzielen oder der eigenen Lust zu frönen, und einer Dissozialität aus Schwäche, in der ein Mensch verwahrlost und in Bedrohungs- und Belastungssituationen übergriffig wird.

Die Daten solcher Studien werden verglichen mit genetischen Untersuchungen, mit Informationen über die Eltern, mit Schulbeurteilungen und vielen anderen Faktoren. Daraus werden Entwicklungspfade errechnet, die erkennen lassen, welche Einflüsse einen Menschen in die eine oder andere Richtung gelenkt haben. Bevor ich näher auf solche Erkenntnisse eingehe, bitte ich Sie zu berücksichtigen, dass die Schlussfolgerungen der Wissenschaft auf statistischen Daten und deren Verrechnung beruhen. Das bedeutet, dass sie sehr wohl einen allgemeinen Trend abbilden, die Ergebnisse in Einzelfällen jedoch in die Irre führen können. Und damit sind wir bei der berühmten Ausnahme, die Sie bei den folgenden Beispielen bedenken mögen. Nicht jedes Kind mit schlechten Startbedingungen wird kriminell, nein. Aber ein solches Kind läuft eher Gefahr, eine kriminelle Laufbahn einzuschlagen als ein anderes mit besseren Startbedingungen. Das ist bitter. Aber es wäre falsch, es zu verschweigen. Denn wenn wir wissen, was Kriminalität befördert, können wir dem entgegenwirken. Und genau darin liegt der Sinn solcher Studien, die nicht nur unseren Kenntnisstand über Kriminalität erweitern, sondern ihr vorbeugen und potenzielle Täter aus einer scheinbaren Sackgasse herausführen und ihnen Hilfen anbieten sollen, die sie vor dem sozialen Abseits bewahren.

Ein krimineller Lebenslauf

P. wurde Ende der 1950er-Jahre geboren, sein Vater war Alkoholiker und verbüßte mehrere Haftstrafen, unter anderem wegen gewalttätiger Übergriffe auf P.s Mutter. Sie arbeitete als Zugehfrau und betreute zudem eine ältere Dame. Als P. fünf Jahre alt war, galt er in seiner Entwicklung als retardiert und wurde von der Einschulung zurückgestellt. Zwischenzeitlich hatte er einen Bruder bekommen. Kurz nachdem sein Vater wieder einmal aus der Haft entlassen worden war, verübte dieser einen Einbruch bei der alten Dame, die P.s Mutter betreute, er wurde gefasst und kam erneut in Haft. P. und seine Mutter wechselten den Wohnort. Sie war überfordert von ihren beiden Söhnen, vor allem von P., der in dem so genannten Problemviertel einer Großstadt sozialisiert wurde. Mit neun Jahren war er häufig in Raufereien verwickelt, beging

Fahrraddiebstähle und machte anderen wegen seiner körperlichen Stärke und seiner Furchtlosigkeit Angst. P.s Mutter erkannte die Schwierigkeiten und zog abermals um, diesmal in ein anderes Viertel, in dem viele Ausländer wohnten. Auch dort verschaffte sich P. durch seine Unerschrockenheit und Durchsetzungsfähigkeit Respekt. Es kamen Ladendiebstähle hinzu, und er wurde von Mitschülern, die schlauer waren als er, als Schläger eingesetzt, der sich in ihrem Auftrag prügelte.

Mit fünfzehn Jahren stand er zum ersten Mal vor einem Jugendrichter, der ihm wohlgesonnen war und ihn an einen Reiterhof zur Ausbildung vermittelte. Dort führte er sich eine Zeitlang gut, begann aber vermehrt, Alkohol zu trinken, weil es ihm langweilig wurde.

Mit sechzehn Jahren kam er zum ersten Mal in den Jugendarrest – er hatte auf dem Reiterhof geklaut und war fristlos gekündigt worden. Mit siebzehn Jahren wurde er wegen vorsätzlicher Körperverletzung verurteilt, in der Folge wegen Hausfriedensbruch, Sachbeschädigung und weiteren Körperverletzungsdelikten. Die ausgesprochene Bewährung war längst widerrufen. P. knackte nun auch Autos, steuerte sie ohne Fahrerlaubnis und wurde wegen Widerstands gegen die Staatsgewalt angeklagt. Mit zweiundzwanzig Jahren kam er wegen Einbruchdiebstahls zum ersten Mal in den Erwachsenenvollzug. Und so ging es weiter. Wenn P. nicht gerade einsaß, hielt er sich vorwiegend in Kneipen auf. Im Alter von dreiundzwanzig Jahren wurde er zum ersten Mal mit einem großen Delikt auffällig: einem bewaffneten Tankstellenüberfall, bei dem er unter Bedrohung mit einem Fleischermesser mehrere Tausend DM erbeutete. Er wurde zu fünf Jahren Gefängnis verurteilt, unternahm während eines Hafturlaubs einen weiteren Einbruch und wurde erneut verurteilt. Im Alter von knapp dreißig Jahren war seine Strafe verbüßt. Dann hörte die Polizei knapp zwanzig Jahre nichts von ihm. Doch in der Bearbeitung alter Fälle mit neuen technischen Methoden wie der DNA-Analyse wurde entdeckt, dass P. im Alter von einundzwanzig Jahren einen Wohnungseinbruch begangen und die siebenundachtzigjährige Mieterin mit einer Holzlatte getötet hatte. Er wurde vor Gericht gestellt und berichtete seinen in Anbetracht seiner bisherigen beruflichen und kriminellen Karriere ungewöhnlichen Lebenslauf:

In der Haft hatte er eine Lehre zum Maschinenbauer abgeschlossen. Nach seiner Entlassung machte er den Lkw-Führerschein und arbeitete als Lkw-Fahrer. Mit einunddreißig Jahren kaufte er mittels Kredits bei guter Auftragslage einen eigenen Transporter und arbeitete als Subunternehmer. Mit zweiunddreißig Jahren heiratete er eine psychisch kranke Frau. Mit dreiunddreißig wurde er Vater einer Tochter. Mit vierunddreißig adoptierte er die erste Tochter seiner Ehefrau, die dadurch aus dem Waisenhaus zu ihrer Mutter zurückkehren konnte. Mit fünfunddreißig kaufte er sich einen zweiten Transporter, wurde in diesem Jahr aber wegen Steuerhinterziehung angezeigt. Er konnte die Strafe und seine Schulden von 120 000 DM bezahlen, ohne sich weiter zu verschulden. Mit sechsunddreißig Jahren wurde seine zweite Tochter geboren, mit achtunddreißig ein Sohn, mit knapp vierzig Jahren war er schuldenfrei und saß im Elternbeirat des Kindergartens. Dann wurde er aus seinem bürgerlichen Leben heraus erneut verhaftet – die Vergangenheit holte ihn ein. Allein sein Lebensweg und die späte Tatentdeckung bewahrten ihn vor einer lebenslangen Freiheitsstrafe wegen des Mordes an der alten Frau. Wegen guter Führung wurde er nach zwei Dritteln der Haftzeit entlassen. Schon während der Haft hatte er sich eine neue Arbeit als Hausverwalter gesucht. P. wurde nie wieder straffällig.

Dieser Lebenslauf stellt die Ausnahme von der Regel dar. Doch genau um diese Ausnahmen geht es. Sie müssen wir suchen und fördern. Zu erwarten wäre es, dass ein Mensch mit einer solch kriminellen Karriere bis ins hohe Alter niemals Fuß fasst in einem sozialen Leben. Allerdings sind solche lebenslangen kriminellen Karrieren selten. Weniger als fünf Prozent aller Straftäter weisen eine so ausgeprägte und dauerhafte kriminelle Laufbahn auf, die mit der Kriminalität und Alkoholsucht des Vaters beginnt, sich in der Kindheit im dissozialen Umfeld fortsetzt und in langjährigen Gefängnisstrafen oder in einem frühen Tod endet. Der größere Teil der Straftäter durchläuft keine oder nur einzelne Aspekte, ist dann aber in der Lage, sich nach Verbüßen einer Strafe wieder in die Gesellschaft zu integrieren. Für sechzig Prozent der Erstinhaftierten bleibt der Aufenthalt im Gefängnis eine einmalige Station in ihrer Biografie. Hier können wir ansetzen, um Kriminalität einzudämmen. Um aber die typischen – prototypischen, wie es in der Wissenschaft heißt – Wege zu kennen, die zur Kriminalität führen, müssen wir systematisch alle Aspekte identifizieren, die in der Entwicklung von Straftätern eine Rolle spielen. Wie sehen diese Aspekte im Detail aus? Was ist von den Genen und was aus der Umwelt und Erziehung abzuleiten?

Gibt es ein Gewalt-Gen?

Vorneweg: nein. Und jetzt kommt das große Aber: Es gibt eine genetische Disposition, einen Menschen, bei dem neben vielen anderen auch Merkmale zu finden sind, die ihn in eine kriminelle Richtung lenken. Alle unsere Erbanlagen befinden sich in unseren Chromosomen. Diese bestehen aus unterschiedlichen Genen, die in verschiedenen Varianten bei jedem Menschen enthalten sind. Gene beeinflussen nicht nur unsere äußere Erscheinung, sondern auch unsere Charaktermerkmale. Es gibt allerdings kein Panzerknacker-Gen. Zumindest haben wir es bis heute noch nicht entdeckt. Erforscht ist allerdings die genetische Disposition zur Bereitschaft, Gewalt auszuüben, zur Missachtung der Gefühle anderer und zur Neigung, Grenzen und Normen zu überschreiten.
In der forensischen Psychiatrie sind die genetischen Grundlagen, vor allem die Überträgersubstanzen des Gehirns interessant – insbesondere von Serotonin und dem Enzym Monoaminoxidase –, deren Aktivität von unterschiedlichen Genen gesteuert wird. Wer wie ausgestattet

ist – das ist Zufall. Wenn ein Mensch über zwei lange Serotonin-Transportergene verfügt, ist er in der Regel gelassener und ausgeglichener als ein Mensch mit einem langen und einem kurzen oder zwei kurzen Serotonin-Transportergenen. Man hat Rhesusaffen mit solch unterschiedlichen Ausstattungen – in der Tierwelt gibt es diese Überträgersubstanzen ebenfalls – entweder bei ihren Müttern aufwachsen lassen oder in einer Horde von gleichaltrigen Rhesusaffen. Dabei waren jene Affen interessant, die zumindest ein kurzes Transportergen hatten. Diejenigen unter ihnen, die bei ihren Müttern verblieben, entwickelten sich zu relativ friedlichen Zeitgenossen, während ihre Mitaffen, die in einer Horde aufwuchsen, ein aggressives, reizbares und abwehrbereites Verhalten zeigten. Hatten sie dazu noch zwei kurze Serotonin-Transportergene, waren sie hoch anfällig für emotionale Reize. Zwei lange Serotonin-Transportergene machten sie unabhängiger von emotionalen Schwankungen und von den Bedingungen ihres Aufwachsens. Diese Untersuchung zeigt wie viele andere deutlich die Gen-Umwelt-Interaktion und dass die Fragestellung, ob etwas ererbt oder erworben sei, falsch ist. Das dürfen wir auch bei der Entwicklung von Menschen nicht vergessen, die später kriminell werden. Ein Gen allein knackt noch keinen Panzerschrank. Es benötigt eine passende Umgebung, um sich zu verwirklichen. Eine groß gewachsene Frau – Körpergröße ist genetisch festgelegt – wird sich bei der Partnersuche lieber dort aufhalten, wo die Wahrscheinlichkeit, dass sie auf große Männer trifft, höher ist. Sie wird also eher Mitglied in einem Basketballverein werden, als die Gesellschaft von Jockeys zu suchen. Dieses Verhalten beschreibt ein wissenschaftlicher Begriff aus dem Paarungsverhalten: *Assortative Mating*. Wenn die große Frau im Basketballverein einen großen Mann kennenlernt, den sie später heiratet, wird das Paar mit hoher Wahrscheinlichkeit sehr große Kinder haben. Das gleiche Muster ist anzuwenden auf eine Frau, die sich im sozial randständigen Milieu bewegt – wo sie aller Wahrscheinlichkeit nach einen Partner finden wird, der aus dem gleichen Milieu stammt. Es ist nun mal so, dass man seine Partner in vertrauter Umgebung kennenlernt, was dafür spricht, dass sie zum Teil über ähnliche Gene verfügen.

Es gibt auch Gene, die Charaktereigenschaften vererben. Diesbezüglich haben wir noch viel zu erforschen. Bekannt ist bereits, dass es einen genetisch vererbbaren Hang zur Abenteuerlust gibt, so wie den zur Harmoniebewahrung. Eine Frau, die gern mit dem Rucksack durch die Welt reist, wird sich eher nach einem unternehmungslustigen Partner als nach einem »Couchpotato« umsehen. Diese vereinfachte Darstellung soll hier vor allem zeigen, dass unsere genetische Ausprägung auf ihre Beantwortung durch die Umwelt angewiesen ist, um sich zu verwirklichen. Wenn die Abenteuerlust eines Menschen gepaart ist mit der Neigung, unvorsichtig zu sein und keine Angst vor Schädigungen oder Nachteilen zu haben, kann dies ein problematisches soziales Verhalten fördern.

Biologie, Umwelt und ihr Zusammenwirken

Die Gene, die uns heute ausmachen, sind Hunderte Millionen Jahre alt. Sie haben sich bewährt – wir haben überlebt. Bereits nach der Verschmelzung von Ei- und Samenzelle interagieren sie mit der Umwelt – dem Uterus. So ist der Embryo von Beginn an vielfachen Einflüssen ausgesetzt, zunächst über den Organismus seiner Mutter. Hat sie Sorgen und schüttet deshalb Stresshormone aus, geraten diese in den Blutkreislauf des Embryos, wo sie ebenfalls zu Stressreaktionen führen – Mutter und Kind zeigen dieselben körperlichen Reaktionen wie beispielsweise Pulsbeschleunigung. Nun weiß die Mutter in der Regel, warum sie sich aufregt. Der Embryo weiß das nicht, er fährt emotional schwarz, verspürt aber trotzdem die Stressreaktion – und so können sich prägende Erfahrungen bilden. Der Embryo und später der Fetus hat keine Möglichkeit, sich zu schützen. Wenn Alkohol die Blutbahn seiner Mutter flutet, sitzt er mit im Boot. Und wenn sie Heroin konsumiert, kommt er als Süchtiger auf die Welt und macht als Erstes einen Entzug durch. Ein freundlicher Empfang sieht anders aus.

Mittlerweile ist auch die Rolle des Vaters während der Zeugung und Schwangerschaft in den Fokus des Interesses gerückt. Doch in erster Linie ist es die Mutter, die das Kind psychisch und physisch versorgt, wenngleich beide Elternteile ihre Anlagen weitervererben. Ein Kind kommt nicht als unbeschriebenes Blatt auf die Welt, sondern ist in seiner Persönlichkeitsdisposition schon bald nach der Geburt erkennbar. Das eine ist unruhig, das andere ruhig, das eine weint viel, das andere nicht, eines wirkt neugierig, ein anderes schnell gelangweilt. Nicht nur kleine Menschen zeigen übrigens stark unterschiedliche Verhaltensweisen, auch bei Tieren ist das so. Kein Wunder, wir sind ja genetisch trotz hoher Übereinstimmung alle unterschiedlich. Jedes Lebewesen ist eine ganz spezielle, einzigartige Mischung. Die stabilen Aspekte einer Persönlichkeit sind bereits in der Kindheit erkennbar. Man kann sich den Menschen wie ein Segelboot vorstellen, das an einer Ankerleine hängt. Er kann sich nicht weiter von seinem Anker entfernen, als die Kette dies erlaubt. Wir hängen bildlich gesprochen an der Kette unserer Gene. Wir können nichts, wozu wir nicht befähigt sind. Wir können zwar viel lernen – aber eben immer nur im Rahmen unserer genetisch vorgegebenen Möglichkeiten. Herauszufinden, wo die Grenze ist, wie viel Spiel die persönliche Ankerleine erlaubt, ist ein lebenslanger Prozess. Die meisten Menschen haben mehr Spielraum, als sie nutzen und oft auch mehr, als sie sich vorstellen. Sich hinter seinen Genen zu verstecken macht genauso wenig Sinn, wie beispielsweise in jeder Krise seine missliche Erziehung in den Vordergrund zu stellen. Die Gene sind nicht an allem schuld, ebenso wenig die Erziehung, aber beides zusammen legt eine Spur. Diese beginnt sehr früh, im Bauch der Mutter, wo die Verhaltensbereitschaft des kleinen Menschen moduliert wird. Was aber wie gesagt nur ein Faktor von vielen ist. Wenn eine schwangere Frau nicht so fürsorglich mit sich selbst umgeht, wie es gut wäre, und wenn vielleicht nicht so fürsorglich mit ihr umgegangen wird, hat das Einfluss auf den Fetus. Vielleicht raucht die Mutter oder trinkt, nimmt Drogen, hat Stress, Sorgen, Geldnöte, Konflikte und so weiter. All das landet beim Kind. Und so kommt es dann auf die Welt – mit den Genen seiner beiden Eltern und seinen Vorschäden. Das Kind ist seinen Eltern oder Bezugspersonen ausgeliefert. Es ist angewiesen auf ihre Fürsorge. Es braucht konstante Bezugspersonen für seine Entwicklung. Wenn diese fehlen und als protektiver Faktor ausfallen, wenn es aggressive oder dissoziale Vorbilder in der Familie gibt und dem Kind gleichgültig oder ablehnend begegnet wird, reagiert es darauf. Vielleicht schreit es viel, schläft schlecht, hat Verdauungsprobleme, was auch immer. Diese Reaktion nennt man die passive Interaktion des Säuglings, denn aktiv kann er sich ja noch nicht äußern. Aber auch passiv kann er seine Eltern »ärgern«. Was sie ihm schlimmstenfalls »vergelten«. Manchmal endet ein solches Drama tödlich. Manchmal lehnt das Kind seine Betreuungsperson »nur« ab. Denn es bekommt ja nicht das, was es braucht, und das weiß das Kind, dessen Programm gerade jetzt auf Gedeihen angelegt ist – Nahrung, Wärme, Liebe, Schutz, Geborgenheit, Sicherheit. Ein Kind weist seine Eltern zurück und verschließt sich vor ihnen, weil sie sich vor dem Kind verschlossen haben. Dieses kindliche Verhalten bezeichnet man als evokative Interaktion. Hier beginnt ein Teufelskreislauf, denn das Kind wird in der Folge wegen seines Verhaltens häufig von den Eltern zurückgewiesen. Die gegenseitigen Zurückweisungen erschweren oder verunmöglichen es dem Kind, emotionale Beziehungen zu erfahren und zu erlernen und Loyalität aufzubauen, was wiederum zu einer Verstärkung des eigenen (Fehl-)Verhaltens führt. Es wird als störend, böse, verschlossen, aggressiv etc. wahrgenommen. Wenn hier nichts geschieht – eine Bezugsperson auftaucht, die dem Kind zeigt, dass es einen anderen Weg gibt –, wird sich das Verhalten des Kindes im Kindergarten und in der Schule fortsetzen, und es wird dort ähnliche Reaktionen ernten, wie es sie bereits kennt. So wird das Kind zum Außenseiter. Häufig findet es dann Anschluss an andere Kinder, die in der gleichen Situation sind. Mit der Zeit wird es sich in Übereinstimmung mit seiner genetischen Disposition auf Erfahrungssuche begeben. Ein abenteuerlustiges Kind wird nach Abenteuern Ausschau halten und nach Kameraden, die diese Vorliebe teilen. So finden sich Außenseiter zusammen, um gemeinsam ihre Bedürfnisse zu befriedigen. Die kindliche Abenteuerlust wird normalerweise gestillt mit Grenzüberschreitungen und Mutproben, in waghalsigen Abenteuern und Regelverstößen. Vielleicht bedeutet eine Mutprobe, etwas zu stehlen – der Abstand zur Kriminalität verringert sich. Nervenkitzel übt einen hohen Reiz auf Menschen aus, die das Abenteuer-Gen in sich tragen. Ganz anders bei denjenigen, bei denen das Harmonie-Gen regiert. Die könnte man mit so was jagen. Und das tun die Abenteuerlustigen dann vielleicht. Noch wäre dieses Fehlverhalten relativ einfach zu korrigieren – wenn man es erkennen und die

Korrekturen konsequent und langfristig durchführen würde. Ist dies nicht der Fall, läuft die Entwicklung häufig in eine Richtung, in der die Polizei als letzte Ordnungskraft auf den Plan gerufen wird. Das Kind hat nun dissoziale Verhaltensmuster erworben, erprobt und eingeschliffen, die seinen genetisch bedingten Bedürfnissen entsprechen und durch die Struktur der genetisch festgelegten Temperamentszüge begünstigt worden sind. Die Risikofaktoren für späteres dissoziales und kriminelles Verhalten, die man schon bei sechsjährigen Kindern erkennen kann, wie der britische Psychologe und Kriminologe David P. Farrington[*] an einer Kohorte Londoner Kinder zusammengetragen hat, die er vom Kindergarten bis ins erwachsene Alter wissenschaftlich begleitete, lauten:

– Kriminalität und Verurteilungen eines Elternteils
– Eltern mit dissozialen Persönlichkeitsakzentuierungen
– Eltern mit Alkohol- oder Substanzkonsum
– große Familien
– zerbrochene oder konfliktreiche Familien
– junge alleinerziehende Mütter
– niedriges Familieneinkommen
– inkonsistenter und unberechenbarer Erziehungsstil
– unzureichende elterliche Kontrolle
– Missbrauch der Kinder

---

[*] Farrington, David P. (2005): »Childhood origins of antisocial behaviour«, Clinical Psychology and Psychotherapy 12: 177–190.

– niedrige Intelligenz und schlechte Schulleistung
– Impulsivität
– dissoziale Bezugspersonen
– dissoziale Nachbarschaften
– Schulen mit hoher Kriminalitätsbelastung.

Ein kleiner Mensch kann kaum Einfluss auf diese negativen Faktoren nehmen, die sein Leben als Großer mitbestimmen. Sie sind ihm gegeben ... und dann beginnt leider oftmals:

Der Kreislauf der Gewalt

Gewalt kommt in jeder Familienkonstellation vor, doch im sozial randständigen Milieu signifikant öfter. Es prügeln sich die Eltern oder der Vater die Mutter, die Kinder werden geschlagen und schlagen ihre Geschwister und andere. Vielleicht sind sie verwahrlost und/oder sexuellem Missbrauch ausgesetzt. Wenn sich solche Kinder Freunde suchen, dann haben diese oft die gleichen Erfahrungen wie sie. Es sind geschlagene Kinder, die schlagen – ihre Freundschaft verstärkt das Verhalten. Es ist in diesen Cliquen kein großer Schritt zu Alkohol- und Drogenmissbrauch. Ein junger Mensch steht am Anfang seines Lebens, und das scheint bereits gelaufen.

Was hier in der Aufzählung so ausweglos klingt, ist das Ergebnis von Gruppenuntersuchungen und statistischen Verfahren. Die Wissenschaft versucht ja, Phänomene zu ergründen und zu Resultaten zu gelangen, die für die Mehrheit der Untersuchten zutreffen. Das bedeutet, dass der Einzelfall ganz anders aussehen kann. Dennoch ist die Statistik unentbehrlich, um Strömungen festzustellen. Wenn wir behaupten, dass Schweden blond und Spanier dunkelhaarig sind, so trifft das für viele zu. Aber eben nicht für alle. Und wenn wir behaupten, dass ein Volk aus groß gewachsenen und ein anderes aus klein gewachsenen Menschen besteht, so wird es in dem Volk der Großgewachsenen auch manchen Kleinen und im Volk der Kleingewachsenen manchen Großen geben, und diese beiden sind größer oder kleiner als der Durchschnitt in den anderen Ländern.

Wenn man aus statistischen Mittelwerten und Tendenzen auf den jeweiligen Einzelfall schließt, kommt man leicht zu dem, was in der Fachsprache *statistischer Fehlschluss* genannt wird – und mit dieser Größe muss man rechnen, zum Beispiel indem man weiße Flecke auf seiner Landkarte freihält für den Einzelfall, der einen immer wieder überraschen kann. Die Ausnahme kann allerdings nur wahrnehmen, wer sich einen offenen Blick bewahrt. Mir werden oft Lebensgeschichten erzählt, die in eine bestimmte Richtung deuten – und dann ist alles ganz anders.

Ein Proband, den ich vielfach begutachtet hatte, weil er aus dem Maßregelvollzug entlassen werden sollte, war sehr stolz darauf, mit vielen Prostituierten geschlafen zu haben, ohne dafür zu bezahlen. Man nannte ihn, weil er so raffiniert war, den »Nuttenluden«. Er überredete die Frauen mit Charme und Witz zum Geschlechtsverkehr. Wenn er es nicht schaffte, vergewaltigte er sie. Das war der Grund, warum er mehrfach verurteilt wurde. Ich beurteilte ihn als gefährlich, aber nicht psychisch krank, und so wurde er aus dem Maßregelvollzug entlassen, obwohl seine Prognose schlecht war, was bedeutet: Ich befürchtete einen Rückfall. Beim Maßregelvollzug handelt es sich um eine Unterbringung in einem psychiatrischen Krankenhaus. Hier werden Straftäter behandelt, die aufgrund einer psychischen Störung nicht oder nur vermindert schuldfähig sind, und zwar so lange, bis sie nicht mehr für gefährlich gehalten werden. Zu dem Zeitpunkt der Entlassung hatte der Proband eine Freundin, sie war alkoholkrank und litt an einer Schizophrenie. Vierzehn Jahre lang kümmerte er sich um die Freundin. Er sorgte für sie, unterstützte sie im Haushalt und bei ihrer Behandlung. Er vergötterte sie – und blieb in dieser Zeit straffrei. Dann starb sie, und ein halbes Jahr später wurde er unter anderem wegen Mordversuchs verhaftet. Er hatte nicht nur zwei Frauen in seine Wohnung gelockt und vergewaltigt, sondern darüber hinaus versucht, eine dritte mit einem vergifteten Kuchen zu töten. Er wurde zu einer langen Haftstrafe verurteilt und starb schließlich im Gefängnis.

Würde man nun aus diesem Fall und ähnlichen Fällen – wie dem geläuterten Täter P. von vorhin, der schlussendlich bürgerlich geworden war – allgemeingültig schließen, dass

Frauen Täter befrieden, würde man einen Fehler begehen. Ja, es ist richtig, dass es einen günstigen Einfluss auf einen Täter haben kann, wenn er sich um jemanden kümmert, Verantwortung trägt, Fürsorge entwickelt und am besten in einer Beziehung lebt – was im Übrigen auch für kriminell gewordene Frauen gilt. Aber es wäre sträflich, aus zwei Fällen eine Regel abzuleiten. Ich war seinerzeit der Meinung, ich hätte mich geirrt, als ich diesem Probanden vor seiner Entlassung eine ungünstige Prognose attestierte. Der Richter, der ihn zuletzt verurteilte, meinte: »Sehen Sie, Herr Nedopil, Sie hatten doch recht.« Ich bin aber der Auffassung, dass es unmöglich ist vorherzusagen, in welche Richtung sich ein Mensch nach vierzehn Jahren entwickeln wird. In einer so langen Zeit spielen so viele Lebensbedingungen und Faktoren zusammen, und man kann wissenschaftlich nicht begründen, wie ein Leben konkret weiterverlaufen wird. Deshalb sollte man keine Langzeitprognose über solche Zeiträume wagen.

Es gibt Studien, die jene Gründe erforschen, warum Menschen ihre kriminelle Laufbahn beenden. Man hat herausgefunden, dass das Eingehen einer Beziehung, das Übernehmen von Verpflichtungen, der Wechsel des sozialen Umfeldes, die Strukturierung des Alltags durch Arbeit und sinnvolle Freizeitgestaltung und einiges mehr wesentlich dazu beitragen, dass sich ein Mensch von der Kriminalität abwendet. Diese Erkenntnisse haben seltsame Blüten getrieben, denn sie haben sich unter Strafgefangenen herumgesprochen und sie zum Teil auf Freiersfüßen, wenn auch nicht auf freiem Fuße, wandeln lassen. In den 1980er- und 1990er-Jahren legten es Strafgefangene mancherorts darauf an zu heiraten, es gibt ja durchaus Frauen, die mit Gefangenen Briefverkehr pflegen, und daraus kann schon einmal eine Ehe entstehen. Woran diejenigen Strafgefangenen, die die Ehe als Mittel für eine günstige Prognose und somit eventuelle Haftzeitverkürzung nutzten, vordringlich gar nicht interessiert waren. Sie wollten den Trauschein vor allem, um durch die erhoffte günstige Prognoseeinschätzung eines Gutachters schneller aus dem Gefängnis herauszukommen. Es zeigte sich, dass solche zum Schein eingegangenen Beziehungen nicht als Prophylaxe gegen die Fortsetzung der kriminellen Karriere dienten, was in der Folge zu der Reaktion führte, dass im Gefängnis geschlossene Ehen nicht mehr als förderlich eingestuft wurden, man unterstellte ihnen manipulativen Charakter. Ein frisch getrauter Strafgefangener konnte nun gerade wegen seines neuen Familienstandes eine negative Prognoseeinschätzung erhalten. Dieses Beispiel zeigt, wie wissenschaftliche Erkenntnisse falsch interpretiert und manipulativ ausgeschlachtet werden.

Schutzfaktoren

Für viele Menschen ist es eine erschreckende Vorstellung, dass die Weichen, die in die Dissozialität führen, so früh gestellt werden. Ja, hat der Mensch unter ungünstigen Rahmenbedingungen überhaupt eine Chance, der Kriminalität zu entfliehen? Oder ist seine Zukunft von vornherein als aussichtslos einzustufen? Nein, so ist es nicht, wenngleich die vorstehenden Betrachtungen diesen Eindruck erwecken mögen. Doch in meinem Fach ist die Entgleisung eine alltägliche Erscheinung. Sicher gibt es Einflüsse, die einen kriminellen Lebensstil verhindern oder beenden, einige habe ich bereits erwähnt. Allerdings bekomme ich in meiner Eigenschaft als forensischer Psychiater diese Menschen nur selten zu sehen. Die Entwicklungspsychologie hat aber relativ genau herausgefunden, welche Faktoren den Menschen vor der kriminellen Karriere schützen. Man hat sich z. B. in Heimen für schwer erziehbare Kinder gefragt, welche Kinder nicht kriminell werden, und als wichtigste Eigenschaft etwas herausgefunden, was auf Neudeutsch Resilienz heißt – eine Mischung zwischen Standhaftigkeit und Anpassungsbereitschaft. Dazu gehören

- eine unkomplizierte, positive Lebenseinstellung, die positive Reaktionen des Umfelds hervorruft
- die Fähigkeit zur Distanzierung von negativen Einflüssen, z. B. von affektiv belastenden Ereignissen

- Bewältigungsstrategien bei Belastungen
- das Vermögen, sinnhafte Zusammenhänge zwischen dem Verhalten und der eigenen Lebensperspektive herzustellen
- Einfühlungsvermögen in die Bedürfnisse anderer
- das Erkennen von Signalen, die Kontaktpersonen aussenden, und darauf beruhend die Fähigkeit, soziale Beziehungen aufrechtzuerhalten.

In der Summe also: Eine realistische Selbsteinschätzung und die Fähigkeit, soziale Probleme zu lösen. Ein wenig Intelligenz ist dabei nicht nur hilfreich, sondern unabdingbar.

Allerdings sind darüber hinaus Außenfaktoren als Schutz gegen eine kriminelle Laufbahn erforderlich, wie
- eine sichere Bindung an eine Bezugsperson innerhalb oder außerhalb der Familie
- emotionale Zuwendung von Vorbildpersonen
- Kontrolle und Zuverlässigkeit im familiären, schulischen oder beruflichen Bereich
- Vorbilder, die auch unter widrigen Umständen Stabilität und Festigkeit – Resilienz – gezeigt haben.

So gelingen die Integration in nicht delinquente Bekanntenkreise und die Übernahme von Rollenvorbildern, die sich durch prosoziales Verhalten verwirklicht haben und aktive Bewältigungsstrategien vorleben. Dies alles – verbunden mit Erfolg in Schule und Beruf – sind wirksame Schutzfaktoren, die Jugendliche, die unter ungünstigen

Startbedingungen in das Rennen gegangen sind, vor kriminellen Laufbahnen schützen können.

Menschen- und Tätertypen

Grundsätzlich ist die Persönlichkeit eines Menschen durch Temperaments- und Charakterfaktoren gekennzeichnet. Während die Temperamentsfaktoren die Grundbedürfnisse bestimmen, entsprechen die Charakterdimensionen den bewussten Selbstkonzepten. Sie werden im Vergleich zu den Temperamentsfaktoren mehr durch Sozialisation erworben. Beide zusammen formen Willen, Einstellung und Verhalten. Aufgrund der unterschiedlichen Erbanlagen sind somit auch bei ähnlichen biografischen Entwicklungen und Stressoren unterschiedliche Persönlichkeitsakzente oder Persönlichkeitsstörungen zu beobachten. Umgekehrt können bei vergleichbaren genetischen Dispositionen unterschiedliche Sozialisationsbedingungen den Menschen prägen. Dadurch werden dann unterschiedliche Merkmale geformt, die den Charakter eines Menschen ausmachen. Wenn man einige der Faktoren kennt, die eine Persönlichkeit ausmachen, kann man einen Menschen mit seinen Besonderheiten besser einschätzen. Man kann leichter erfassen, wie er in bestimmten Situationen reagiert, und man kann einem Dritten erklären, ob er sich beim Auftreten eines bestimmten Verhaltens Sorgen machen muss oder nicht, was ja oft meine Aufgabe ist – und der Dritte ist in diesem Fall das Gericht. Ich greife in meiner Arbeit gern auf das Gerüst zurück, welches der US-amerikanische Psychologe und Genetiker C. Robert Cloninger* aus vier Temperamentsfaktoren aufgebaut hat. Der erste, Vermeidung von Schmerz, Leid und Schaden, lässt uns aus unangenehmen Erfahrungen lernen und bedingt unsere Vorsicht in Gefahrensituationen. Der zweite, die Suche nach Neuigkeit und Spannung, macht uns neugierig, gibt uns Mut, Fremdes zu erkunden, lässt uns Grenzen überschreiten und wird durch den Kick befriedigt, wenn wir uns beispielsweise getraut haben, uns beim Paragliden der Luft und der Thermik anzuvertrauen. Ein dritter Faktor ist die Abhängigkeit von Belohnung und Anerkennung. Um diese zu erlangen, strengen wir uns an, ob es nun darum geht, vor Publikum gut anzukommen oder Anerkennung in unserer Familie oder unserem Beruf zu erhalten. Mit dem vierten Faktor, der Beharrlichkeit, legen wir Durchhaltevermögen, aber auch Sturheit an den Tag. Stehen die vier Faktoren in einem ausgewogenen Verhältnis zueinander, ist der Mensch im Gleichgewicht. Gibt es dauerhaft ein Übergewicht eines Faktors oder fehlt einer, kann ein Mensch in Schwierigkeiten geraten.

Beim Umgang mit dissozialen Kriminellen fällt auf, dass bei ihnen Abenteuersuche nicht von der Vermeidung von

---

* Cloninger, C. Robert (2004): Personality Disorders. Kaplan and Sadock's comprehensive textbook of psychiatry. B. Sadock and V. Sadock. Lippincott, Williams Wilkins: 2064–2080.

Schmerz oder Schaden in Schach gehalten wird. Sie suchen mit Beharrlichkeit – auch kriminelle Energie genannt – den Kick. Wo ein mit den Gesetzen in Übereinstimmung lebender Mensch zurückweichen würde, wo bei ihm die Selbstkontrolle greifen würde, weil er die Begegnung mit der Polizei vermeiden möchte oder sein Bedürfnis nach Wertschätzung durch andere Menschen überwiegt, macht der Kriminelle weiter, der ja unter Umständen die zuvor beschriebene »Karriere« durchlaufen hat. Wenn zu dieser Lage ein Mangel an Beharrlichkeit hinzukommt, ruft das einen Abenteurer auf den Plan, der Grenzen überschreitet und ausschließlich seinen momentanen Launen folgt. So wie man es aus Gangs Jugendlicher kennt, die Abenteuer suchen und sich ihren Stimmungen folgend am Ärger der anderen ergötzen und gleichzeitig ihre selbst definierten Mutproben bestehen. Die meisten Menschen sind jedoch mehr oder weniger ausgeglichen, auch wenn in bestimmten Lebensphasen der eine oder andere Temperamentszug die Oberhand gewinnt. Sie geraten auch dann nicht auf die schiefe Bahn, wenn ihre Entwicklungsbedingungen und ihre Sozialisierung zuweilen ungünstig erscheinen. So stellt sich die Frage nach der Persönlichkeit eines Straftäters. Psychiater charakterisieren sie durch ihre Persönlichkeitsauffälligkeiten und verwenden Begriffe wie dissozial, emotional instabil, übermäßig dramatisch, narzisstisch, ängstlich, selbstunsicher, übermäßig misstrauisch oder zwanghaft oder abhängig. Manche dieser Begriffe werden auch in der Alltagssprache verwendet, im Fachgebiet der Psychiatrie ist ihre Bedeutung jedoch differenzierter und komplexer, und für jede Diagnose gibt es Testungen, um sie zu bestätigen.

Diskrepanzen – Schlüssel zur forensischen Diagnostik

Das Persönlichkeitsgefüge eines Menschen erschließt sich nicht allein durch die begangene Tat und das Herkunftsmilieu. Entscheidend sind seine individuelle Entwicklung, sein Selbstkonzept, seine Einstellung zu anderen, seine Verhaltensdisposition, seine Fähigkeit und Bereitschaft zur Selbstreflexion und einiges mehr. Um dies zu eruieren, führe ich einen Probanden behutsam durch die Exploration, was auf Deutsch Ausforschung heißt, aber besser mit Erkundung übersetzt werden sollte. Ich erkunde also den Menschen, der vor mir sitzt, und das kann mehrere Stunden, manchmal auch Tage dauern. Dabei frage ich ihn selten direkt, nein, ich locke einen Täter vielleicht sogar, etwas preiszugeben, was er eigentlich für sich behalten wollte. Dazu muss ich mich ihm von vielen Seiten nähern, und ich darf ihm nicht mit einem fertigen Urteil begegnen, das würde er spüren und sich vor mir verschließen. Zumal er mir ja freiwillig Auskunft gibt. Er muss nicht mit mir sprechen. Das respektiere ich – und auch ihn. In diesem Gesprächsklima habe ich viel von Tätern erfahren – und gelernt. Nicht dass ihr Verhalten dem widersprochen hätte, was in den Lehrbüchern steht, aber ich habe Informationen erhalten, die mich noch besser verstehen ließen, weil etwas, das bislang Theorie war, lebendig wurde durch die Schilderungen des Menschen, der mir gegenübersaß. Ich hörte Geschichten, über die hatte ich noch nie im Leben nachgedacht. Doch im Leben eines Probanden spielten sie die Hauptrolle, und so erweiterte ich mein Drehbuch, fragte weiter, fragte tiefer. Menschen erzählen uns nichts, wenn wir nicht danach fragen. Und was wir nicht erfahren, das können wir nicht einsetzen in das Gesamtbild. Einen Menschen in seiner Persönlichkeit zu erfassen erfordert viel Feingefühl. Es geht nicht darum, einen Fragebogen abzuarbeiten, wenngleich ich natürlich immer wieder ganz bestimmte Fragen stelle. Es kommt darauf an, wann ich sie stelle und wie ich den Probanden an die Fragen heranführe und ihm den Weg bereite, damit er vielleicht noch mehr erzählt, als ich ihn gefragt habe.

Ich muss erkennen, wann es für den Probanden schwierig wird weiterzuerzählen, und die Grenzen aufspüren, die er mir setzen will und wie weit ich sie überschreiten darf, ohne einen Gesprächsabbruch zu riskieren. Die Fragen wechseln zwischen Fakten und dem subjektiven Erleben hin und her. »Wie war es denn in der Schule?« versus »Wie haben Sie sich als Außenseiter gefühlt?« oder »Welche Fächer haben Sie gemocht?« versus »Wie sind Sie mit schlechten Noten umgegangen?« Hilfreich ist für mich dabei die Einhaltung einer chronologischen Struktur. Die Frage »Wie alt waren Sie da?« kann die Spannung aus einem dramatischen Bericht nehmen, und die Frage »Wie ging es dann weiter?« verleitet zum unbefangenen Erzählen, ohne in eine bestimmte Richtung zu drängen. Gelegentlich lasse ich mein Vorwissen oder Zwischenergebnisse einfließen, um eine Gedankenhypothese zu prüfen. Zum Beispiel: »Sie sind doch jemand, der das Abenteuer sucht. Solchen wird ja üblicherweise schnell langweilig, wenn sie nichts zu tun haben. Wie war das denn bei Ihnen?« Die Feststellung einer Persönlichkeitseigenart oder Persönlichkeitsstörung dient nicht nur der Voraussage, was ein Mensch in Zukunft vermutlich tun wird, sondern auch dazu, vernünftige Hypothesen zu entwickeln, die ich in der weiteren Exploration gründlich überprüfe.

Solche Befragungen genügen allerdings nicht, um sich nach dem heutigen Wissensstand ein ausreichendes Bild von der Persönlichkeit des Untersuchten zu machen. Die Psychologie hat eine Vielzahl von Testverfahren entwickelt, die ein Persönlichkeitsprofil im Ganzen erstellen oder bestimmte Persönlichkeitszüge näher untersuchen. Es gibt Verfahren, die relativ simpel und durchschaubar nach bestimmten Eigenschaften fragen oder nach Reaktionen in entsprechenden Situationen, und andere, die für den Untersuchten weniger verständlich und damit weniger manipulierbar sind. Bevor ich abschließend mein Gutachten erstelle, vergleiche ich die Ergebnisse der einzelnen Untersuchungen miteinander und werte sie im Hinblick auf Übereinstimmungen und Diskrepanzen aus. Gerade Diskrepanzen sind in der forensischen Psychiatrie von großer Bedeutung. Sie können nicht nur Hinweise für Fehlinformationen, sondern auch diagnostisch bedeutsam sein: Ein zweiunddreißigjähriger Proband hatte einen mittelmäßigen Hauptschulabschluss. Das war bei einem überdurchschnittlichen IQ von 130 auffällig – eine Diskrepanz. Der IQ-Wert konnte nicht durch Manipulation zustande gekommen sein; in diesen Tests kann man nicht besser abschneiden, als man dazu in der Lage ist, nur schlechter, wenn man sich oder den Gutachter täuschen will. Die Diskrepanz zwischen intellektuellem Vermögen und tatsächlich Erreichtem und im Folgenden auch die Diskrepanz zwischen einer dramatischen Kindheit und Jugend und der Darstellung dieser Zeitspanne durch den Probanden als »normal« erscheint rätselhaft. Der Fachmann erkennt jedoch, wie tief die Wunden sind, die hier notdürftig kaschiert werden, und der Gutachter erkennt die Grenzen dessen, was er in einer Begutachtung aufdecken kann. Nachdem ich den Mann auf den Widerspruch, den ich mir nicht erklären konnte, hingewiesen hatte, berichtete er stockend, dass seine Mutter schwer erkrankte, als er neun Jahre alt war. Zwei Jahre danach starb sie, sein Vater verging sich nach ihrem Tod an seiner Schwester, und mit dreizehn Jahren, als sein Vater verhaftet wurde, kam er zu seinem Onkel. Hatte er das alles vergessen? Oder verschweigen wollen? Denn er hatte mir ja mitgeteilt, dass seine Jugend normal verlaufen sei, zuerst im elterlichen Haushalt, später bei seinem Onkel. Hinter dem Wörtchen *normal,* das lernt man in meinem Fach schnell, kann sich alles verbergen. Bis hin zu einem Mord. Das bedeutet für den forensischen Psychiater, dass er manchen Wörtern nicht traut, weil er weiß, dass ihre Bedeutung stark variieren kann.

Gerade in einem solchen Fall, wenn ein Proband von sich aus nicht an gewisse Themen rühren möchte, weil sie ihn traurig stimmen oder Erinnerungen wachrufen würden, die er lieber meidet, ist Behutsamkeit unverzichtbar. Im Gespräch mit mir war dieser Proband in gewisser Hinsicht geschützt. Doch nach dem Gespräch ist er allein mit seinen Bildern und Erinnerungen, die ihn dann überfluteten. Das ist dem Gutachter oft bewusst, dem Ungeschulten jedoch weniger und häufig auch dem Betroffenen selbst nicht. Man muss also vorsichtig sein, darf den Schutzschild eines Menschen nicht unbedacht zerstören, um an Informationen zu gelangen. Dabei stellt sich auch immer die Frage nach der Dringlichkeit. Manche Informationen sind gar nicht so wichtig, sie sind aus einem anderen Zusammenhang längst deutlich geworden. Wozu also sollte ich, wenn ich bereits sicher bin, abermals in alten Wunden herumstochern? Damit würde ich meine Profession verfehlen. Denn der Gutachter ist ja eine neutrale Person, soweit das überhaupt möglich ist. Er sollte immer alles daransetzen, ein objektives Bild eines Menschen zu vermitteln, damit jene, denen das Handwerkszeug dafür fehlt, ihn fair beurteilen können. Aber auch nicht mehr. Er braucht nicht in alle Seelenwindungen einzudringen, wenn sie für die Beurteilung keine Rolle spielen. Und trotz des Bemühens um Feingefühl muss er sämtliche relevanten Informationen erhalten. Das ist eine Gratwanderung für beide. Nicht selten empfehle ich Menschen eine Therapie, um in einer vertrauensvollen Beziehung ihre Wunden wahrzunehmen, anzusehen und zu heilen. Gleichzeitig muss ich ihnen klarmachen – und muss es mir immer wieder vor Augen führen: Ich bin nicht ihr Therapeut, obwohl ich von den Untersuchten oft mehr erfahre als deren Behandler.

Die Aufdeckung und Analyse von Diskrepanzen im Rahmen der Erfassung einer Persönlichkeit, wie im eben vorgestellten Fall der hohe IQ bei schwachem Schulabschluss, erleichtert es, das Denken und Handeln eines Menschen einzuordnen. Übrigens zeigen sich die meisten Auffälligkeiten eines Täters, die bei einem Verbrechen zum Vorschein kommen, auch im restlichen Leben. Eine Tat kann nicht isoliert vom Täter beurteilt werden. Und auch der Zusammenhang zwischen Täter und Tatbegehung ist ein Schlüssel, der die Täterpersönlichkeit eröffnet.

Besondere Tätertypen

Tätertypen werden zunächst einmal nach der Art ihrer Verbrechen eingeteilt. Mörder und Totschläger, Sexualverbrecher, darunter Vergewaltiger, Kindesmissbraucher, Diebe, Räuber, darunter Bankräuber und Handtaschenräuber, Betrüger und so weiter. Diese Einteilung könnte unter Umständen zu einer psychiatrischen Differenzierung beitragen. Ein Betrüger verfügt über andere Eigenschaften als ein Gewalttäter und dieser wieder über andere als ein Kindesmissbraucher.

Andere Einteilungen grenzen den Gelegenheitstäter vom Intensivtäter ab und dienen, wie Einteilungen überhaupt, einem Zweck: Des Intensivtäters will man unbedingt habhaft werden, der Gelegenheitstäter ist dagegen für die Polizei weniger brisant. Weitere Einteilungen in der Kriminalistik orientieren sich am Alter – wann zeigt welche Kriminalität ihren Häufigkeitsgipfel. In der Entwicklungspsychologie unterscheidet man beim antisozialen Verhalten grob drei Verlaufstypen:

CL – childhood limited
Das antisoziale Verhalten bleibt auf die Kindheit beschränkt. Auf die Zahlen bezogen ist dieser Typ der häufigste. Tatsächlich begehen Kinder mit zwei bis drei Jahren die meisten körperlichen Übergriffe.

AL – adolescence limited
Antisoziales Verhalten, das mit Ende der Pubertät beginnt und mit Eintreten von Reife und erwachsenen sozialen Verpflichtungen beendet ist.

LCP – life course persistent
Die unter diesem Begriff zusammengefassten Menschen beginnen ihr oft mit Aggression gepaartes Fehlverhalten vor der Pubertät und setzen es bis weit ins Erwachsenenalter, manchmal sogar bis zur Rente fort.

Die vorstehende Einteilung findet keine Entsprechung im Strafgesetzbuch, in dem ein Täter bis zum neunzehnten Lebensjahr nach Jugendstrafrecht verurteilt und zwischen dem neunzehnten und einundzwanzigsten Lebensjahr als Heranwachsender gilt, der entsprechend seiner individuellen Reife vom Gericht entweder nach Jugendstrafrecht oder wie ein Erwachsener beurteilt wird. Diese im Gesetz festgelegten Altersstufen sind in den verschiedenen Ländern ganz unterschiedlich und haben nur sehr begrenzten Bezug zur biologischen und sozialen Reife eines Menschen. Tatsächlich ist der biologische und psychologische Reifungsprozess erst mit etwa fünfundzwanzig Jahren abgeschlossen. Die meisten Straftaten werden im Alter zwischen achtzehn und fünfundzwanzig Jahren begangen, und zwar von Männern. Nur circa acht Prozent der polizeilich bekannten kriminellen Menschen sind weiblich. Aber Mädchen geraten früher mit dem Gesetz in Konflikt als Jungen: Vor dem Alter von dreizehn Jahren überwiegt die Kriminalität der Mädchen. Das mag daran liegen, dass Mädchen in ihrer Entwicklung schneller reifen als Jungen.

Für eine Prognose bezüglich der weiteren potenziell kriminellen Zukunft könnte man neben anderen Untersuchungsinstrumenten die *Psychopathy Checklist* des kanadischen Kriminalpsychologen Robert D. Hare[*] he-

---

[*] Hare, Robert D. (2003): Manual for the Hare Psychopathy Checklist – Revised. Toronto, Multi-Health-Systems Inc.

ranziehen. Er entwickelte in den 1980er-Jahren ein Persönlichkeitskonzept, das er *Psychopathy* nannte, und eine Checkliste, um die innerhalb dieses Konzeptes erfassten Persönlichkeitseigenschaften möglichst objektiv bestimmen zu können. Seither wurde sie immer weiter differenziert, und sie hat auch in den Medien große Aufmerksamkeit erreicht. In der Beurteilung von Kriminellen beschreibt Hare einen Menschentyp mit spezifischen Eigenschaften. Diese Menschen sind meistens launisch, gewalttätig, rücksichtslos, Grenzen und Regeln sind ihnen fremd. Sie können charmant wirken, sind aber oberflächlich, blenden und betrügen andere und zeigen sich gewissenlos in der Schädigung und Ausnutzung auch ihrer nächsten Vertrauenspersonen, um kurzfristige Vorteile zu erlangen. Diese Eigenschaften wirken sich in vielen Bereichen des zwischenmenschlichen Lebens aus: in der Oberflächlichkeit ihrer Sozialkontakte, der Wechselhaftigkeit ihrer Beziehungen, in der Kaltschnäuzigkeit ihrer Schädigungsbereitschaft, in der Unpersönlichkeit und Promiskuität ihres Sexualverhaltens. Filmfiguren wie der kannibalistische Serienmörder Hannibal Lecter in »Das Schweigen der Lämmer« oder der Börsenspekulant Gorden Gekko in »Wall Street« stellen diesen Typus dar. Als Zuschauer hofft man, solchen Gestalten niemals zu begegnen. Doch es gibt viele von ihnen, wie Untersuchungen zeigen. Die Wissenschaft hat vier Facetten ihrer Persönlichkeit ausgearbeitet:

1. Arrogantes und auf Täuschung ausgelegtes zwischenmenschliches Verhalten.
2. Eine gestörte Gefühlswelt ohne emotionalen Tiefgang und ohne Einfühlungsbereitschaft in die Emotionen, Sorgen und Ängste anderer und ohne Reue, wenn man andere ruiniert hat.
3. Impulsivität und Verantwortungslosigkeit, die sich durch Launenhaftigkeit, ständige Suche nach Aufregung und fehlende Konstanz und Zuverlässigkeit zeigt.
4. Eine von früher Jugend an bestehende Bereitschaft zur Grenzüberschreitung.

Diese Faktoren mögen erklären, warum das Begreifen einer Tat wie derjenigen von Helmut P. so schwerfällt. Wir trauen sie eher dem zweifelsfrei diagnostizierten Psychopathen oder dem Vorbestraften zu, nicht aber dem unbescholtenen Bürger, der an Ostern normalerweise andere Dinge tut, als seine Frau zu töten.

In meinem Fachgebiet ist *Psychopaths* im Umgang mit Kriminellen zu einem Modewort geworden. Doch es finden sich auch im wirtschaftlichen und gesellschaftlichen Leben Menschen, die Eigenschaften an den Tag legen, die für Psychopathen charakteristisch sind. Paul Babiak* hat sie als *Snakes in Suits,* Wölfe im Schafspelz, bezeichnet. Nichtsdestotrotz hat das Konzept der *Psychopaths* einen

---

* Babiak, P. and Robert D. Hare (2007): Menschenschinder oder Manager: Psychopathen bei der Arbeit. München, Hanser.

entscheidenden Einfluss, wenn es um die Beschreibung von Täterpersönlichkeiten geht, denn damit lassen sich das Verhalten und die Disposition von Wiederholungstätern gut erfassen und erkunden, wie Tatmotivation und Persönlichkeit zusammenpassen. Zur Veranschaulichung nachfolgend ein Beispiel des sexuellen Kindsmissbrauchs, der juristisch vorliegt, wenn Erwachsene und Heranwachsende mit Partnern unter dem so genannten Schutzalter von vierzehn Jahren sexuelle Handlungen vollziehen.

Ein fünfunddreißigjähriger Mann, in zweiter Ehe verheiratet, fährt mit der zwölfjährigen, etwas älter wirkenden Tochter seines Nachbarn mit seinem VW Bus in einen nahe gelegenen Wald und bedrängt sie dort. Als sie sich wehrt, bedroht er sie zuerst mit seinem Wissen, dass sie schon mit ihrem Freund intim gewesen sei. Das wusste er von seiner Stieftochter, und das beabsichtige er dem Vater seines Opfers zu erzählen. Später droht er ihr damit, dass er ihre Mutter vergewaltigen würde, wenn sie sich ihm gegenüber nicht willig erweise, und schließlich setzt er körperliche Gewalt ein. Sie wehrt sich heftig, aber er entkleidet die Zwölfjährige, wird jedoch am Geschlechtsverkehr gehindert, weil ein Spaziergänger an die Fensterscheibe des Busses klopft.

Es wäre kurzschlüssig, den Mann, der bald darauf festgenommen wurde, als pädophil zu bezeichnen. Tatsächlich lag seine Frau, mit der er seit zwei Jahren regelmäßig intim war, zur Entbindung im Krankenhaus. In seinem bisherigen Leben als Zuhälter war er daran gewohnt, sich sexuell befriedigen zu lassen, wann immer er Lust hatte und ohne auf Konsequenzen für sich oder andere zu achten.

Es fällt Ihnen sicher nicht schwer zu erkennen, dass es sich bei diesem Täter um einen Menschen handelt, auf den die oben genannten Eigenschaften von *Psychopathy* weit eher zutreffen als die von pädophilen Tätern, die in aller Regel sozial integriert und angepasst leben und sexuelle Befriedigung mit erwachsenen Frauen kaum erreichen können, sondern sich befriedigende Intimität nur mit Kindern vorstellen, bei denen reife Geschlechtsmerkmale noch fehlen.

Tatsächlich sind viele Kindesmissbraucher nicht pädophil. Man muss genau hinsehen, um zu erkennen, welche Persönlichkeit in einem Täter steckt – auch um ihm sinnvolle Hilfen anzubieten, damit künftige Straffälligkeit verhindert wird.

Persönlichkeit und Situation

Die meisten Täter begehen ihre Taten nicht täglich, sondern in zeitlichen Abständen, die allermeisten Täter werden nur einmal straffällig. Verbrechen sind keine Selbstläufer. Zu einer Täterpersönlichkeit müssen weitere Umstände hinzukommen. In meiner Zusammenarbeit mit der Polizei und insbesondere in den vielen gemeinsamen Seminaren mit den Beamten der operativen Fallanalyse, die in der Öffentlichkeit häufig als *Profiler* bezeichnet werden, habe ich neben vielem anderen gelernt, dass ein Verbrechen drei Punkte voraussetzt:

1. Der Täter und seine Disposition, seine Tatbereitschaft.
2. Das Tatopfer, welches in die Disposition des Täters passt, es kann auch ein Tatobjekt sein, z. B. die Bank, die dem Räuber als leichte Beute erscheint – Verfügbarkeit des Opfers.
3. Die Umstände, die zu diesem Zeitpunkt mit diesem Tatobjekt eine Tatbegehung möglich machen. In der Sprache der Polizei heißt das: Die Situation, die dem Täter die Tatherrschaft ermöglicht. Sie ist in der Regel durch das Fehlen anderweitiger sozialer Kontrollen gekennzeichnet.

Erst wenn diese drei Bedingungen erfüllt sind, wird üblicherweise die Tat ausgeführt. Typisch wäre hier ein Täter, der eine Frau zu überfallen trachtet, um sie zu sexuellen Handlungen zu nötigen, weil er in der gewaltsamen Bemächtigung und der ohnmächtigen Hilflosigkeit der Frau seine größte sexuelle Befriedigung erlebt. Solche Täter beginnen in der Regel damit herumzufahren und nach Frauen Ausschau zu halten. Vielleicht suchen sie einen bestimmten Frauentyp, vor allem aber sind Frauen ohne Gesellschaft interessant. Frauen, die unbegleitet in der Dunkelheit nach Hause gehen, die allein im Wartehäuschen an der Bushaltestelle sitzen, Joggerinnen, die durch den Park laufen. *Cruisen* nennt man dieses Suchverhalten. Bei vielen solcher Fahrten geschieht nichts, weil die Umstände nicht passen. Auf der Straße ist zu viel Licht, an der Bushaltestelle warten andere Menschen, die Joggerin hat einen Hund dabei. Wenn aber alle drei Vorbedingungen erfüllt sind, wenn die Umstände günstig sind, kann es zur Tat kommen.

Die Frage, wer schuld sei oder wie die Situation hätte vermieden werden können, ist müßig. Schuld ist der Täter. Und eine Gesellschaft, die aus ständiger Angst, Opfer zu werden, vorbeugend alle auch noch so geringen Risiken meidet, nimmt sich selbst die Freiheit. Aber lernen sollte man aus den Erkenntnissen schon, damit man entweder bewusst gewissen Gefahren entgegenschaut oder sie bewusst meidet, wenn man glaubt, sie nicht kontrollieren zu können.

Kriminelles Handeln erfüllt, wie jedes andere Handeln auch, eine Funktion. Diese Funktion kann dem Handelnden bekannt sein oder nicht. Wer im Auto die Kupplung betätigt, übt die entsprechende Funktion – Schonung des Motors sowie der Nerven und Ohren – meist unbewusst aus. Wer Sport betreibt, stärkt damit nicht nur seinen Körper, Sport mag für ihn daneben und vielleicht wichtiger die Funktion des leib-seelischen Ausgleichs haben, des Spannungsabbaus und anderes mehr. Welche Funktion unser Handeln hat, merken wir oft erst, wenn wir die Handlung nicht mehr ausüben können, das heißt, wenn eine Funktion erfüllt werden sollte, das Handeln aber verhindert wird, z. B. wenn wir keinen Sport mehr treiben oder nicht mehr lesen oder schreiben können.

Der Mensch sucht dann andere Handlungen, mit denen er die Funktionen erfüllen kann. Kriminelles Handeln ist in der Regel dysfunktional, weil es zwar eine Funktion erfüllt, die Handlung aber – meist für alle Beteiligten – größeren Schaden als Nutzen hervorbringt und die Gesellschaft derartige Handlungen unterbinden wird. Die Funktion wird dann nicht mehr durch eine Handlung erfüllt. Therapeutische Überlegungen in der forensischen Psychiatrie müssen die Funktionen, die zu kriminellem Handeln führen, kennen und versuchen, zusammen mit dem Betroffenen sozialverträgliche Handlungsabläufe zu erlernen, damit diese statt der dysfunktionalen eingesetzt werden können.

Stellen Sie sich vor, Sie sehen einen Mann und eine Frau auf einer Brücke, sie gestikulieren heftig, dann geht die Frau weg, der Mann bleibt zurück. Sie wissen nicht, was geschehen ist. Vielleicht ein Streit? Oder nur ein emotionaler Abschied, wie er bei manchen Menschen üblich ist? Wir gehen einen Schritt näher, tiefer sogar, wenn wir uns in die Erlebniswelt dieses Mannes begeben. Der jetzt mit dem Fuß heftig gegen das Brückengeländer tritt. Das ist eindeutig ein Gewaltausbruch, den er braucht, um die Kränkung auszugleichen, die er erlitten hat, weil die Frau ihn stehen ließ. Er kennt dieses Gefühl des Stehengelassenwerdens, des Zurückgelassenwerdens. Er hasst es und hat im Lauf seines Lebens Möglichkeiten gefunden, besser damit umzugehen. Er wirft Gegenstände an die Wand, knallt mit Türen, schreit. Doch das sind natürlich keine guten Lösungen, da er selbst ja unter ihnen leidet und dadurch oft etwas in Gang setzt, was sich später zu seinem Nachteil auswirkt. Manche Menschen müssen unter Druck Ladendiebstähle begehen, andere erniedrigen, sich betrinken, straffällig werden. In einer Therapie würde man dem stehengelassenen Mann sagen: Du hast das Gefühl, missachtet zu werden, das macht dich aggressiv, und du hast Strategien entwickelt, mit dieser Missachtung umzugehen. Aber gäbe es dafür nicht eine andere Lösung, mit der du besser fährst und auch deine Umwelt? Wie könnte diese aussehen?

In der Fachsprache ausgedrückt soll ein Parallelverhalten zum Delikt ersetzt werden durch prosoziales kompensatorisches Verhalten.

Der australische Kriminalpsychologe Mike Daffern[*] hat die häufigsten Funktionen, die bei Kriminellen durch ihre Tathandlungen erfüllt werden, folgendermaßen benannt:

– Vermeidung von Anforderungen
– Erzwingung von Mitwirkung und Zustimmung
– Ausdruck von Verärgerung

---

[*] Daffern, Michael, et al., Eds. (2010): Offence Paralleling Behaviour – A Case Formulation Approach to Offender Assessment and Intervention. Forensic Clinical Psychology. Chichester, Wiley.

- Spannungsabfuhr
- Materieller Gewinn
- Aufmerksamkeitssuche
- Verbesserung des eigenen Status und der Anerkennung
- Befolgung von Anweisungen
- Beobachtung von Leiden
- Sensation Seeking – Abenteuerlust
- Sexuelle Gratifikation.

Der Tropfen und das Fass

Die forensische Psychiatrie beschäftigt sich in erster Linie mit Menschen, bei denen die Persönlichkeitsdisposition zur Kriminalität im Vordergrund steht und die ihre Bedürfnisse dysfunktional erfüllen. Doch Verbrechen werden viel häufiger von »unauffälligen« Menschen begangen, die sich von einer bestimmten Situation überfordert sehen und keinen anderen Ausweg finden. Und das macht mein Fach noch spannender. Denn wenn nur diejenigen Menschen kriminell werden würden, denen es statistisch in die Wiege gelegt ist, wäre es ja nur noch höhere Mathematik, wenngleich die Stochastik nicht reizlos sein mag. In meinen Aufgaben kommen häufig Unbekannte vor, oft verstecken sich in den »Gleichungen« mehrere Unbekannte – und auch wenn es keine Formel gibt, die für alle Fälle gilt, so gibt es doch eine Lösung. Nicht selten verrät sie sich durch eine bestimmte Situation. So im Fall der Ehefrau, die durch eine langjährige Ehekrise zermürbt und schließlich von einer anderen Frau ausgebootet wurde, obwohl sie ihren Lebenssinn darin sah, ihren Mann in jeder Beziehung zu unterstützen. Und bei dem Sohn, der zum Täter wurde, weil er glaubte, seine Mutter vor dem ständig alkoholisierten und prügelnden Vater schützen zu müssen. Oder bei dem Mann, der seine Ehefrau mit einem anderen in seinem Ehebett vorfand und dann von diesem wegen seines sexuellen Ungenügens verspottet wurde. In jedem Fall gab es ein totes Opfer, und in jedem Fall war die Situation ausschlaggebend und nicht die Täterpersönlichkeit. In jedem Fall genügte eine kleine zusätzliche Belastung, um die Tat auszulösen, wie der letzte Tropfen, der das Fass zum Überlaufen bringt. Die Ehefrau tötete ihre Nebenbuhlerin, als diese sich entkleidete, nachdem der Ehemann zur Lösung der Situation einen »flotten Dreier« vorgeschlagen hatte. Der Sohn erstach seinen Vater, als dieser schimpfend auf die Mutter losstürzte und dabei in die Küche urinierte. Der Ehemann hatte sich, bevor er in das Schlafzimmer trat, mit einem Kerzenständer bewaffnet, weil er aus dem Zimmer eine Männerstimme gehört und seine Frau in Gefahr gewähnt hatte.

Wenn Helden in Krimis und Thrillern im Showdown von einem meistens brutalen Täter bedroht werden, provozieren sie ihn oft mit Worten. Man kennt das. Der Held hat die Waffe an der Schläfe, doch der andere drückt nicht ab. Der Held sagt: Du traust dich wohl nicht? Vielleicht sagt er noch ganz andere Sachen, die den potenziellen Täter zur

Einsicht bringen? Jedenfalls legt er die Waffe weg, der Held hat gewonnen. Vorsicht! Machen Sie so etwas lieber nicht nach. Denn die Erfahrung zeigt, dass es oft gerade kleine Sticheleien oder überhaupt Kleinigkeiten sind, die das Fass nicht zum Überlaufen, sondern zum Explodieren bringen. Professionelle Deeskalation sieht anders aus:

1. Du hast recht, ich stimme dir zu.
2. Können wir das in Ruhe besprechen?
3. Können wir irgendwo hingehen, wo wir uns gegenseitig ins Gesicht sehen können?
4. Ich mache uns einen Kaffee.

Auch Helmut P., den ich Ihnen als ersten Fall in diesem Buch vorgestellt habe, war ein Mensch, der eher Harmonie als Streit suchte. Seine Nachbarn schätzten ihn als jemanden, der gut vermitteln konnte, wie er es ruhig und souverän bei kleineren Unstimmigkeiten in den Eigentümerversammlungen oft unter Beweis gestellt hatte. Die Freunde der Familie kannten ihn als liebevollen und fürsorglichen Vater, aber auch als jemanden, auf den die Mutter eifersüchtig war, weil sie eigentlich die Führungsrolle in der Fürsorge beanspruchte, besonders für die jüngere, behinderte Tochter, die auf einen Rollstuhl angewiesen war. Aus seinem Harmoniebedürfnis heraus hatte Helmut P. sich nicht widersetzt. Bis, ja, bis zu diesem Ostermontag, an dem er, Hände und Hose blutverschmiert, seine sechsjährige Tochter auf dem Arm, vor den Nachbarn stand und stammelte: »Ich habe gerade die Hedwig umgebracht, ich muss jetzt die Polizei rufen.«

Auf den vorherigen Seiten habe ich einige Modelle, z. B. problematische Sozialisation, die mit Verlustängsten verbunden ist, oder Eifersucht und Missgunst vorgestellt, doch eine Erklärung für die Tat von Helmut P. ist darunter nicht zu finden. So geht die Spurensuche weiter, die ja meistens sehr komplex ist. Bei Laien lässt eine solche Tat vor allem Fassungslosigkeit zurück. Doch wir müssen das Unbegreifbare fassen – um es in Zukunft dort verhindern zu können, wo es sich abzeichnet.

Das Unverständnis, das eine solche Tat zurücklässt, wird häufig mit dem Etikett *psychisch krank* notdürftig überklebt, denn man kann oder will sich nicht vorstellen, dass ein gesunder Mensch eine so schreckliche Tat begeht. Es könnte ja dann sein, dass man vielleicht selbst … So betitelt meine Kollegin Nahlah Saimeh[*] ihr Buch »Jeder kann zum Mörder werden«. Das gilt besonders, wenn Alkohol im Spiel ist. Suchtmittel und vor allem Alkohol führen oftmals nicht nur ins soziale Abseits, sondern begünstigen Straftaten, weil sie enthemmend wirken, aggressive Impulse stärken und somit zu Gewalthandlungen antreiben können.

---

[*] Saimeh, Nahlah (2012): Jeder kann zum Mörder werden: Wahre Fälle einer forensischen Psychiaterin. München, Piper.

Alkoholrausch

Alkohol fördert Aggression. Auch Tiere werden aggressiver, wenn sie Alkohol konsumieren, wie man bei Elefanten beobachtet hat, die sich an vergorenem Fallobst berauschten. Zudem werden unter Alkoholeinfluss Aggressionen brutaler ausgeführt, was unter anderem daran liegt, dass die Berauschten Schmerzen weniger wahrnehmen. Die erhöhte Schmerzschwelle und die verminderte Fähigkeit, ihre Kraft zu dosieren, tragen wesentlich zur Brutalität der Gewalt unter alkoholisierten Kontrahenten bei. Bereits im Vorfeld einer Auseinandersetzung erhöht sich das Risiko für Aggressionen unter Alkoholeinfluss, weil Berauschte die Signale ihrer Umwelt nicht richtig deuten und versöhnliche Gesten als bedrohlich erleben können. Sie können oft die Kräfteverhältnisse zwischen sich und dem Gegner nicht richtig einschätzen oder das gut gemeinte Eingreifen Dritter als Bedrohung verkennen. Alkoholisierte werden durch tatsächlichen oder vermeintlichen Gruppendruck schneller und leichter beeinflusst als Nüchterne, sodass es bei Auseinandersetzungen oder Gewalt zwischen Gruppen meist zu schwereren Verletzungen kommt als bei Schlägereien zwischen Nüchternen. Ein weiteres die Gewaltausübung förderndes Phänomen beim Alkoholrausch ist die sogenannte Perseveration. Die Berauschten können ihre Intentionen nicht flexibel ändern, sondern verharren in den einmal gefassten Vorstellungen. Sind sie aggressiv und auf Kampf gepolt, gelingt es ihnen nur verzögert, wenn überhaupt, auf rationales Handeln umzuschalten, und sie bleiben im Kampfmodus hängen.

Die polizeilichen Angaben schwanken, doch bei der Gewaltkriminalität und insbesondere bei Tötungsdelikten ist die Rede von einem Drittel bis zu fünfzig Prozent alkoholisierter Täter. Allerdings stehen die Opfer dieser Delikte ebenso häufig unter Alkoholeinfluss. In den seltensten Fällen haben die Täter getrunken, um milder bestraft zu werden. Der Alkohol war meist von vornherein der enthemmende Faktor, der es dem Täter ermöglichte, aggressiv zu handeln und seine Kontrollen zu überrennen. Täter, die sich aufgrund einer Berauschung eine mildere Strafe erhoffen, trinken meist nach der Tat. Aber das bringt ihnen nichts: Einen »Nachtrunk« kann man mit Laboranalysen nachweisen.

Alkoholkonsum gehört zwar einerseits zur guten Gesellschaft, ist andererseits aber eben auch eine Ursache für Verbrechen und Gesetzesverstöße verschiedenster Art, z. B. im Straßenverkehr. Sprüche wie »sich Mut antrinken« sind uns allen bekannt und werden mancherorts auch in die Tat umgesetzt, z. B. in Rockerbanden vor Auseinandersetzungen und in manchen Söldnerverbänden vor einem Angriff. Im Zweiten Weltkrieg verabreichte man Soldaten Pervetin, das ist vergleichbar mit dem berüchtigten Crystal Meth, um sie wach, kampffähig und aggressiv zu stimmen. Unter Drogen- und Alkoholeinfluss entfallen Kontrollmechanismen und die sonst greifenden Stopps. Der verantwortungsvolle Umgang mit Alkohol ebenso wie mit anderen legalen Substanzen, z. B. Benzodiazepinen, also Tranquilizern, mag zwar nicht immer gelingen, ist zur Kriminalprävention aber sinnvoller als ein grundsätzliches Alkoholverbot, das schon in Zeiten der Prohibition in den USA eher mehr Kriminalität und mafiöse Strukturen hervorbrachte. Ein solches Verbot wäre letztendlich noch weniger kontrollierbar. Der Umgang mit illegalen Drogen zeigt, dass Verbote ein solches Problem nicht wirklich beseitigen und die Legalisierung von Substitution nicht zu einer Zunahme der Kriminalität führt.

Kriminell oder krank?

Gerade nach Taten, die man sich nicht erklären kann, aber auch nach besonders dramatischen Verbrechen, bei einem gruseligen Leichenfund oder bei Wiederholungstätern wird in der Presse, von der Polizei und von vielen Menschen gemutmaßt, dass ein psychisch Gestörter diese Tat begangen habe. Es könne gar nicht anders sein, ein normaler Mensch würde so etwas niemals tun. Aber Verbrechen wie Sexualdelinquenz und Mord und auch Grausamkeit sind dem Homo sapiens, der heute die Welt bevölkert, nicht wesensfremd. Aggression und Gewaltbereitschaft, sexuelle Grenzüberschreitungen, Übervorteilung anderer, Betrug und Raub gehören zu den Schattenseiten des menschlichen Daseins. Sie sind keine Hinweise dafür, dass Täter krank sind. Weder aus der Art des Verbrechens noch aus der Ausführung der Tat kann man auf eine Krankheit oder Störung schließen.

Ich erinnere mich an den Anruf eines Kriminalhauptkommissars nach einem Mord mit Leichenzerstückelung und seine Frage, ob es eine psychische Störung gebe, die so ein Verhalten erklären könne. Ich kannte keine, wies den Polizisten aber darauf hin, dass es leichter sei, Leichenteile zu transportieren und zu verstecken als einen ganzen Körper. Seinem Tonfall bei der Verabschiedung entnahm ich, dass er von meiner »fachlichen« Auskunft enttäuscht war. Einige Zeit später stellte sich heraus, dass der Täter ein Koch war, und der wusste, wie man Knochen aus dem Fleisch löst. Er hatte einen Streit mit einem ehemaligen Kollegen durch einen tödlichen Messerstich beendet, weil ihm die Argumente ausgingen – die Tat eines psychisch Gesunden. Er konnte die Leiche nicht unbemerkt aus der Wohnung schaffen. Erfolgversprechender war es, sie in Einzelteile zu zerlegen und in Müllsäcke zu verpacken. So hatte die Zerstücklung der Leiche die Ermittler auf eine falsche Fährte gelockt. Es gibt auch in der Psychiatrie falsche Fährten – und nur einen Weg, ihnen nicht zu folgen. Die vorurteilsfreie Begegnung mit dem Probanden muss immer unter der Prämisse geschehen: Ich weiß, dass ich nichts weiß.

Psychisch Kranke erscheinen uns ebenso andersartig wie Kriminelle. Vielleicht sogar gleichermaßen gefährlich. Denn sie verhalten sich anders, als wir es gewohnt sind, anders, als es uns vertraut ist – und das macht uns Angst, und deshalb entsteht der Wunsch nach Abgrenzung. Hier wir, dort die. So werden – wie es früher gang und gäbe war – manchmal die Kriminellen und die Kranken in einen Topf geworfen, der den Aufdruck trägt: anders. Womit vor allem gemeint ist: fremd, gefährlich. Aber anders ist kein Synonym für gefährlich, bedenkt man, dass jeder Mensch anders ist – von welchem *anders* wollen wir ausgehen, was ist die Referenzgröße? Natürlich, man selbst. Aber reicht das zur Objektivität?

Wenn wir uns auf jene Fälle beschränken, in denen Menschen Verbrechen begingen, können wir trotzdem nicht daraus schließen, dass alle Kriminellen psychisch krank wären oder alle psychisch Kranken kriminell, obwohl uns beides fremd erscheint. Wir kommen den Tätern nicht auf die Spur, indem wir alle über einen Kamm scheren, und schnelle Erklärungen verunmöglichen eine differenzierte und damit sinnvolle Vorbeugung. Es gibt vielerlei Gründe, warum ein psychisch kranker Mensch kriminell geworden sein könnte. Je nach seiner Erkrankung zeigt er ein bestimmtes Verhalten, das für ihn wiederum normal ist. Der Schizophrene verspürt keinen Antrieb zu ergründen, warum er Stimmen hört, oder sich zu fragen, ob er sich die vielleicht einbildet. Er hört sie doch. Und wenn Sie diese Stimmen nicht hören, liegt das nicht an ihm, sondern an Ihnen. Der Depressive wird sich nicht ausreden lassen, dass alles traurig und ausweglos ist. Der Zwangskranke wird sich nicht damit aufhalten zu beschreiben, weshalb er zwanzig Mal am Tag Zähne putzen oder andere Rituale vollziehen muss. So ist es einfach, und weil es so ist, ist es für die Betroffenen normal. Natürlich kann man als psychisch gesunder Mensch vermuten, dass man selbst zur Mehrheit zählt. Doch dann erlebt man vielleicht etwas, das einen zweifeln lässt. Diese Zweifel tauchen hin und wieder auf, wenn einem bewusst wird, dass man eine Situation anders interpretiert als andere. Plötzlich bröckelt die eigene Sicherheit, und manchmal hat man eine Ahnung davon, wie es auch sein könnte. Doch dies ist ein kurzer Moment – und dann fühlt man sich wieder sicher, mehr oder weniger geborgen im eigenen Leben. Bei einem kranken Menschen ist das Bröckeln ein Dauerzustand. Der Depressive wird morgen immer noch traurig sein, er braucht keinen konkreten Anlass, um einen schlechten Tag zu haben, jeder Tag ist schlecht. Das dürfen wir in der Begegnung mit psychisch kranken Menschen nicht vergessen: Worunter wir vielleicht manchmal leiden, ist deren täglich Brot. Insofern können wir uns nicht wirklich vorstellen, wie es ist.

Wenn wir wissen wollen, was in einem anderen Menschen vorgeht, was er denkt, was er fühlt, welche Pläne er hat und welche Methoden er anwendet, um seine Ziele zu erreichen, überlegen wir meistens als Erstes, wie wir selber in einer vergleichbaren Situation denken, fühlen und handeln würden. Unser eigener Erfahrungshintergrund prägt unsere Einschätzung der Aktionen und Absichten des anderen und unsere Einstellungen ihm gegenüber. Tatsächlich hat der andere aber einen von unserem abweichenden Erfahrungshintergrund. Seine Überzeugungen, Wünsche, Ziele, sein mentales Handwerkszeug, sein Vorwissen usw. entsprechen nicht dem meinen oder dem Ihren. Um mit anderen sinnvoll umzugehen, um ihnen gerecht zu werden und sie zu verstehen, muss ich also von meiner gedanklichen und emotionalen Welt eine Vorstellung haben. Ich muss mir bewusst sein, dass es meine eigene und individuelle ist, und ich muss mir eine Vorstellung machen von der gedanklichen und emotionalen Welt meines Gegenübers. Wenn das gelingt, können wir das Verhalten und die Reaktionen eines anderen besser vorhersagen und auf seine Bedürfnisse besser eingehen. In langjährigen Beziehungen, Partnerschaften und Freundschaften tun wir das automatisch. Feststellungen wie »Ich wusste, dass du das sagst« oder »Ich habe mir gedacht, dass du so reagierst« zeigen, dass man glaubt, eine gute Vorstellung vom Wesen des Partners zu haben. Wir sind in solchen Beziehungen zum Perspektivenwechsel bereit und können die Welt durch die Augen des Partners betrachten. Das wird in der Wissenschaft unter dem Begriff *Theory of Mind* bearbeitet. Im Alltagsleben, im Beruf, im Verein oder bei anderen sozialen Interaktionen sind wir schon weniger bereit, die Andersartigkeit des Gegenübers zu akzeptieren. Und bei Fremden fast gar nicht mehr. Es kommt zu Ab- und Ausgrenzungen.

Manche Krankheiten, Traumatisierungen und Grenzerfahrungen verändern das Verhalten von Menschen, sodass andere den Eindruck haben, sie seien psychisch krank.

Das sind sie aber nicht. Der an Parkinson Leidende zieht sich vielleicht aus der Öffentlichkeit zurück, weil er sich wegen seines unkontrollierbaren Speichelflusses schämt, der Ertaubte, weil er die anderen nicht mehr hören kann und nicht weiß, wie er reagieren soll. Menschen, die an starken Schmerzen leiden, werden zuweilen seltsam. Depressive ertragen die Fröhlichkeit anderer nicht.

Es gibt auch Krankheiten, die treiben die Betroffenen in ein kriminelles Verhalten. Ich spreche gar nicht von Suchterkrankungen. Erst in den letzten Jahren hat man die Auswirkungen der sogenannten frontotemporalen Demenz erkannt, einer Störung, bei der es zu einem Abbau der Hirnsubstanz im Stirn- und Schläfenhirn kommt. In deren Folge verändert sich der Charakter der Betroffenen. »Anständige Bürger« begehen Ladendiebstähle, fallen mit sexuellen Grenzüberschreitungen und aggressiver Pöbelhaftigkeit auf, die eher Straftätern denn psychisch kranken Menschen unterstellt werden. Doch diese vermeintlich böswilligen Täter sind Opfer ihrer Erkrankung.

Sie sehen, die Unterscheidungen sind schwierig. Oft verlaufen die Grenzen fließend, und in der Regel werden Fachleute den Betroffenen gerecht, denn sie versuchen herausfinden, ob die Tat eines Menschen kriminell motiviert war oder der Täter aufgrund einer psychischen Erkrankung die gesellschaftlichen und rechtlichen Normen missachtete. Erst dann kann entschieden werden, ob ein Täter bestraft wird oder eher einer Behandlung bedarf und wie am besten mit ihm umgegangen werden sollte, um einen Rückfall in vergleichbar schädigendes Verhalten zu verhindern.

Tatsächlich gibt der straffällig gewordene Mensch die Entscheidung über seine Lebensführung weitgehend auf. Andere, insbesondere Gerichte, aber auch die Justizvollzugsbehörden in den Gefängnissen sowie Psychiater und Psychologen in den Maßregelvollzugskrankenhäusern bestimmen über das Leben und die tägliche Routine. Sie sind für das Wohlergehen der Untergebrachten ebenso verantwortlich wie für den Schutz der Allgemeinheit. Psychisch kranke Straftäter leiden dabei in zweifacher Hinsicht: Einmal wie Gefängnisinsassen durch den Freiheitsentzug, zum anderen durch ihre Krankheit. An und wegen ihnen leiden aber auch andere: die Angehörigen, die durch diese Krankheit und die Kriminalität überfordert sind; die Opfer, die nicht verstehen können, warum sie ins Visier dieses Menschen geraten sind; die unmittelbaren Kontaktpersonen, die durch die Krankheit selbst belästigt oder belastet sind. Aber wir dürfen nicht den Fehler machen, den Menschen, die wegen ihrer Krankheit unsere Unterstützung brauchen, diese zu verweigern, weil wir glauben, uns vor ihnen schützen zu müssen. Auch diejenigen, vor denen wir uns schützen müssen, brauchen Hilfe.

Ist Ihnen schon schwindlig? Dieser Zustand tritt gelegentlich bei Zuhörern in der forensischen Psychiatrie auf, wenn oben und unten, rechts und links durcheinandergeraten und überhaupt nichts mehr normal zu sein scheint. Das macht dieses Fach so unendlich spannend. Aber es gibt fast immer eine Antwort. Man muss sie nur finden. Und dazu braucht es einen klaren Kopf.

Krank oder böse?

Ich werde oft gefragt, wie ich es mit dem Bösen im Menschen aushalte, dem ich in meinem Beruf begegne. Ich wäre doch Arzt geworden, da will man den Leidenden helfen und nicht die Bösen ihrer Strafe entziehen. Lange habe ich den Begriff »böse« vermieden, wenn es um Menschen ging, die ich zu beurteilen hatte, und ich verwende ihn bis heute nur in Ausnahmefällen. Böse ist kein wissenschaftlicher Begriff, sondern eine normative Zuschreibung. Sie wird entsprechend der Werteorientierung des jeweiligen Umfeldes dem Einzelnen zugesprochen. Wenn ein Mensch nicht in der Lage ist, seinen Willen zu formen und zu steuern oder er aufgrund einer schicksalhaft auftretenden Krankheit in eine Richtung gezwungen wurde, die ihm die Möglichkeit nimmt, über Gut und Schlecht zu reflektieren, kann er aus meiner Sicht nicht böse sein. Die Unterscheidung zwischen Krank und Böse kann nicht anhand einer Tat getroffen werden, so grausam sie auch sein mag und so niederträchtig sie von anderen beurteilt wird. Abseits meiner professionellen Haltung denke ich durchaus über Gut und Böse nach. Für mich geht es um die Frage, ob der

Mensch gewusst hat, was er anrichtet, ob er einen »Schaden« willentlich herbeiführt, um einem anderen wehzutun oder zu schaden oder er seine Bedürfnisse bewusst auf Kosten anderer auslebt. Ist dies der Fall, gibt es auch für mich eine Kategorie »böse«. Diese ist jedoch wie gesagt nicht wissenschaftlich zu begründen.

Wie gefährlich ist das Leben unter Menschen?

Was schätzen Sie, wie vielen Menschen Sie im Laufe Ihres Lebens begegnet sind? Zehntausenden, Hunderttausenden? Darunter werden wohl einige Gewalttäter gewesen sein. Statistisch gibt es in Deutschland auf 10 000 Einwohner einen Gewalttäter. Aber ein Gewalttäter ist noch kein Mörder. Für einen Mörder müssten Sie etwa 200 000 Menschen begegnen. Gut, das lässt sich einrichten. Eine Großveranstaltung, ein Mörder, also rein statistisch. Aber dennoch kein Grund, in Panik zu geraten, sage ich, dem ungefähr einmal in der Woche ein Mörder gegenübersitzt. Denn Ihr Risiko, Opfer zu werden, ist deutlich höher, wenn Sie den Mörder gut kennen beziehungsweise dann: kannten. Denn wie eingangs erwähnt und wie ich später noch ausführen werde, sind Täter und Opfer in den meisten Fällen miteinander verbunden, und die häufigsten Tötungen geschehen im familiären Umfeld. Dass ein Unbekannter einen Unbekannten tötet, auch wenn es ein beliebtes Motiv in Romanen ist und ich selbst es in diesem

Buch schon beschrieben habe – Sie erinnern sich an den Paraklet? –, ist innerhalb zivilisierter Gesellschaften sehr selten. Aber womöglich heiratet der eine unter 200 000 Ihre Vermieterin. Und dann? Sie fahren besser, wenn Sie von Haus aus glauben, dass Ihnen nichts passiert.

Wir haben gesehen, dass man kriminelle Menschen nicht automatisch als krank bezeichnen kann, weil die Schatten zum Menschen gehören, und Morde sind, obwohl wir in den Medien ständig davon hören, doch vergleichsweise selten. Auch psychisch kranke Menschen finden sich nicht so häufig, wie es die vielen Kriminalromane und -filme suggerieren, wenn wir uns darauf einigen, den Fokus auf schwerwiegende psychische Erkrankungen wie Schizophrenie, Manie, manisch-depressive Erkrankungen oder Demenz zu richten. Zurück zum klaren Kopf: In unserem Land leben etwa ein Prozent schizophrener Menschen, die der Volksmund am ehesten als geisteskrank bezeichnet, weil ihre Realität mit jener der meisten Menschen in ihrem Umfeld nicht übereinstimmt. Bei Patienten mit Schizophrenie ist das Risiko, dass sie eine Gewalttat begehen, tatsächlich deutlich höher, als es die bundesdeutsche Kriminalstatistik für die Gesamtbevölkerung ausweist, und zwar fünfmal höher. Das klingt gefährlich. Wenn man aber die Statistik entschlüsselt, bedeutet dies, dass Sie hundert Menschen begegnen müssen, um einen Schizophrenen zu finden. Aber in nur einem von 2000 Schizophrenen verbirgt sich rein statistisch ein Gewalttäter. Sie müssten also 200 000 Menschen begegnen, um diesen einen zu treffen. Und ihn, wie gesagt, auch noch persönlich kennenlernen.

Hin und wieder werde ich gefragt, ob mich die Mörder, die ich begutachte, bis in meine Träume verfolgen. Ob ich abschalten könnte. Ob mein Beruf mich nicht sehr geprägt habe – hin zu einem misstrauischen Menschen. Das Gegenteil ist der Fall. Ich fühle mich sehr sicher, gerade weil mir »das Andere« nicht fremd, sondern vertraut ist. Und ich bin fest davon überzeugt, dass man auch dann gut schlafen kann, wenn man nicht das Glück hat, forensischer Psychiater zu sein. Also lassen Sie sich nicht verunsichern, wenn Sie mal wieder Schnee schippen und die Schaufel über den Boden schabt oder was immer geschieht. Denn wenn Sie plötzlich argwöhnisch werden, weil Sie glauben zu wissen, was in den Köpfen anderer vorgeht, verändert sich nicht nur Ihre Sichtweise, sondern auch Ihr Verhalten, mit der Folge, dass sich die anderen tatsächlich ändern. Die Forschung hat gezeigt, dass der überwiegende Anteil der Gewaltdelinquenz bei schizophrenen Patienten nicht daher rührt, dass diese irgendwelche plötzlichen Eingebungen zur Gewalt haben, sondern dass sie aufgrund ihrer Verhaltensauffälligkeiten die Aufmerksamkeit anderer auf sich ziehen. Die anderen betrachten den Patienten dann kritisch und auf jeden Fall länger, als es angemessen ist. Dadurch oder durch abfällige Bemerkungen geraten die Kranken in einen Spannungszustand, und sie können Abwehrimpulse nicht kontrollieren. Das Misstrauen, die Neugier, die Abweisung in ihrer Umwelt ändert ihr Verhalten. So verändert jeder, der einem anderen ängstlich, misstrauisch oder aber freundlich begegnet, dessen Ausdruck und Verhalten. Das ist eigentlich altbekannt: Wie man in den Wald hineinruft, so schallt es heraus. Davon abgesehen sollte man nicht ständig versuchen, in die Köpfe anderer hineinsehen zu wollen. Ich für meinen Teil habe es ganz gern, wenn nicht alles sichtbar ist. Und ich kümmere mich auch nicht ständig darum, was in anderen Köpfen vorgehen könnte, zumindest nicht privat. Sonst wäre ich ja nicht mehr in meinem eigenen Kopf zu Hause. Und dann wäre der nicht mehr klar.

Triebkräfte des Verbrechens

Was bewegt Sie dazu, ein bestimmtes Auto zu kaufen? Und wieso fahren Sie an genau diesen Ort in den Urlaub? Schenken jemandem etwas, haben Spaß daran, einen anderen zu ärgern? Was bewegt Sie zu Ihren Handlungen, ob freundlicher, scheinbar neutraler oder manchmal vielleicht auch ein kleines bisschen gemeiner Natur? Machen Sie sich überhaupt Gedanken darüber, warum Sie was tun? Wahrscheinlich immer nur dann, wenn Sie etwas bereuen. Wenn Sie einen Fehler gemacht haben, an einem schlechten Gewissen leiden. Oder wenn Sie sich überfordert fühlen. *Warum habe ich mich bloß breitschlagen lassen, diese Aufgabe zu übernehmen?* Sie haben sich womöglich in eine Situation hineinmanövriert, aus der Sie nicht so leicht wieder herauskommen. Sie sind einem Impuls gefolgt. Sie stellen fest, dass Sie Ihre Kräfte und Möglichkeiten überschätzt haben. Sie haben – und das ist der entscheidende Punkt – die Konsequenzen Ihres Handelns vorher nicht bedacht, und zwar weder für sich selbst noch für andere.

In der Straftätertherapie ist es eines der wichtigsten Ziele, den Betroffenen beizubringen, erst zu denken, dann zu handeln. Damit sie nicht noch einmal in eine solche Lage kommen. Nach der (Straf-)Tat darüber nachzudenken, ob man sie wirklich riskieren soll, ist immer zu spät. Und dies macht den Unterschied aus. Der eine denkt nach und tut etwas nicht und bleibt unschuldig, der andere denkt nicht nach und tut es und wird schuldig, und der Dritte kann nicht nachdenken und ist nicht schuldfähig.

Was also hat Sie dazu motiviert, etwas zu tun, das Sie eigentlich gar nicht tun wollten, wenn es auch keine Straftat war? Welche Triebkräfte haben Sie dazu verleitet, Ihre Grenzen zu überschreiten?

Triebkräfte erwachsen aus der Evolution der Lebewesen. Für die Evolution spielen zwei alles überragende Aspekte eine Rolle, nämlich die Selbsterhaltung und die Weitergabe der eigenen Gene. Nicht weil die Natur das so will, sondern weil es die wesentlichen Faktoren waren, die den Überlebenskampf der Arten entschieden. Hunger, Durst, Schlafbedürfnis, Sammeln von Nahrungsmitteln, aber auch die Ausscheidungsfunktionen sind zur Selbsterhaltung unerlässlich, wie Flucht und Verteidigung und letztlich Eroberung, um neue Nahrungs- und Überlebensmöglichkeiten zu schaffen zum Zwecke der Selbst- und Arterhaltung. Der Sexualtrieb, die Fortpflanzung, die Schaffung von Schutzraum für die Nachkommenschaft und die Sicherung des Territoriums sind Vorbedingungen für die Arterhaltung. Triebkräfte, die diese Funktionen gewährleisten, haben den Überlebenskampf der Gattung mitentschieden und sich mit unseren Genen fortgepflanzt. Zivilisation, Gesetze oder Regeln haben dabei über rund 70 Millionen Jahre keine Rolle gespielt.

Triebe sind nicht böse, sondern neutral, wenngleich wir

manche als gut bewerten – Stichwort Mutterinstinkt – und andere als böse – wenn sie Täter zu einem Verbrechen treiben. Früher wurden Sexualstraftäter in der Regenbogenpresse oft als Triebtäter bezeichnet. Ihr Trieb galt als böse, wobei Sexualität an sich weder gut noch böse, sondern als Triebkraft bei fast allen Menschen vorhanden ist.

Wenn wir in der Geschichte zurückblicken, können wir die evolutionäre Bedeutung der Triebe nachvollziehen. Der Raub der Sabinerinnen, der am Anfang Roms stand und das römische Volk der Antike begründete, war keine Heldentat der Männer Roms, sondern eine Massenvergewaltigung, und das *ius primae noctis,* nach welchem bis in die geschichtliche Neuzeit die Brautnacht dem Herrscher zustand, war nicht nur ein Symbol für dessen Herrschaftsanspruch, sondern diente auch der Verbreitung seiner Gene. Man stelle sich solch einen Brauch heute vor und schüttelt den Kopf über diese »Barbaren«. Nun, der Mensch hat sich weiterentwickelt, wir entwickeln uns fortwährend. Und doch haben wir die gleichen Gene wie vor 30 000 Jahren und damit auch unsere evolutionär bedingten Triebe, aber sie bekommen in einer zivilisierten Gesellschaft Manieren. Triebe werden durch Erziehung modifiziert, durch Regeln in Grenzen gehalten und durch Konditionierung verändert. Das ungehinderte Ausleben von Trieben wäre einem Zusammenleben größerer Menschengruppen abträglich. Gruppen, in denen so etwas geduldet würde, gingen im evolutionären Überlebenskampf relativ bald zugrunde. Angenommen, wir würden die Hygienevorgaben nicht einhalten und unseren Ausscheidungstrieben freien Lauf lassen, würden bald Ratten und Ungeziefer Krankheiten verbreiten und unsere Gruppe dezimieren und vernichten. Insofern ist für das Überleben in Gruppen die Kontrolle der eigenen Triebe zwingend erforderlich. Bedürfnisaufschub, Bedürfnisverschiebung, Triebverzicht prägen die Erziehung und Zivilisation der Menschheit seit der Antike. Imperien, in denen Menschen dies leisteten, hatten eine größere Überlebenschance und mit ihnen die Menschen, die dort wohnten. Die Balance zwischen Triebkräften und Triebkontrolle war entscheidend für das Überleben in einer Zivilisation, sie entsprach dem wesentlichen Evolutionsvorteil des Menschen: seiner Anpassungsfähigkeit. Ein mühsam errungenes Gleichgewicht ist wenig stabil, und es kann unter bestimmten Bedingungen sehr rasch wieder zu einem Ungleichgewicht kommen, wie wir das in den kriegerischen Katastrophen des 20. Jahrhunderts auch in Europa miterlebt haben. Das Zerbrechen des jugoslawischen Staatengebildes und die Gräueltaten, die zwischen den Bevölkerungsgruppen ausgeübt wurden, zeigen, wie leicht die Balance kippt. Innerhalb von Staaten, Völkern – aber eben auch im zwischenmenschlichen Bereich.

Bei Verbrechen, mit denen ich als forensischer Psychiater zu tun habe, ist diese Balance meistens verloren gegangen. Manche Menschen können gewohnheitsmäßig ihre Bedürfnisse nicht aufschieben, sie drängen – wie kleine Kinder – auf unmittelbare Bedürfnisbefriedigung. Bei einigen bricht die Kontrolle in bestimmten Versuchungssituationen zusammen, bei anderen, wenn sie im – subjektiv erlebten – Übermaß gekränkt werden. Solche Charaktere sind keine Exoten. Man kennt diese »Typen«, die keine Kritik vertragen, die man quasi mit Samthandschuhen anfassen muss. Ein Chef, der den Mitarbeiter nach noch so berechtigter Kritik keines Blickes mehr würdigt und jeden zaghaften Verbesserungsvorschlag als Majestätsbeleidigung auffasst, die Ehegattin, die tobt, weil der Mann die Figur einer anderen Frau wohlwollend betrachtet, der Vater, der das Spiel mit seinem Sohn einstellt, weil dieser schneller laufen kann als der Herr Papa. Für manche kann eine Kränkung nicht nur eine herbe Enttäuschung sein, sondern gelegentlich als existenzielle Bedrohung empfunden werden. Man sollte sich also bei Kränkungen und Gekränktheiten fragen, ob ein wenig mehr Verhaltenskontrolle und Toleranz nicht der bessere Weg wäre.

Triebkräfte für das Verhalten der Menschen wurden beschrieben, lange bevor Darwin die Grundlagen der Evolution, das Überleben des am besten angepassten Individuums oder der am besten angepassten Gattung, entdeckte. Die grundlegenden Triebkräfte, die sich durch den Selektionsprozess der Evolution bewährt haben, sind in der Regel nicht die von uns selbst wahrgenommenen Motive unseres Handelns, sie sind aber häufig deren Basis. Auch sind die Motive, die wir selbst bemerken, oftmals nicht jene, die die Umwelt wahrnimmt oder akzeptiert. Handeln entsteht aus einem Bündel von Motiven, viele davon sind uns nicht bewusst, und nur selten müssen wir sie uns im Alltag bewusstmachen. Deshalb habe ich Sie in der Einleitung dieses Kapitels nach Ihren Motiven gefragt. Waren sie Ihnen bewusst? Alle? Aber wie sollten Sie dies wissen, wenn doch bekannt ist, dass es immer Motive im Untergrund gibt. Man kann versuchen, sie zu erforschen. Doch wer könnte darüber entscheiden, ob nun wirklich alles geklärt ist und das, was wir glauben, gefunden zu haben, tatsächlich so ist. Ja, was ist eigentlich *tatsächlich* bei einem subjektiven Wesen, das seine als »Tatsache« benannten Gefühle ständig wechseln kann?

Ein forensischer Psychiater würde vor Gericht keine gute Figur machen, wenn er die Motive seines Probanden Pi mal Daumen benennen würde. Von ihm wird erwartet, dass er dem Gericht erklärt, was für eine Art von Mensch da auf der Anklagebank sitzt, und zwar nicht nach seinem subjektiven Dafürhalten, sondern nach dem der Wissenschaft. Und diese hat – um menschlichen Handlungen auf die Spur zu kommen – auch die Entstehung und Bedeutung von Konflikten erforscht.

Drei Ursachen für Konflikte

Der englische Staatsmann und Philosoph Thomas Hobbes beschreibt in seinem 1651 erschienen Werk *Leviathan* drei Ursachen für jede Art von Konflikt, aus der Gewalt entsteht: Konkurrenz und Wettbewerb, die zu Gier und Neid führen, Zaghaftigkeit und Ängstlichkeit, die nach Sicherheit und Gefahrenabwehr rufen, sowie Stolz, Ruhm und Ehre, die zu Kränkungen beitragen und Genugtuung verlangen. Häufig vermischen sich diese wesentlichen Komponenten.

In meiner Anfangszeit als Gutachter strengte ich mich oft sehr an, um dem Gericht zu erklären, dass die Triebkräfte, die einen Täter geleitet haben mögen, nicht einzeln zu bestimmen seien, sondern zusammenspielen. Im Sommer 1996 las ich einen Artikel von Jakob Augstein in der *Süddeutschen Zeitung*, in dem dieses Problem anschaulich vorgestellt wurde. Ich zitiere nachfolgend aus »Reserveengel der Jurisprudenz«:

Die Frau trinkt, ihr Mann trinkt auch, er schlägt sie und hat sie schon jahrelang geschlagen. Das hat sie depressiv gemacht und neurotisch: Irgendwann, als er gegen sie ausholt, ersticht sie ihn. Hätte sie auch anders handeln können? Der Gutachter stellt eine erhebliche Persönlichkeitsstörung fest, die zeitweise den Grad einer psychischen Erkrankung erreiche; zum Tatzeitpunkt war die Frau fast volltrunken, die Steuerungsfähigkeit sei allein deshalb erheblich vermindert gewesen.

Der Richter will vom Gutachter wissen, ob sie denn auch zugestochen hätte, wenn sie nicht getrunken hätte oder wenn sie nicht depressiv gewesen wäre oder wenn sie nicht geschlagen worden wäre. Der Gutachter sagt, dieser Zopf sei aus drei Strängen geflochten: Persönlichkeitsstörung, Affektentladung und Alkohol. Er könne das nicht entwirren. Das sind Äußerungen, vor denen der Richter sich fürchtet. Er glaubt, den Rechtsfrieden erhalten zu müssen; verhindern zu müssen, dass am nächsten Tag alle prügelnden Männer erstochen in der Küche liegen, aber er will diese Frau nicht für etwas bestrafen, an dem sie offensichtlich keine Schuld trägt. Also bastelt der Richter eine Urteilsbegründung aus Alkohol und Notwehrüberschreitung zusammen und verurteilt die Frau wegen Körperverletzung mit Todesfolge zu einer Bewährungsstrafe. Ein anderer Richter oder ein anderes Gericht in einem anderen Bundesland hätte die Frau vielleicht freigesprochen, vielleicht aber auch für vier Jahre eingesperrt. Das ist reine Glückssache.

Der Artikel gefällt mir heute noch. Doch die Realität zeigt, dass selbst drei Stränge, aus denen ein Zopf geflochten ist, noch zu wenig sind. Das Leben und Handeln ist deutlich komplizierter, und wir sollten uns darüber bewusst sein, dass alle Erklärungen, so plausibel sie sein mögen, Vereinfachungen darstellen. Auf die wir allerdings nicht verzichten können: Wir benötigen derartige Simplifizierungen, um Zusammenhänge zu verstehen, Defizite aufzudecken, Stärken zu erkennen und möglicherweise regulierend einzugreifen. Im Folgenden beschreibe ich einige der Triebkräfte, die Menschen zu Tätern werden lassen. Ob Sie darunter auch Helmut P. erkennen? Oder er sich weiterhin in der Deckung des scheinbar Normalen aufhält?

Gier und Neid

Gier und Neid sind nicht nur Triebkräfte für Verbrechen. In einem vernünftigen Maß wird der Ehrgeiz von ihnen gespeist. Er treibt Menschen an, mehr zu erreichen. Ein Sportler, der nicht gierig auf Medaillen ist, wird es wohl kaum aufs Siegertreppchen schaffen. Nicht umsonst spricht man vom Killerinstinkt, mit dem nicht gemeint ist, einen Kontrahenten zu eliminieren, sondern ihn fair zu besiegen in einem sportlichen Wettkampf.

So hängt es von der Richtung und vom Maß ab, ob Gier und Neid zu einem Verbrechen führen. Die meisten Raubdelikte, Diebstähle und Betrügereien dienen dazu, eine Gier zu befriedigen. Manchmal schlummert sie im Verborgenen, was die Krux an den Triebkräften ist: Wir wissen oft nicht, was uns steuert, wie der folgende Fall zeigt.

Der fünfunddreißigjährigen Angeklagten H. wurde in einem großen Betrugsverfahren vor einer Wirtschaftskammer vorgeworfen, zusammen mit ihrem Partner, J., ältere Menschen mit betrügerischen und fiktiven Geldanlagemodellen um ihre Rücklagen betrogen und insgesamt mehrere Millionen Euro Schaden verursacht zu haben. H. stammte aus bescheidenen Verhältnissen, hatte aber durch Fleiß und Ehrgeiz in der Schule mehr erreicht als ihre Familie. Schon als Kind hatte sie von der großen Welt geträumt, von Reichtum, einem eigenen Haus, einem gut verdienenden Mann. Nach der mittleren Reife begann sie eine Banklehre, erkannte aber bald, dass sie am

Bankschalter ihre Träume nicht erfüllen konnte. Sie verkehrte in Kreisen und Lokalen, die auch wohlhabende Männer besuchten, schloss es aber aus, ihren Körper zu verkaufen, und schlug Einladungen aus, die sie von verheirateten Männern erhielt. Da sie sich in der Bank sehr engagierte, kam man ihrem Wunsch nach und versetzte sie in eine Abteilung, in der Anlagegeschäfte abgewickelt wurden. H. lernte viel über Kapitalanlagen und war fasziniert davon, mit Geld zu jonglieren. Sie machte ihre Sache gut, und man vertraute ihr immer größere Projekte an, sie lernte nun auch die wirklich solventen Bankkunden kennen. Im Vergleich zu ihnen empfand sie ihre Lebenssituation, die sich mittlerweile deutlich von ihrer Herkunft abhob, immer noch als bescheiden. Einer ihrer Kunden machte ihr den Hof. Er beeindruckte sie nicht nur wegen seiner Geldanlagen, auch sein Charme gefiel ihr. Nach einigen Treffen schlug J. ihr vor, sich mit einem neuen Geldanlagemodell selbständig zu machen. Die beiden gründeten eine Firma, ließen Hochglanzprospekte drucken, in denen sie hohe Renditen versprachen, und fanden aufgrund ihres souveränen Auftretens schnell Kunden. H. fühlte sich am Ziel ihrer Träume. Es floss nun sehr viel Geld durch ihre Hände, ihr Lebensstandard war hoch, und sie hatte ihren Traummann gefunden, die Liebe ihres Lebens. Doch nach einem Jahr merkte sie, dass ihre Firma nicht in der Lage war, die Renditeversprechen einzulösen. Als die ersten Kunden ihren Gewinn einforderten, musste dieser von den Investitionen späterer Kunden beglichen werden. J. beruhigte H. Das sei ganz normal, nur eine kurze Krise, nicht ungewöhnlich bei einer so jungen Firma. Doch auch in den folgenden Monaten wurden die Liquiditätslücken mit dem Geld der Anleger gestopft. Das Paar lebte weiterhin auf großem Fuße – Reisen, Restaurantbesuche, sie wohnten in einem Penthouse und fuhren beide teure Autos. Nach einem weiteren Jahr platzte H.s Glück. Einige Anleger hatten sich zusammengeschlossen und eine Rechtsanwaltskanzlei beauftragt, Klage zu erheben. Wegen Fluchtgefahr kam das Paar in Untersuchungshaft. In einem solchen Fall beauftragt das Gericht in der Regel keinen psychiatrischen Gutachter. Doch H.s Rechtsanwalt wollte abklären lassen, ob seine Mandantin vielleicht aus Hörigkeit gehandelt hätte, was sich schuldmindernd auswirken könnte. Eine Hörigkeit konnte ich nicht feststellen, doch es trat die Gier als Motiv deutlich hervor – und zwar angetrieben von den Kindheitsträumen H.s von einem Leben in Saus und Braus. Sie war nicht psychisch krank, sie war sich selbst in die Falle gegangen, die sie schon als Kind aufgestellt hatte. Ihre Tat wird begreifbar, aber natürlich ist sie deswegen nicht zu vergeben.

Wenn aus Gier Sucht wird

Wie jedes menschliche Verhalten und wie jede Triebkraft kann Gier zur Sucht entarten, und häufig wird sogar aus Spiel eine Sucht. Aber es gibt auch eine Gier nach Abenteuer, nach Risiko, nach Anerkennung – alles, was uns gute Gefühle macht, kann kippen in Gier. Wir verlieren Maß und Ziel, wollen nur eins: immer mehr von unserem Suchtstoff. Denn wir brauchen ja immer mehr; nicht nur der Drogenkonsument, um in den Zustand zu kommen, der ihm ein Highgefühl verschafft, auch der Börsenmakler, der Sportsüchtige – das Karussell der Gier beschleunigt sich. Aber warum ist es nun so schwierig auszusteigen? Warum kann man nicht beschließen aufzuhören, warum kann ein Spieler nicht aussteigen, wenn er sein selbst gesetztes Ziel erreicht hat? Diese Fragen beantworten die Konditionierung und das körpereigene Belohnungssystem.

Konditionieren heißt die Bahnung von Reiz-Reaktions-Mustern durch wiederholtes Einüben, so wie es z. B. in der Tierdressur üblich ist. Klassisches Konditionieren ist die bewusste Koppelung eines Reizes mit einer Belohnung für die erwünschte Reaktion, die schließlich auch dann eintritt, wenn die Belohnung ausbleibt. Als instrumentelle Konditionierung wird es bezeichnet, wenn das zufällig richtige – gewünschte oder angestrebte – Verhalten systematisch verstärkt wird. Der Gewinn beim Glücksspiel verstärkt die Bereitschaft zu spielen, und das zufällige Ergebnis, nämlich das Klappern der Münzen beim Gewinn, das sich in Abständen wiederholt, konditioniert das Verhaltensmuster. Folgt man der heutigen neurobiologischen Forschung, führt der Gewinn beim Glücksspiel zu einer Ausschüttung verschiedener Übertragerstoffe in bestimmten Arealen der tieferen Hirnschichten. Diese Areale dienen der Verhaltensverstärkung und werden zusammen als Belohnungssystem bezeichnet. Dadurch wird die Konditionierung biologisch untermauert. Der Volksmund nennt diese Stoffe

Glücksbotenstoffe, da sie eine vorübergehende Euphorie erzeugen. Bei manchen Menschen besteht durch eine biologisch bedingte verminderte Ansprechbarkeit der entsprechenden Neuronen dieses Belohnungssystems eine erhöhte Vulnerabilität, d. h. eine Empfindlichkeit für eine Suchtentwicklung. Sie müssen öfter und um höhere Summen spielen, um die gleiche »Glückswirkung« zu erleben. Entsprechend dieser Erkenntnisse kommt es durch wiederholtes Spielen zu Sensitivierung, zu anhaltenden Veränderungen von Nervenzellen und schließlich zur Entwicklung eines Suchtgedächtnisses, welches ein Leben lang bestehen kann. Eine solche süchtige Entgleisung der Gier wird aber erst dann als Krankheit im forensisch-psychiatrischen Sinn bezeichnet, wenn die gesamte Lebensführung wegen der Spielsucht – nicht aber wegen der Verschuldung, das betrifft ein anderes Fach – beeinträchtigt wird, z. B. Arbeitsstellen verloren gehen, Partnerschaften zerbrechen und der Betreffende immer mehr ins soziale Abseits gerät.

Ein psychisch gesunder Mensch kann damit umgehen, dass das Leben nicht nur aus Belohnungen besteht, die ein Süchtiger, der nicht mehr Herr seines Lebens ist und keine Wahlfreiheit mehr hat, zwanghaft sucht. Der Gesunde weiß, dass er auch mal eine Durststrecke meistern muss, und das schafft er – und freut sich über die nächste Belohnung. Dieses maßvolle Verhalten kann der Suchtkranke nicht leisten. Er ist abhängig von seinem Suchtstoff oder von dem Ritual, auf das er sich konditioniert hat.

Wenn Gier und Sehnsucht Hochzeit halten

Im Laufe unserer Erziehung haben wir gelernt, unsere Triebkräfte in Schach zu halten und ihnen nur bei passender Gelegenheit Raum zu lassen, unsere Bedürfnisse aufzuschieben oder sie entsprechend unseren tatsächlichen Möglichkeiten zu begrenzen. Diese Kontrolle bricht aber häufig durch eine plötzlich auftauchende Möglichkeit zusammen, z. B. wenn ein Mensch überraschend mit Reichtum konfrontiert wird. Oft werden alte, gebrechliche, manchmal auch jüngere und randständige hilflose Menschen um ihr Vermögen gebracht, indem ihnen Hoffnung auf Versorgung, Pflege, auf Beziehung oder Freundschaft gemacht wird. Zuweilen werden eigene Kinder oder Enkel von dem Wohlstand ihrer Vorfahren gelockt, vor allem, wenn die Gier einmal geweckt ist. Sie können der Versuchung des zu erwartenden Erbes nur schwer oder gar nicht widerstehen und trachten danach, den Erbfall zu ihren Gunsten zu lenken und unter Umständen sogar zu beschleunigen. Problematisch wird es, wenn der angebliche Freund, die fürsorgliche Altenpflegerin, der charmante Verehrer, das treusorgende Kind die Schwäche des Gebrechlichen oder Tölpelhaften, der sich nach Beziehung sehnt, ausnützt, ihn dazu überredet, sein Geld in gute, nämlich die eigenen, Hände, zu geben, und nach Überschreibung oder Schenkung seine Versprechungen vergisst. Wird so etwas angezeigt, muss häufig ein Psychiater beurteilen, ob der Schenker oder Erblasser zum Zeitpunkt der Übertragung seines

Eigentums geschäftsfähig war. Solche Verfahren beschäftigen Gutachter und Gerichte in zunehmendem Maße, weil die Menschen, insbesondere die alten, immer mehr besitzen, immer mehr vereinsamen und immer älter werden.

A. lebte mit seiner Mutter auf einem Bauernhof im Allgäu. Im Dorf galt er als Depp, aber er war freundlich und hilfsbereit zu allen. Die Schule hatte er mit Ach und Krach geschafft, mit dem Lesen tat er sich schwer. Er arbeitete gern und viel auf dem Hof und fühlte sich dort am rechten Platz. Dann starb die Mutter. Der zweiundvierzigjährige A. war überfordert. Er wusste nicht, wie er seine Wäsche sauber kriegen, wie er kochen sollte, wie man die Telefonrechnung bezahlte und Bankgeschäfte erledigte. Das alles hatte die Mutter gemacht. Ein jüngerer Cousin griff ihm unter die Arme und erklärte ihm das Wichtigste. In großer Dankbarkeit versprach A. ihm den Hof, wenn er selbst einmal im Himmel bei der Mutter wäre. Der Cousin kümmerte sich weiter um A., bis wie aus dem Nichts eine junge Frau auftauchte, die A. bezirzte und ihm, wie es heißt, den Kopf verdrehte. Sie ging eine Beziehung mit ihm ein, jedoch keine sexuelle, diesbezüglich wurde er vertröstet auf die Zeit nach der Hochzeit. Davor müsse man, so erklärte die junge Frau, das Finanzielle regeln. Sie fuhr mit A. zum Notar und ließ sich Hof und Grund, wozu Wälder und Felder gehörten, schenken. Nach geleisteter Unterschrift hatte die junge Frau nur noch wenig Zeit für A. Von einer Heirat wollte sie nichts mehr wissen. A. schüttete seinem Cousin das Herz aus. Dieser beantragte die Betreuung für A., sie wurde ihm gerichtlich zugesprochen, und im Weiteren konnte der Cousin die Rückabwicklung der Schenkung wegen der Geschäftsunfähigkeit A.s durchsetzen.

Viele Menschen glauben, so etwas könnte ihnen nicht passieren. Aber wenn eine Triebkraft den Blick vernebelt, geschehen Dinge, die man sich im Traum nicht hätte vorstellen können. Das wissen Betrüger und insbesondere Heiratsschwindler, die die Hilflosigkeit und das Bedürfnis nach Zuwendung bei ihren Opfern ausnutzen. So entfacht die Sehnsucht der Opfer die Gier der Täter. Dabei beschränkt sich Gier nicht auf wirtschaftliche Güter. Man kann andere Menschen auch um ihren Ruhm beneiden, um attraktive Lebenspartner, Erfolg, charismatisches Auftreten – und aus dem Neid erwächst die Gier: Das will ich auch haben, wie kann ich es mir aneignen. Je zügelloser die Gier, desto gewaltiger die Grenzverletzungen in dem Bestreben, des Objekts der Begierde habhaft zu werden. Dahinter steckt manchmal ein großer Irrtum. Denn etwas sein Eigen zu nennen, das ein beneideter Mensch besitzt, führt nicht automatisch dazu, so zu sein wie dieser Mensch.

M. arbeitete als Golflehrer in einem Club, dessen Mitglieder zu den besten Kreisen gehörten, was man schon auf dem Parkplatz sehen konnte, wo sich Luxuslimousinen ein Stelldichein gaben. Die Jahresgebühr im Club war fünfstellig, und wer Mitglied werden wollte, musste nicht nur bezahlen, sondern auch jemanden finden, der für ihn bürgte. Es nagte an M., dass er da nicht mithalten konnte. Und das, obwohl er doch ein viel besserer Golfspieler war als seine Schüler. M. fand das ungerecht. Er rächte sich auf seine Weise, indem er sich innerlich über die Reichen lustig machte. Doch das verschaffte ihm natürlich kein höheres Einkommen. Und es half ihm nichts, dass er viel attraktiver war als die alten Herren, die mit sexy jungen Frauen im Clubhaus Austern schlürften. Doch dann schaffte er es, eine dieser attraktiven Frauen für sich zu gewinnen. Es erfüllte ihn mit großer Befriedigung, als er sie einem der alten Säcke ausspannen konnte. Doch seine Genugtuung währte nur kurz, denn die Freundin machte sich über seinen Mittelklassewagen lustig, seine Kleidung zierte die falschen Labels, sein Golftrolley stammte wohl aus der Steinzeit, und überhaupt fühlte sie sich nicht richtig von ihm geschätzt, es war doch wohl normal, dass man als Frau hin und wieder Geschenke bekam und nach dem Golfen Champagner im Clubhaus bestellte statt Prosecco. »Selbstverständlich«, sagte M. und bestellte Champagner und tauschte seinen Wagen gegen einen Jaguar, wenn auch gebraucht. Aber er war nicht so locker wie die anderen Golfclubmitglieder. Für die spielte Geld keine Rolle, die gaben es aus, wie sie Bälle verschlugen, achtlos und großkotzig. M. nahm einen Kredit auf. Der reichte nicht lang. Die Freundin hatte Ansprüche, das Leben, das sie führen wollte, war kostspielig. M. musste mithalten. Runden im Clubhaus ausgeben, sich stets großzügig zeigen. Er erzählte herum, er habe geerbt und lieh sich Geld von Freunden und von seiner Familie. Er konnte es nicht zurückzahlen, er brauchte noch mehr Geld, nahm einen weiteren Kredit zu Wucherzinsen auf, manövrierte sich selbst immer tiefer in die Falle. Und stand dann mit dem Rücken an der Wand, als seine Gläubiger ihn Tag und Nacht bedrängten. Sein Denken kreiste um die Beschaffung von Geld. Bis er scheinbar einen Ausweg fand: Brauchst du Geld, gehst du zur Bank. Das machte M., mit gezückter Spielzeugpistole. Er wurde noch am selben Tag gefasst, und in der Begutachtung fand ich auch hier einen Zopf aus mehreren Strängen. Nicht nur Neid und Gier hatten M. angetrieben, sondern auch Stolz und die Angst vor dem Verlust der Freundin, des Ansehens. Diese Mischung setzte ihn extrem unter Druck, er hatte die Warnsignale überhört und war immer tiefer in den Strudel geraten, hatte eine Fehlentscheidung nach der nächsten getroffen – bis er keine andere Lösung mehr sah als den Banküberfall.

Sein Anwalt machte die innere Not seines Mandanten geltend – seine aussichtslose Lage, die seine Entscheidungsfähigkeit genauso eingeengt hätte wie eine psychische Krankheit, die ihm subjektiv keine Handlungsalternativen gelassen hätte. Unabhängig von dem Unterschied, dass eine Krankheit meist schicksalhaft über einen Menschen hereinbricht und M. sich selbst in seine missliche Situation gebracht hatte, wurde hier vom Anwalt ein forensisch-psychiatrischer Grundsatz übersehen, nämlich dass Sachverständige zunächst unabhängig von dem jeweils angeklagten Verbrechen nach einer Krankheit zu fahnden haben und erst, wenn eine solche vorliegt, über eine durch sie bedingte Einschränkung bei der Tat nachdenken. Eine Krankheit oder Störung war bei M. nicht festzustellen. Ein Gutachter, der für ein Gericht das Leben und die Situation des Täters erhellt, kann bei Gericht aber Verständnis wecken und damit zu einem angemessenen und gerechten Urteil beitragen. Möglicherweise hoffte M.s Anwalt darauf. Unstrittig ist jedoch: Sein Mandant hatte eines der wichtigsten Verhaltensmuster, die man Straftätern beizubringen trachtet, nicht beachtet, nämlich: Erst denken, dann handeln.

Menschen in Bedrängnis erfahren oft eine Denkblockade. Die eigene Situation kann nicht mehr logisch überdacht werden, es gibt scheinbar keinen Ausweg, es kommt zum Kurzschluss. Kurzschlussreaktion ist ein sehr treffender Begriff, weil das reflektierte langsame Denken ausgeschaltet wird. Sobald wir uns objektiv in einer Notlage oder großen Gefahr befinden, müssen wir rasch handeln. Wenn jemand in unserer Begleitung aufhört zu atmen, haben wir keine Zeit zu überlegen, welche Handlungsmöglichkeiten es gäbe und welche wir unter den gegebenen Umständen auswählen sollten. Wir müssen handeln. Wiederbelebungsversuche oder Hilferufe geschehen nicht wohlüberlegt, sondern wie von selbst. Professionelle Helfer trainieren diese Abläufe immer wieder, damit im hektischen Ernstfall automatisch das passiert, was in ruhigeren Zeiten wohlbedacht und geplant ist. Notsituationen versetzen uns zusätzlich in Angst und Schrecken, wodurch »vernünftiges« Handeln noch schwieriger wird. Angst und Schrecken münden dann nur allzu schnell in Katastrophen, in denen sich Menschen beispielsweise bei einer Massenpanik gegenseitig niedertrampeln.

Zaghaftigkeit und Angst

Angst ist eine weitere häufige Ursache für Gewaltverbrechen. Um die Entdeckung eines Verbrechens zu vertuschen, wird das Opfer – der Zeuge, der den Täter identifizieren könnte – getötet. Oder jemand hat Angst um sein Leben und tötet deshalb einen anderen, von dem er sich existenziell bedroht fühlt. Oder jemand glaubt sich in einer Situation verteidigen zu müssen, die ihm als höchst bedrohlich erscheint, wenngleich sie von anderen nicht so empfunden wird.

Die Angst vor der Entdeckung trieb auch den berüchtigten Mann mit der Maske zu der Tötung von drei Jungen im Alter zwischen acht und neun Jahren. Zwischen 1992 und 2001 näherte sich der Täter in Schullandheimen und Zeltlagern über vierzig Knaben, die er im Genitalbereich streichelte. Er brach zudem in Wohnungen ein, um seinen Drang zu befriedigen, zarte Knabenhaut ohne Schambehaarung zu berühren. Über vierzig Kinder überlebten die Übergriffe. Drei Opfer mussten sterben, weil sie das Gesicht des Täters gesehen hatten und ihn hätten identifizieren können. Mehr als alles andere fürchtete er, als Kinderschänder entlarvt zu werden. Dann nämlich hätte er nicht weiterstudieren können – er wollte Lehrer werden. Und vor allem durfte seine Mutter, die er verehrte und fürchtete, niemals erfahren, was in ihm steckte.

Auch bei spontanen Gewalttaten schlägt häufig die Angst zu, die einen Menschen unkontrolliert überkommt, der sich selbst in größter Bedrängnis sieht und sich weitaus massiver wehrt, als es die Umstände erfordern würden. Man liest dann in der Presse von einem »blindwütigen um sich Schlagen«. Manchmal greift der sich extrem bedroht Fühlende zu einer Waffe, einem Messer, zu irgendeinem Gegenstand, dessen er gerade habhaft wird – und tötet in einer »Verkettung tragischer Umstände«, wie dann berichtet wird, einen anderen. Im tragischsten Fall einen, der gar nichts Böses wollte. Aber der Täter, blind vor Angst, konnte die Absicht des anderen nicht erkennen.

W. lebte in einem Einzimmerappartement in einer Großstadt. Er arbeitete als Lagerist und galt als verträglicher Kollege. Auch mit seinen Nachbarn kam er gut zurecht – bis auf diese zwei Männer, die als Paar in der Wohnung über ihm lebten. Die legten es darauf an, ihn zu ärgern. Nachts trampelten sie extra laut herum oder rückten gar Möbel. Dabei musste W. doch um halb sechs Uhr morgens aufstehen. Im Sommer hängten sie Blumenkästen an ihren Balkon und übergossen die Pflanzen absichtlich, damit es auf seinen Balkon tropfte. W. beschwerte sich bei der Hausverwaltung und zeigte dem

Hausmeister die Pfützen auf seinem Balkon. Doch weder Verwaltung noch Hausmeister wagten es, so W.s Interpretation, dem Schwulenpaar die Meinung zu sagen. Also musste er selbst es tun. Er musste sich gegen diese Angriffe wehren. So begann er, in Deckung seiner Balkonbrüstung, »Schwuchtel« zu rufen, wenn das Paar das Haus verließ. Sobald er das geäußert hatte, fühlte er sich gut. Jetzt hatte er es ihnen aber gegeben! Doch eines Tages antwortete einer der beiden Männer auf seinen Ruf: »Warte! Wir kriegen dich.«

W. erstarrte vor Schreck. Sie hatten ihn entdeckt! Jetzt würden sie sich an ihm rächen. Als es an seiner Tür klingelte, zog er das scharfe Fleischermesser aus dem Messerblock, um den beiden nicht schutzlos ausgeliefert zu sein. Bevor die mich umbringen, dachte er, stech ich zu. Ich muss einfach schneller sein als die. Und das war er.

W. verletzte einen der beiden unbewaffneten Männer, die lediglich mit ihm hatten sprechen wollen, tödlich, den anderen lebensgefährlich.

Narzissmus

Mein Kollege Reinhard Haller[*] sieht im Narzissmus einen der wesentlichen Faktoren für kriminelles Handeln, was sich mit meinen Erfahrungen deckt. Der Begriff *Nar-*

---

[*] Haller, Reinhard (2015): Die Macht der Kränkung. Salzburg, Ecowin Verlag.

zissmus geht auf Narziss zurück, den Halbgott der griechischen Sage, der in sein Selbstbild so verliebt war, dass er bei der Betrachtung seines Spiegelbildes im Wasser in den Teich stürzte, ertrank und als gleichnamige Blume verewigt wurde.

Selbstverliebtheit ist das Kennzeichen des Narziss. Die daran »erkrankten« Menschen haben ein übertriebenes Selbstwertgefühl, sie halten sich für großartig und bedeutsamer als ihre Mitmenschen und somit für einzigartig. Sie glauben, dass sich alle Türen für sie öffnen und sich andere glücklich schätzen müssten, wenn sie von ihrem Sonnenschein bestrahlt würden. Sie pflegen Fantasien von grenzenlosem Erfolg, Macht, Glanz, Schönheit und idealer Liebe. Sie verlangen übermäßige Bewunderung und beanspruchen nur das Beste und nur mit den Besten zu verkehren. Weil sie meinen, besondere Ansprüche stellen zu dürfen, beuten sie ihre Mitmenschen oft aus. Gleichzeitig sind sie übermäßig empfindlich, wenn ihre herausragende Bedeutung nicht erkannt und anerkannt wird. Sie reagieren dann über die Maßen gekränkt, entwickeln Wut und unter Umständen Rachegefühle – und halten sich wegen ihrer eigenen Großartigkeit sogar dazu berechtigt, diese auszuleben.

Ein Mensch, der in seinem ureigensten Selbstwertgefühl gekränkt wird, erfährt eine *narzisstische Kränkung*. So etwas haben die meisten von uns schon einmal erlebt. Folgt dieser Kränkung eine Rache, ist sie oft zerstörerisch und schießt manchmal weit über das Ziel hinaus. Es gibt Menschen, die Rachegelüste geradezu pflegen und sich dadurch über andere zu erheben versuchen, indem sie deren Schaden als Genugtuung für die erlebten Kränkungen genießen. Wird so etwas zur Gewohnheit, bezeichnet man das in der Fachsprache als *malignen Narzissmus*. Dieser findet sich gehäuft bei Serientätern, die in ihrem Alltag in der Öffentlichkeit oft unauffällig erscheinen.

Die Polizei fand den Mann an der Decke eines Treppenhauses baumelnd, der Weg zu ihm voller Blutspritzer, weil er sich die Pulsadern am linken Handgelenk aufgeschnitten hatte, bevor er sich durch Erhängen zu strangulieren versuchte. Die Pendelbewegungen seines Körpers hatten das Blut in schleifenförmigen Girlanden verteilt. Der Mann lebte noch und konnte gerettet werden. Sein Partner, mit dem er in diesem Gebäude ein Penthouse bewohnte, wurde mit zertrümmertem Schädel in der chromglänzenden, eleganten Küche gefunden, deren polierte Ausstrahlung ein klein wenig an einen Operationssaal erinnerte. Was war geschehen?

Die Geschichte, die mir der Proband berichtete, der den Suizidversuch unternommen hatte, klang dramatisch: Sein Partner war wohlhabend gewesen, das Penthouse gehörte ihm. Nach einem abenteuerlichen und intensiven Leben mit vielen wechselnden Sexualpartnern hatte er in meinem Probanden einen Liebhaber gefunden, der seine sexuellen Bedürfnisse besser befriedigen konnte als alle seine Vorgänger. Mein Proband war Spezialist in gewissen homosexuellen Praktiken, über die er mich genüsslich aufklärte, wobei er mein schweigendes Zuhören als Indiz für sein überlegenes Wissen interpretierte. Dies erkannte ich an seinem zunehmend dozierenden Sprachstil und seiner aufmerksamen Beobachtung, ob und wie tief ich von seinen Darstellungen beeindruckt wäre.

Er schilderte, wie sehr er von seinem Expartner bewundert worden war, welche sexuellen Höhenflüge sie gemeinsam erlebt hatten: die ideale Liebe – und das hatte sein Partner einzig und allein ihm zu verdanken. Doch der sah das im Lauf der Zeit anders, klagte über ein Gefühl der Langeweile und hielt Ausschau nach neuen Abenteuern. Mein Proband legte sich ins Zeug, übertraf sich selbst, war er doch der beste und findigste Liebhaber, den man sich nur vorstellen konnte. Aber alles half nichts, sein Partner lud neue Männer in die Wohnung ein, »frisches Fleisch«, wie er sie nannte. Nun sah der Proband nicht nur seine bequeme und luxuriöse Bleibe gefährdet – die Kränkung, als Liebhaber nicht zu genügen, war unüberwindbar. Zum Eklat kam es laut seiner Schilderung, als sein Partner ihm mitgeteilt hatte, dass er zwar in der Wohnung bleiben könne, aber in sein Zimmer verschwinden müsse, wenn andere Liebhaber auftauchten. Falls diese es wünschten, könnte er gegebenenfalls bei einem Dreier mitwirken. In diesem Moment habe es ihm die Sicherungen rausgehauen, er habe das Fleischbeil genommen und damit den Kopf seines Partners mit einem Hieb gespalten. Er habe dann entsetzlich über ihn geweint und sich selbst das Leben nehmen wollen. Am höchsten Punkt des Hauses habe er sich aufhängen wollen.

Und so ist es öfter. Es ist nicht ein beliebiger Tropfen, der das Fass zum Überlaufen bringt, sondern das Treffen einer ganz besonderen Empfindlichkeit, einer Kerbe, an der die Rinde nicht mehr zusammengewachsen ist, oder einer Narbe, die nicht verheilen kann. Jeder Schlag dorthin kann die alte Wunde wieder aufbrechen lassen. In Partnerschaften kennt man meist die Verletzungen des anderen, häufig werden sie aber auch zufällig getroffen. Und in diesem Fall wusste das spätere Opfer nicht einmal von ihrer Existenz.

Nach meinem Dafürhalten war seine Persönlichkeitsstörung so auffällig und die Kränkung so schwerwiegend, dass er sein Verhalten zum Zeitpunkt seiner Tat nicht – wie weitgehend gesunde Menschen – steuern konnte. Mit dieser Persönlichkeit war er langfristig kaum in der Lage, Kränkungen zu verkraften, sodass eine Rückfallgefahr nicht ausgeschlossen werden konnte. Nach seiner Verurteilung lebte er lange Zeit im psychiatrischen Maßregelvollzug und schrieb querulatorische Briefe an Gerichte und Behörden. Therapeutisch war er kaum beeinflussbar, da er die Notwendigkeit einer Änderung nicht einsehen konnte, was ja schwierig ist, wenn man sich als der Größte fühlt.

Rache und Wut

Als forensischer Psychiater begegnet man sowohl Tätern, die unmittelbar aus einer Kränkung heraus in Wut geraten und töten, als auch Tätern, die eine lange Geschichte der Kränkung oder ein dramatisches Ereignis hinter sich haben, in denen die Rache über Jahre brodelt und bei passender Gelegenheit Genugtuung erfahren soll. Ich habe den Fall der Marianne Bachmeier, die den mutmaßlichen Mörder ihrer Tochter im Gerichtssaal erschoss, bereits erwähnt. Auch die Frau aus dem Getränkegroßmarkt hat sich für die jahrelangen Quälereien gerächt, als sie ihren Mann mit der langen Unterhose erwürgte. Rache muss aber nicht unbedingt in Mord und Totschlag enden. Brandlegungen im Hause dessen, der einen gedemütigt hat, sind nicht selten, und Rosenkriege nach Trennungen und Scheidungen erblühen in Rachemotiven. Wie sehr dabei die Grenzen überschritten werden, sieht der psychiatrische Gutachter, wenn er solche Ehepaare zum Umgangsrecht mit ihren Kindern begutachtet – eine der belastendsten Aufgaben für mich. Die Kinder werden zum Spielball der Rachegelüste der Eltern, was tiefe, niemals verheilende Narben hinterlassen wird. Ich wünschte, ich könnte sie verhindern. Nicht die Trennung ist für die Kinder das Schlimmste, sondern der Vertrauensverlust in die Eltern, die einem das Urvertrauen vermitteln sollten, und die sich jetzt gegenseitig alle Bosheiten unterstellen. Worauf soll sich das Kind da noch verlassen? Es ist verlassen.

Wir sollten nicht vergessen, dass Rachegedanken über Jahrhunderte gepflegt wurden und Blutrache ein Symbol der Ehre eines Mannes oder einer Familie war. »Wer so etwas auf sich sitzen lässt, hat keinen Charakter«, sagte man in meiner Schulzeit noch über einen, der beleidigt wurde und nicht zum Gegenangriff überging. Und was wäre die Literatur ohne das Motiv Rache – deutlich ärmer!

Rache ist so fest in der menschlichen Vorstellung verankert, dass die Griechen sogar Göttinnen hatten, die Erinnyen, die den Frevel oder Übeltäter rachsüchtig verfolgten. Erstaunlich ist, dass das Phänomen der Rache, das die Menschheit über Jahrtausende begleitet hat, im Tierreich praktisch keine Rolle spielt. In der zivilisierten Neuzeit wird Rache weitestgehend geächtet, gesellschaftlich hat sie keine große Bedeutung mehr. Wir kennen sie aber natürlich trotzdem aus unserem alltäglichen Leben. Wer will nicht einmal einem anderen etwas heimzahlen, nachdem er durch ihn einen Schaden erlitten hat, wünscht einem anderen etwas an den Hals – hofft, durch Rache Genugtuung zu erfahren. Das dürfte die wesentliche Funktion der Rache sein, nämlich ein verletztes Inneres – oder familiäres Gleichgewicht – wiederherzustellen. Meistens kühlen die Gemüter schnell ab. Aber leider nicht immer. Es erstaunt nicht, dass Menschen, die leicht aus dem Gleichgewicht zu bringen sind, eher in Rachegedanken verfallen als jene, die mit sich und ihrer Welt in Einklang leben. Die Genugtuung hat bei uns der Staat übernommen. Die Justiz soll ein verletztes Gleichgewicht wiederherstellen. Wenn ihr das gelingt, bedarf es keiner Rache. Auch das ist ein zivilisatorischer Prozess, der zu einem friedfertigen Leben in einer Gesellschaft beiträgt.

Jähzorn

Es gibt aber Menschen, die Kränkungen nicht überwinden. Sie können die Verantwortung für die Genugtuung nicht anderen oder dem Staat überlassen. Sie müssen das selbst regeln, da gibt es keine Alternative, so sehr brodelt die Wut in ihnen, der Hass lodert, kaum können sie ihre heftigen Gefühlsausbrüche beherrschen – und manchmal wollen sie es auch nicht. Blind vor Wut steigern sie sich noch hinein. Umgangssprachlich nennen wir es Jähzorn, fachlich ist es meist Symptom einer emotionalen Instabilität mit Impulsdurchbrüchen. Charakteristisch sind das unvorhergesehene, plötzliche und unberechenbare Auftreten und das Ausmaß der Zerstörung, die angerichtet wird – und deswegen führen Ausbrüche von Jähzorn gelegentlich zur Begutachtung.

Charlie C. musste schon in der Schule mit Samthandschuhen angefasst werden, weil er sonst unbeherrscht und brüllend auf Mitschüler losstürmte und ohne Rücksicht auf sie eindrosch. Seine Adoptivmutter war mit ihm ebenso überfordert wie die Lehrerin. Seine leiblichen Eltern hatte er nie kennengelernt. Als er acht Jahre alt war, kam er in ein Heim, wo er eine geduldige und talentierte Erzieherin fand, die ihm zeigte, wie er seine Wutanfälle kontrollieren konnte. Auch in der Schule wurde er besser und wechselte auf die Realschule. Als die Erzieherin eine eigene Familie gründete, fühlte er sich verlassen, er versuchte sich umzubringen, wurde aber gerettet und kehrte zu seiner Adoptivmutter zurück. Nach der Realschule begann er eine kaufmännische Lehre, musste sie aber abbrechen, weil er nach einer Zurechtweisung vom Lehrherrn den Schreibtisch umstieß und dem Chef einen Briefbeschwerer hinterherwarf. Das Arbeitsamt vermittelte ihm eine weitere Lehrstelle, »etwas Handwerkliches, damit er körperlich ausgelastet ist«. Tatsächlich schaffte er es bis in das dritte Lehrjahr als Metallbauer, dann musste er die Berufsschule verlassen, weil er in Folge eines Wutanfalls einen Klassenkameraden mit einer zerschlagenen Glasflasche verletzte. Er zog in eine fremde Stadt, mietete sich in einer Pension ein und fand trotz einiger Schwierigkeiten eine Stelle als Schankkellner in einer Brauereigaststätte. Dort lernte er nicht nur neue Bekannte kennen, sondern auch seine Freundin, die Bedienung in der Gaststätte. Über ihre Treue war er sich unsicher, und so beschloss er, einmal nachzusehen. Der Vermieter des möblierten Zimmers seiner Freundin öffnete und teilte ihm mit, dass die junge Frau ihn nicht sehen wolle, außerdem habe sie einen anderen Freund. Charlie C. wandte sich ab, der Hausherr schloss die Tür. Doch da wallte es hoch in Charlie C. Er drehte sich um und trommelte mit beiden Fäusten gegen die Haustür. Als diese verschlossen blieb, zertrümmerte er das Glas an der Tür. Der entrüstete Vermieter schrie Charlie C. an: »Sind Sie wahnsinnig?« Charlie C. rastete noch mehr aus. Die Frau des Vermieters, die besänftigend auf den Tobenden einsprach, konnte ihn auch nicht beruhigen. Charlie C. meinte später, er habe sie gar nicht wahrgenommen. Die Frau berichtete der Polizei, Charlie C. habe ausgesehen wie ein wildes Tier. Außer sich vor Wut stieß er eine spitz zulaufende Scherbe des zerbrochenen Türglases in den Hals des Mannes. Seine Ehefrau gab zu Protokoll, er »rammte sie hinein«. Dann lief er zum Bahngleis, wo er sich auf die Schienen legen wollte. Die Polizei nahm ihn fest, ehe ein Zug kam. Charlie C. wehrte sich nicht. Bei der Begutachtung konnte er sehr klar schildern, wie es durch seine unbeherrschte Wut zu diesem Ausbruch gekommen war. »Ich habe mal wieder rotgesehen.«

»Rot wie das Blut an der Leiche? War Ihre Wut dann weg?«

»Alles war scheiße. Ich habe mein Leben ohnehin versaut.«

Aufgrund seiner Lebensgeschichte und psychologischer Testungen war die Diagnose einer emotional instabilen Persönlichkeitsstörung vom impulsiven Typ eindeutig. Menschen, die unter dieser Störung leiden, fallen seit ihrer Jugend durch impulsives Ausagieren, Nichtberücksichtigen der Konsequenzen eigenen Handelns und eine wechselnde, launenhafte Stimmung auf. Suizidversuche, Selbstverletzungen und Abbrüche von Beziehungen und Arbeitsverhältnissen gehören ebenso zu den Merkmalen dieser Störung wie aggressives oder bedrohliches Verhalten – insbesondere nach Kritik von anderen. Bei Charlie

C. wurde eine erheblich verminderte Steuerungsfähigkeit angenommen, aber auch, dass er in vergleichbaren Situationen ebenso überschießend und jähzornig reagieren würde wie bislang in seinem Leben. Neben einer Verurteilung wegen Totschlags zu zwölf Jahren Gefängnis wurde eine Unterbringung in einem psychiatrischen Krankenhaus angeordnet.

Fanatismus und Radikalisierung

In der Geschichte der Menschheit erleben wir es immer wieder, dass sich Gruppen zusammenschließen, um ihre Überzeugungen mit Gewalt gegen andere durchzusetzen. In einem Rechtsstaat, der das Gewaltmonopol beansprucht und zu schützen hat, ist Gewalt der Einzelnen oder einer Gruppe immer ein Verbrechen. Auch Terroristen werden dem forensischen Psychiater vorgeführt. Meine Generation hat Terrorismus in den 70er- und 80er-Jahren des letzten Jahrhunderts in Deutschland mit der Roten Armee Fraktion erlebt, der RAF, unsere Großeltern, als der Nationalsozialismus seine Schreckensherrschaft errichtete. Ich habe Täter aus Exjugoslawien für den Gerichtshof in Den Haag untersucht, und wir erleben es jetzt, wenn die Protagonisten des Islamischen Staates versuchen, den Terror nach Europa zu tragen. Vergleichbare Fanatisierungen, in welchen Religion und Macht, absolute Ideologie und Politik in Gewalt und Terror münden, gab es durch die

Jahrhunderte immer wieder. Interessant ist hierbei, dass die Mechanismen, die von den Demagogen des Terrors angewandt werden, stets die gleichen sind. Diesbezüglich habe ich am meisten in der Beschäftigung mit radikalen Jugendsekten gelernt, die in den 1980er-Jahren als besonders gefährlich eingestuft wurden. Sie haben ähnliche Methoden angewandt, um potenzielle Mitstreiter zu rekrutieren. Die Verbindung zwischen Macht und Ideologie macht den Fanatismus besonders gefährlich, weil die Ideologie die Gewalt auch dort zu rechtfertigen scheint, wo sie gesellschaftlich keinen Platz findet.

Die Protagonisten des Terrors halten Ausschau nach Menschen, die Orientierung suchen, die heute aktuellen Salafisten suchen nach »Kandidaten«, denen Geborgenheit, Schutz, wirtschaftliche und emotionale Sicherheit ebenso fehlen wie positiv besetzte – männliche – Vorbilder. Sie fühlen sich aus unterschiedlichen Gründen ausgeschlossen und missachtet. Sie sehen scheinbar unbegrenzte Möglichkeiten, welche die Gesellschaft anderen zur Verfügung stellt, können aber selbst aufgrund fehlender wirtschaftlicher Mittel und fehlender Akzeptanz und Anerkennung keine nutzen. Die Folgen sind Selbstwertprobleme, emotionale Leere, Ohnmachtsgefühle und die Unfähigkeit, eine eigene Identität und ein Selbstgefühl zu entwickeln. Wie viele Menschen sehen sie den Ansatzpunkt zur Änderung nicht bei sich selbst, sondern fühlen sich von anderen diskriminiert. Sie suchen nach einem Lebenssinn. Wenn diese Selbstsicht kombiniert ist mit Gewaltbereitschaft, sind sie die geeigneten Kandidaten für die Verführer zur Gewalt, die in den verschiedensten Formen ihre »Heilslehre« verkünden. Sie zeigen den Betroffenen ihre Chancenlosigkeit in der bestehenden Gesellschaft auf, wo sie auch objektiv betrachtet geringere Bildungschancen und Berufsperspektiven haben und Gefahr laufen, im sozialen Abseits zu bleiben.

Wenn sich diese Menschen fragen: Wie werde ich respektiert und bedeutungsvoll? Welche meiner Vorbilder werden respektiert und sind bedeutungsvoll? Wer vermittelt mir die Möglichkeit, mich selbst zu verwirklichen? Wo habe ich Aufstiegsmöglichkeiten?, erhalten sie von der Gesellschaft der Etablierten keine befriedigenden Antworten. Die dann eintretenden pathologischen Mechanismen sind aus der Kriminalpsychiatrie hinlänglich bekannt. Aus Resignation und Depression entsteht Wut, aus Ohnmacht der Wunsch nach Macht. Die bei Kriminellen und Sexualstraftätern bekannte Ohnmacht-Macht-Umkehr und Opfer-Täter-Umkehr, auf die ich später noch zu sprechen komme, findet sich auch bei Terroristen wieder. Sie wird kanalisiert durch die ideologisch verbrämte Berechtigung zur Anwendung von Gewalt und durch Idealisierung von Widerstand. Wenn Gewalt als Gegenreaktion zur eigenen Ohnmacht verherrlicht wird und Unerschrockenheit, Tollkühnheit und Brutalität als Durchsetzungstechniken angepriesen werden, bei Menschen, die keine anderen Konfliktlösungsstrategien erlernt haben, finden diese »Prediger« dankbare und verführbare Zuhörer. Die Suchenden erhalten dadurch eine Orientierung, die ihren Bedürfnissen entspricht, und die Verführer zur Gewalt nutzen diese Situation zur Erschaffung von Stilmitteln, die sich in Gang-Bildung, in Mode- und Musiktrends, in einer eigenen Sprache, die Exklusivität vermittelt, und unter Umständen auch in religiöser Sinngebung äußern. So schleichen sich die Prediger in die Welt dieser instabilen Menschen ein und vermitteln ihnen Wertschätzung. Die zuvor Ohnmächtigen werden so zu Kämpfern, die dazugehören und zu Höherem berufen sind. Das Gemeinschaftsgefühl wird gestärkt durch das Zusammensein und die Solidarität mit Gleichgesinnten, durch die Bildung geheimer Netzwerke, durch die Identifikation mit einer Führungsfigur. Das Denken wird radikalisiert durch eine gewaltfördernde Ideologie, durch die Solidarität mit Helden, die für die gute Sache ihr Leben geopfert haben, durch die Ausgrenzung der anderen als Feinde, durch deren Enthumanisierung als ekelerregende Tiere, die es auszurotten gilt, durch die Möglichkeit der gesetzlosen Ausübung von Aggression und schließlich durch das Versprechen von Ruhm und Wohlstand und vielleicht auch vom Paradies.

Allen diesen radikalisierenden Ideologien ist gemeinsam, dass sie simple Antworten für komplexe Fragen anbieten und die Welt in Gut und Böse, Gerecht und Ungerecht, Gläubig und Ungläubig, schlicht in Schwarz und Weiß aufteilen. Sie befreien den Einzelnen von moralischen Skrupeln, indem sie die Deutungshoheit ausschließlich den Führungsfiguren der jeweiligen Gruppe zubilligen und eigenständiges

Denken oder gar Kritik bestrafen. Angesprochen werden dadurch sowohl orientierungslose Jugendliche, die sozusagen zwischen die Kulturen geraten sind, wie auch jene, die in einer radikalen Ideologie eine neue Sinnfindung erhoffen, und ebenfalls solche, die ihre pathologische menschenverachtende Vorstellung von Gewalt, Wut, Rache und Hass ohne Einschränkungen ausleben wollen, ohne Gesetz, ohne Rechtfertigung, ohne Rechenschaft.

Terror

Bis vor einigen Jahren kannten wir in Deutschland Terror vor allem aus den Nachrichten. Und wenn wir an Terror dachten, fiel uns die RAF ein. Doch nun ist der Terror näher gerückt, und er trägt einen anderen Namen. Das Ziel des Terrorismus ist die Verbreitung von Angst und Schrecken, das Aufzeigen der Ohnmacht der Verantwortlichen, die Verunsicherung und Ängstigung der Gesellschaft und die Demonstration eigener Macht und Stärke. Dieses Ziel wird zunächst erreicht durch den Terroranschlag selbst, der in der Regel Tote und Verletzte hinterlässt. Für Terroristen ebenso bedeutsam und für die Betroffenen nicht minder gravierend sind die Sekundärschäden, die in einer lang andauernden Verunsicherung der Gesellschaft, in den daraus resultierenden Kontrollmaßnahmen und Gegenreaktionen der Verantwortlichen bestehen und in eine Verhaltensänderung der Gesellschaft insgesamt münden. Dies wiederum zieht eine Einstellungsänderung der einzelnen Bürger nach sich. Misstrauen macht sich breit. Mitmenschen werden zu potenziellen Attentätern. Passanten werden skeptisch beäugt. Was hat der in seinem Rucksack? Die Nutzung öffentlicher Verkehrsmittel bereitet ein mulmiges Gefühl. Man steigt auf das private Auto um, die Straßen sind verstopft, die Unfallgefahr steigt. Sozialer Unfriede wächst. Das Klima innerhalb der Bevölkerung wird vergiftet – mit fatalen Folgen für das Zusammenleben. Gerd Gigerenzer[*] fasst treffend zusammen: »Terroristen schlagen zweimal zu: zuerst mit physischer Gewalt und dann mithilfe unserer Gehirne. Der erste Schlag zieht die ganze Aufmerksamkeit auf sich, der zweite Schlag hingegen bleibt fast unbemerkt. Nach dem 11. September 2001 haben es die Amerikaner vermieden, ein Flugzeug zu benutzen aus Angst vor terroristischen Anschlägen. In den Flugzeugen der Terrorattacke vom 11. September sind 256 Passagiere zu Tode gekommen; die Zahl der durch ihre Vermeidungsstrategien und die dadurch bedingten Autounfälle Getöteten wurde in den darauf folgenden fünf Jahren auf 1600 geschätzt. In dieser Zeit transportierten die amerikanischen Fluggesellschaften 2,5 Milliarden Passagiere. Nicht ein einziger starb durch einen Flugzeugabsturz.«

Der Sekundärschaden ist meist wesentlich größer als der Primärschaden. Diese Zielsetzung des Terrors verfolgen

---

[*] Gigerenzer, Gerd (2013): Risiko: Wie man die richtigen Entscheidungen trifft. München, C. Bertelsmann.

nicht nur extremistische Organisationen und Gruppen, sondern auch terroristische Einzelkämpfer. In den letzten hundert Jahren wurden in der westlichen Hemisphäre sechs Täter international als terroristische Einzelkämpfer bekannt. Einen davon, Franz Fuchs, habe ich begutachtet und dabei Parallelen zu gewissen Persönlichkeitszügen der anderen gefunden: Biografisch erlebten sie lange Zeiten fehlender Anerkennung in ihrem Umfeld, Zurücksetzung und Kränkung. Sie reagierten mit sozialem Rückzug und beschäftigten sich mit radikalen oder abwegigen Denkkonzepten, entwickelten pseudopolitische (Größen-)ideen und versuchten diese Ideen durch Schrecken, Bedrohung und Verängstigung der Öffentlichkeit durchzusetzen. Durch die umfassende öffentliche Aufmerksamkeit, welche die Verunsicherung der Menschen schürte, fühlten sie sich in ihrer eigenen Bedeutung bestätigt.

Terroristische Einzeltäter

Terroristische Einzeltäter gelten als überdurchschnittlich intelligent und gut ausgebildet, haben aber häufig keine ihnen adäquat erscheinende Arbeit und Anerkennung gefunden. Ihre Persönlichkeit zeichnet sich überwiegend durch paranoide und narzisstische Persönlichkeitszüge aus. Auffallend ist bei ihnen außerdem eine lange sexuelle Abstinenz. Zwar sind die jeweiligen Ziele ähnlich, die Einzeltäter unterscheiden sich bezüglich ihrer Persönlichkeit und ihrer Bedürfnisse jedoch von den Mitgliedern terroristischer Gruppierungen. Und sie sind im Vergleich zu ihnen extrem selten. Vier der terroristischen Einzeltäter wurden ausführlich psychiatrisch untersucht: Ernst Wagner, der von 1874 bis 1938 lebte und 1913 in Degerloch und Mühlhausen siebzehn Menschen tötete; Theodore Kaczynski, geboren 1942, der in den Jahren 1978 bis 1995 mit seinen Anschlägen Polizei und Öffentlichkeit in den USA verunsicherte; Franz Fuchs (1949–2000), der in Österreich von 1993 bis 1996 durch verschiedene Anschläge fünfzehn Menschen verletzte und vier tötete; und in jüngster Vergangenheit Anders Breivik, geboren 1979, der 2011 in Norwegen zwei Anschläge verübte, bei denen siebenundsiebzig Menschen starben und dreiundvierzig verletzt wurden.

Nicht nur die Öffentlichkeit und Medien, auch Gerichte fragen, ob solche Täter »noch normal« seien. Und schon wird der forensische Psychiater als Experte für das Nichtnormale befragt. Im Falle Anders Breivik wurde in einem ersten psychiatrischen Gutachten die Diagnose einer paranoiden Schizophrenie gestellt, also jener Störung, die am ehesten dem entspricht, was Laien als »verrückt« bezeichnen, weil die Kranken den Bezug zur realen Umwelt verlieren und Dinge wahrnehmen und überlegen, die den meisten Menschen gar nicht in den Kopf kommen würden. Bei Breivik galt diese Diagnose als umstritten und wurde heftig kritisiert, auch weil damit in der Regel Schuldunfähigkeit angenommen wird und es den meisten Menschen nicht verständlich wäre, dass so ein Täter unbestraft davonkommt. In einem zweiten Gutachten wurde eine narzisstische und antisoziale Persönlichkeitsstörung attestiert, woraus zu entnehmen ist, dass Breivik durchaus ein wenig gestört ist, aber nicht so sehr, dass man ihn nicht bestrafen kann. Ein weiterer als Sachverständiger hinzugezogener Psychiater äußerte den Verdacht, dass Breivik an einem Asperger-Syndrom leide, d. h. an einem Autismus, der mit Selbstbezogenheit, Distanz zu den Mitmenschen und intensiver Beschäftigung sowie ausgeprägtem Detailwissen in einem speziellen Fachgebiet verbunden ist, dem aber der größere Überblick abhandengekommen ist. Möglicherweise interessiert es Sie jetzt, was ich über Breivik denke. Aber wir sitzen ja nun schon eine Weile zusammen in unserer erweiterten Exploration, und so können Sie es sicher verstehen, wenn ich Ihnen auf eine solche Frage keine Antwort gebe. Vernünftige Diagnosen kann ein Psychiater in den meisten Fällen nur stellen, wenn er den Menschen untersucht hat. Ansonsten spekuliert auch der Fachmann. Das macht manchmal Spaß, ist aber nicht gerechtfertigt, wenn von seiner Einschätzung sehr viel abhängt. In Ausnahmefällen kann man auch ohne Untersuchung Diagnosen stellen, und gelegentlich muss man das, z. B. wenn es die Krankheit eines Verstorbenen einzuschätzen gilt oder wenn der Betreffende die Untersuchung verweigert. Man muss es aber als Spekulation kenntlich machen. Dann hat das Gericht es in der Hand, wie es damit umgeht. Breivik gehört nicht zu den genannten Ausnahmen.

Unabhängig von den möglichen psychiatrischen Diagnosen ist bei allen bekannten einzelkämpferischen Terroristen eine Abkehr von ihrem ursprünglichen, als beeinträchtigend erlebten sozialen Umfeld erkennbar. Sie bewegen sich in zunehmende soziale Isolierung und in Größenvorstellungen, die im Gegensatz zu ihrer realen Lebenswirklichkeit stehen. Die Diskrepanz und der Widerspruch zwischen subjektiven Größenideen und der objektiven Lebenswirklichkeit führen zu kontinuierlichem Kränkungserleben. Dadurch werden die destruktiven Impulse verstärkt.

Terroristen und Einzelkämpfer sind in der Regel narzisstisch geprägt, was man von Gruppentätern nicht behaupten kann. Auch der Briefbombenleger Franz Fuchs fällt in diese Kategorie. Im Oktober 1997 zündete er bei einer zufälligen Polizeikontrolle eine Rohrbombe, die seine beiden Hände abriss. Er wurde verhaftet und im März 1999 zu lebenslanger Haft verurteilt. Im Februar 2000 erhängte er sich in seiner Zelle.

Franz Fuchs wurde als älterer von zwei Brüdern und Sohn eines Fassbinders und Frührentners in Gralla, einer 2000 Einwohner zählenden ländlichen Gemeinde in der Südsteiermark, geboren. Er wuchs in bescheidenen Verhältnissen auf, besuchte an seinem Heimatort die Grundschule, in der die Lehrerin ihn als besten Schüler, der je von ihr unterrichtet worden sei, bezeichnet haben soll. Nach der vierten Klasse wechselte er ins Gymnasium, wo er einige Jahre Klassenbester war und 1968 die Matura ablegte. Anschließend leistete er seinen Wehrdienst ab. In dieser Zeit hatte er ein einziges Mal eine Freundin. Ein begonnenes Studium konnte er aus finanziellen Gründen nicht fortsetzen. Er arbeitete 1970 zunächst bei VW in Wolfsburg und anschließend bei Daimler in Stuttgart, wo er jeweils am Fließband tätig war. Er lebte in möblierten Zimmern und fand nur begrenzt Anschluss an Arbeitskollegen. Darüber hinaus hatte er keine Bekanntschaften. Als er in Stuttgart kein berufliches Fortkommen sah, kehrte er 1976 in seine Heimat zurück und bezog eine Einliegerwohnung in seinem Elternhaus, in der er von seiner Familie weitgehend isoliert lebte. 1977 fand er Arbeit bei einem Vermessungstechniker, die er 1984 nach dem Tod des Chefs aufgeben musste. Nach vorübergehender Arbeitslosigkeit und der Annahme von Gelegenheitsarbeiten trat er 1985 eine Stelle in einem Ingenieurbüro an, in dem er bis zu seiner Kündigung 1989 blieb. Seine letzte Arbeitsstelle fand er bei den Steirischen Elektrizitätswerken. Er lebte in der Einliegerwohnung seiner Eltern, verreiste kaum und hatte außer oberflächlichen Bekanntschaften in seinem Heimatort und flüchtigen Kontakten mit Arbeitskollegen nur zu seiner Herkunftsfamilie eine nähere Beziehung. Seine Familienangehörigen wussten wenig von ihm. Intime Partnerschaften gab es nach 1970 nicht.

Seine terroristische Karriere begann Franz Fuchs im Jahr 1993. Im Dezember explodierte ein Brief, den der Wiener Bürgermeister Helmut Zilk öffnete. Acht weitere Prominente, die sich ebenso wie Zilk für die Rechte von ethnischen

Minderheiten in Österreich einsetzten, erhielten vergleichbare Briefe. Im August 1994 wurde eine Rohrbombe in einer deutsch-slowenischen Schule in Klagenfurt gefunden. Dem Polizisten, der diese Bombe entschärfen wollte, wurden beide Hände abgerissen. Im Oktober 1994 kam es zu einer zweiten Briefbombenserie, die an Organisationen und Arbeitgeber gesandt wurde, die Ausländer beschäftigten oder für deren Rechte eintraten. Im Februar explodierte eine Rohrbombe in einer Romasiedlung in Oberwart. Vier Menschen starben, einer wurde schwer verletzt. Im Juni 1995 wurde eine dritte Serie von Briefbomben verschickt, die unter anderem an die Fernsehmoderatorin Arabella Kiesbauer, die er wegen ihrer Hautfarbe, und an den stellvertretenden Lübecker Bürgermeister, den er wegen fremdenfreundlicher Äußerungen im Visier hatte, gerichtet waren, deren Mitarbeiter sich beim Öffnen der Bombe verletzten. Die vierte Briefbombenserie im Oktober 1995 war an ausländische Ärzte und an Flüchtlingsorganisationen adressiert und führte ebenfalls zu Verletzungen. Im Dezember des gleichen Jahres wurde die Öffentlichkeit durch die fünfte Briefbombenserie aufgeschreckt. Sie traf das Flüchtlingskommissariat der UN und ausländische Partnervermittlungen. Die Briefbombe der sechsten Serie war im Dezember 1996 an die Stiefmutter des damaligen österreichischen Innenministers gerichtet, konnte aber von der Polizei entschärft werden.

Wenn man die Auffälligkeiten und deren Entwicklung bei Franz Fuchs nachzeichnet, so ist zunächst zu erkennen, dass er sich durchgehend als Außenseiter erlebte: Als Kind in seiner Heimatgemeinde teilte er nicht die Interessen seiner Altersgenossen und konnte, durfte oder wollte mit diesen nicht mithalten. Als er, elfjährig, in das Gymnasium der Großstadt wechselte, wurde er wegen seines ländlichen Dialekts und eines Sprachfehlers verspottet. Er konnte sowohl aus finanziellen wie aus zeitlichen Gründen mit den Schulkameraden aus der Stadt keine Beziehungen knüpfen und fühlte sich ausgegrenzt, was er bis zum Schluss als besondere Kränkung in Erinnerung behielt. Seine subjektiv empfundene Minderwertigkeit kompensierte er durch die Überzeugung der intellektuellen Überlegenheit, die er mit übernachhaltigem, fast zwanghaftem Wissenserwerb zu bestätigen trachtete. Eine Kommunikation seiner Bedürfnisse, Wünsche oder Kränkungen war ihm aufgrund seiner schizoiden und zwanghaften Wesensart einerseits und aufgrund des mangelnden Interesses im Elternhaus an seiner akademischen Entwicklung andererseits nicht möglich. Ein Zugehörigkeitsgefühl zu irgendeiner Gruppe außerhalb der Familie entwickelte er nicht. Er fühlte sich in Bezug auf seine besonderen intellektuellen Fähigkeiten verkannt.

Eine weitere Kränkung erfuhr Herr Fuchs, als ihm nach Gymnasium und Militärdienst ein Stipendium, welches ihm die Fortsetzung seines Universitätsstudiums ermöglicht hätte, versagt wurde, obwohl er sich intellektuell den anderen Kandidaten überlegen betrachtete, für sich ein Anrecht auf ein Stipendium reklamierte und finanziell darauf angewiesen war. Er fühlte sich in Österreich benachteiligt und ging nach Deutschland. Seine Arbeit in Wolfsburg und Stuttgart konnte er zunächst noch als Praktikum akzeptieren, nahm sie jedoch mit zunehmender Dauer als Hilfsarbeiterjob wahr. Es verletzte ihn tief, als ein türkischer Fließbandarbeiter wegen dessen Funktion als Dolmetscher befördert wurde, er als Abiturient aber nicht. Als er deswegen nach Österreich zurückkehrte, empfand er sich als Versager und beging einen Suizidversuch, der zur Einweisung in die Psychiatrie führte. Diese »Psychiatrisierung« erlebte Franz Fuchs als extreme Kränkung. Als er eine Anstellung bei dem Vermessungstechniker fand, erstarkte sein Selbstbewusstsein wieder. Er gewann die Überzeugung, dass er der wichtigste und gewissenhafteste Mitarbeiter der Firma sei, der deswegen und wegen seiner intellektuellen Überlegenheit niemandem Rechenschaft schulde und mit den Mitarbeitern keine persönlichen Kontakte zu pflegen brauche. Nach seiner Entlassung blieb ihm eine gleichwertige Arbeitsstelle längere Zeit verwehrt. Als er sie fand, kam es zu ähnlichen Schwierigkeiten wie bei dem Vermessungstechniker. Diese Schwierigkeiten an den Arbeitsstellen und die fehlende Anerkennung bedingten seinen Groll. Während man Ausländern großzügige finanzielle Unterstützung gewährte, versagte man ihm die akademische Ausbildung. Er entwickelte einen Hass auf Fremde und noch mehr auf jene, die Fremde unterstützten. Als 1987 in Österreich ethnische Minderheiten die österreichische Volkszugehörigkeit erhielten, wurde er hellhörig und misstrauisch. Als ihm 1989 an einer Arbeitsstelle gekündigt wurde und gleichzeitig der Eiserne Vorhang fiel und ein Zustrom osteuropäischer Immigranten befürchtet wurde, hegte Franz Fuchs einerseits die Sorge, zum Sozialfall zu werden, andererseits die Überzeugung, sich für die Rechte deutschsprachiger Österreicher einsetzen zu müssen. Er zog sich zunehmend zurück und verschanzte sich in der Einliegerwohnung im elterlichen Anwesen. Ende Juli 1993 entschied er sich aktiv zu werden, nachdem er im Radio ein Interview mit einem Vizeleutnant des Bundesheeres gehört hatte, der über das bedauernswerte Schicksal der Jugoslawienflüchtlinge sprach. Er schrieb in diesem Zusammenhang einen Hörerbrief und konstruierte seine ersten Briefbomben.

Damit begann die Serie. Die Briefbomben waren unterschiedlich hergestellt und deponiert und trafen unterschiedliche Adressaten, auch wenn das Ziel in einer gleichbleibenden Idee gründete: Aufrechterhaltung des Bedrohungsszenarios bei gleichzeitiger Verschleierung der Täterschaft. Eine gängige Taktik, welche die Verunsicherung bei Ermittlungsbehörden, Medien und Bevölkerung verstärkt und somit zur Dämonisierung des Terroristen beiträgt. Als am 25. Oktober 1996 der damalige österreichische Bundeskanzler Vranitzky zurücktrat, war Fuchs sicher, dies bewirkt zu haben. Er wähnte sich am Ziel seines (terroristischen) Handelns und gewann ab diesem Zeitpunkt (fälschlicherweise) die Überzeugung, entdeckt zu sein. Er erwartete seine Ergreifung, bastelte Sprengfallen und eine Rohrbombe, mit der er sich suizidieren wollte, falls die Polizei ihn aufspürte. Diesen Plan versuchte er umzusetzen, als er zufällig bei einer Verkehrskontrolle angehalten wurde und festgenommen zu werden glaubte. Zuletzt verkannte Fuchs somit die Realität, er war zu einer Relativierung erst wieder begrenzt in der Lage, als er mit den tatsächlichen Ermittlungen konfrontiert wurde.

Aus psychiatrischer Sicht bestand das Motiv für seine Anschläge nicht nur in seiner Ausländerfeindlichkeit, sondern auch in dem Bedürfnis, seine intellektuelle Überlegenheit zu beweisen. Seine Bomben waren so raffiniert gebaut – mit wechselnden Konstruktionsschemata, die bisher in Terroristenkreisen nicht bekannt waren –, dass die Ermittler davon ausgingen, es handle sich um mehrere Täter, die spezielle Ausbildungen absolviert hatten. Seine Briefe waren fehlerlos und gespickt mit historischen Details, sodass auch diesbezüglich Fachleute als Autoren der Schreiben vermutet wurden, ein Chemiker, ein Mathematiker, ein Germanist – oder ein Universalgenie. Als nach der Ergreifung mutmaßlicher rechtsradikaler Verdächtiger im Januar 1994 Briefe der Bajuwarischen Befreiungsarmee (BBA) gefunden wurden, vermutete man eine rechtsradikale Terrorgruppe hinter den Anschlägen. In seinen Bekennerschreiben, die er als BBA verfasste, stellte er sein Insiderwissen über die Ermittlungen, sein detailliertes geschichtliches Wissen ebenso zur Schau wie seinen Hass gegen Ausländer. So schrieb er zum Beispiel: »In diesem Land sind Personen willkommen, die aussehen wie wir, die beten wie wir und die sprechen wie wir.« Aber: »Sie alle sind ahnungslos und glauben, dass wir herumstreunende Mediterrane, Asiaten, Afrikaner und Heiden sowie unsere Herrenkaste der Tschuschen voll akzeptieren.«

Franz Fuchs hatte aus subjektiver Sicht viel erreicht: Das

Basteln raffinierter Briefbomben, deren Technik auch Fachleute nicht verstanden, empfand er als Bestätigung seines Wissens und Könnens. Die Ohnmacht der Ermittler und ihrer Vorgesetzten zeigte seine eigene Macht. Die Angst und Verunsicherung in den Behörden machte seine Überlegenheit deutlich, die andere einschüchtern konnte. Die mediale und politische Beachtung schürte die narzisstische (existenzielle) Aufwertung der eigenen Bedeutung.

Diese Sekundäreffekte waren ihm weit wichtiger als die konkreten Schädigungen der Menschen, die er verletzte oder tötete.

Bei den terroristischen Einzelkämpfern dieses Kalibers, ebenso wie beim Terrorismus von Staaten, Organisationen und Gruppen, verstärken sich nicht nur Struktur und Dynamik der Täter, sondern auch die Wirkung – Aktion der Terroristen, Reaktion der Gesellschaft – gegenseitig. Das hilft den Tätern, ihre Ziele zu erreichen: Angst und Schrecken zu verbreiten.

Im Talmud heißt es:
»Gedanken werden Worte.
Worte werden Handlung.
Handlungen werden Gewohnheiten.
Gewohnheiten werden Charakter.
Der Charakter ist dein Schicksal.«

Das gilt nicht nur für den Täter, sondern auch für die Reaktion der Gesellschaft. In der Interaktion wächst das Ausmaß des Schadens.

Der kranke Terror

Als Bürger eines modernen europäischen Staates fällt es einem schwer, die Motive terroristischer Einzelkämpfer oder der Mitläufer in terroristischen Gruppierungen nachzuvollziehen. Fast unmöglich erscheint es, sich in einen Selbstmordattentäter hineinzuversetzen. Wie auch – er muss doch krank sein, so vermutet man zwangsläufig, weil die Idee, sich selbst in die Luft zu sprengen, so absurd erscheint. Doch ein Selbstmordattentäter ist nicht automatisch krank. Es wäre kurzschlüssig gedacht, etwas als krank einzuordnen, weil die meisten von uns es nicht nachvollziehen können. Kurzschlüssig, weil die Reaktion – der muss verrückt, sprich krank im Kopf sein – verhindert, dass wir uns mit einem Problem auseinandersetzen. Wir stecken es in eine Schublade, die andere, konkret die Psychiater, öffnen und aufräumen sollen. Die Täter des IS, über die wir derzeit viel lesen, erleben sich als besonders wichtig und bedeutsam. Sie sind diejenigen, die die Welt verändern. Sie sind die Helden, über die man in ihrer Gemeinschaft spricht und immer sprechen wird. Sie berauschen sich an ihrer Rolle als Märtyrer, wenn sie sich vorstellen, dass sie ein Selbstmordattentat begehen und die Ohnmacht der Ungläubigen vorführen. Je mehr Menschen dabei sterben, desto größer ist ihr Erfolg, nicht nur im Sinn der Ziele ihres Fanatismus, sondern ganz persönlich. Und die Planungsphase ist das Tollste daran, natürlich, darüber hinaus kommen sie ja nicht. Sie stellen sich detailliert vor, wie ihre Brüder im Kampfe sie bewundern werden. Sie hinterlassen etwas für die Nachwelt. Dass sie diesen Erfolgsrausch nicht erleben werden, ist eine weltliche Sichtweise, die man nicht zwangsläufig teilen muss, zumal viele Glaubensrichtungen von einer Fortexistenz nach dem Tod überzeugt sind. Deswegen sind diese Täter aber nicht psychisch krank. In terroristischen Gruppen stacheln sie sich gegenseitig hoch. Sie befinden sich in einer Art Wettbewerb, wenn auch mit verabscheuungswürdigen Zielen: Menschen zu töten.

Eine klare Grenze, ab wann wir solche Täter als krank bezeichnen, gibt es nicht, ähnlich wie es keine klare Grenze gibt, ab wann ein Gläubiger zum Fanatiker wird. Eine Krankheit existiert unabhängig von einem Verbrechen, und dem Terrorismus ist nicht als Krankheit zu begegnen, sondern als Verbrechen.

Die Lust an der Gewalt

Gewalt ist bei vielen Menschen nicht nur Mittel zum Zweck, sondern erfüllt auch einen Selbstzweck. Am ehesten ist das bei Jugendlichen bis ins frühe Erwachsenenalter hinein zu beobachten. Rockergruppen, Hooligans oder Straßengangs suchen und provozieren die Auseinandersetzung, um sie dann gewalttätig austragen zu können. Auch diesbezüglich ist unser biologisches Erbe sehr viel bedeutsamer, als wir das vermuten würden. Bei Affen wurden vergleichbare Phänomene entdeckt. Erprobte Kampfbereitschaft und gewaltsame Durchsetzungsstrategien waren für das Überleben urzeitlicher menschlicher Horden wichtig. Es ist daher nicht verwunderlich, dass diese Verhaltensweisen biologisch verankert und mit einem inneren Belohnungssystem verbunden sind. Dominanzgebaren gegenüber einem Gegner verschafft zudem Anerkennung in der Gruppe, und es vermittelt den Kick, der dem *Sensation Seeker* die Langeweile nimmt. Diese Kombination – Kick, Dominanzgefühle und Anerkennung in einer Gruppe – trägt oft dazu bei, dass die Grenzen der Rücksicht und des Respekts gegenüber einem Gegner weit überschritten, wenn nicht gar mit Füßen getreten werden. Häufig hört man von älteren Häftlingen, dass es früher Regeln beim Raufen und bei Schlägereien gegeben habe und dass es heute viel brutaler zugehe, weil diese Regeln besonders bei den Drogensüchtigen nicht mehr gälten. Wie bei vielen Delikten sieht der forensische Psychiater nicht den Regelfall, der juristisch meist als Körperverletzung abgehandelt wird, sondern die Ausnahme, die sich in besonderer Brutalität manifestiert, weil der Täter sein Handeln nicht mehr kontrollieren kann. Tatsächlicher Kontrollverlust ist aber selten, er ist gewöhnlich durch Hirnschädigungen oder Intoxikationen bedingt und gelegentlich durch eine affektive Übererregung in einer ganz spezifischen Situation.

Die meisten der brutalen Schläger, mit denen ich gesprochen habe, wären in der Lage gewesen, sich zu kontrollieren. Sie wollten dies jedoch nicht, weil ihnen die Ohnmacht des Gegners, das Gefühl der eigenen Macht und Kraft ein berauschendes Lustgefühl vermittelten. Erst nachdem dieses Gefühl abgeklungen, die Polizei eingeschritten und die Zellentür sich hinter ihnen geschlossen hatte, waren sie halbwegs in der Lage, Bilanz zu ziehen und festzustellen, dass sich ihr Verhalten für sie nicht gelohnt hatte.

Das sogenannte Böse

Der Ethologe Konrad Lorenz[*] versuchte, dem sogenannten Bösen auf die Spur zu kommen – warum zeigt sich menschliche Gewalt manchmal so ungewöhnlich grausam und schrecklich? Wenn auch nicht alle seiner Thesen aus den frühen 1960er-Jahren in der heutigen Wissenschaft Bestand haben – die Behauptung, dass Tötungshandlungen innerhalb einer Gattung im Tierreich eher eine Ausnahme darstellen, ist heute widerlegt –, so hat er doch zu begründen versucht, warum Menschen sich weitaus häufiger gegenseitig töten als andere Lebewesen. Tatsächlich haben Gewalt und die Bereitschaft zu töten – auch dann noch zu töten, wenn der Gegner schon besiegt ist – die Menschheit durch ihre ganze Geschichte hindurch begleitet. Auch die Folter und die besonders grausame Tötung kommen nicht im Tierreich vor, wohl aber bei Menschen. Bis in das

---

[*] Lorenz, Konrad (1984): Das sogenannte Böse: Zur Naturgeschichte der Aggression. München, dtv (Erstausgabe 1963).

18. Jahrhundert hinein ergötzte man sich in unseren Breiten an öffentlichen Hinrichtungen, die häufig im Rahmen von Jahrmärkten »gefeiert« wurden. Der abgehackte Kopf als Top-Act, die besonders grausame Folterung im Public Viewing. Ja, die Geschichte der Menschheit ist blutig. Immerhin hatten Ketzer in manchen europäischen Ländern bis in die beginnende Neuzeit hinein bei einer Verurteilung die Wahl: lieber verbrannt werden oder bei einem Bekenntnis ihres Frevels die mildere Hinrichtung durch das Schwert zu erlangen.

Waren die Menschen früher alle psychisch krank? Kann man mit Freud aufatmen, dass Psychologen und Psychiater die Bühne der Geschichte betraten, um die Menschen zu domestizieren? Nein, der gewaltbereite Mensch ist nicht krank. Er ist zwischendurch aber nicht spontan gesundet. Grundlegend hat er sich gar nicht so sehr verändert, wenngleich wir das glauben mögen. Es ist die Zivilisation, die sich weiterentwickelt hat, zumindest in vielen Ländern dieser Erde. Gewalthandlungen und Tötungen sind sehr viel seltener geworden, und unsere Sensibilität für das Unrecht ist gestiegen. Deshalb empört uns Grausamkeit so sehr, entsetzt uns, lässt uns fassungslos zurück. Ja, wir definieren sie sogar anders. Was wir heute brutal nennen, wäre vor Jahrzehnten und Jahrhunderten mancherorts kaum der Rede wert gewesen. Wir sind nicht mehr an den Umgang mit Gewalt gewöhnt. Die meisten Menschen leiden heute offensichtlich mehr mit, wenn andere leiden. Empathie, ein Wort, das es seit Beginn des 20. Jahrhunderts gibt, ist nicht nur sprachlich neu, sondern beschreibt eine Eigenschaft des Menschen, die in der jüngsten Zeit an Bedeutung gewonnen hat. Erstaunlicherweise bezeichnen wir erst seit etwa dreißig Jahren den Empathiemangel als Symptom einer Störung.

Doch auch der heutige Mensch ist nicht von Haus aus friedlich. Die Aggressionsbereitschaft – nicht zu verwechseln mit Gewaltbereitschaft, eher eine ihrer Voraussetzungen – gehört zur Grundausstattung der meisten höheren Lebewesen. Sie ist aber nicht uniform, sondern tritt in unterschiedlichen Arten mit verschiedenen Funktionen auf. Die Psychologie unterscheidet meistens zwischen reaktiver Aggression, die eintritt, wenn der Mensch angegriffen oder provoziert wird, und instrumenteller Aggression, die dazu dient, ein Ziel zu erreichen, ein Hindernis durch Gewalt zu überwinden oder andere geplant in Angst und Schrecken zu versetzen.

K. E. Moyer[*] unterschied acht Aggressionsformen bei Tieren, die uns auch bei Menschen vertraut sind:

- Beuteaggression, die dem Raubtier dazu dient, sich Nahrung zu verschaffen oder aber einem anderen etwas wegzunehmen. *Ich will dein Auto, dein Portemonnaie, dein Prestige.*

---

[*] Moyer, Kenneth E. (1976): The psychobiology of aggression. New York, Harper & Row.

- Territoriale Aggression, mit der das Revier verteidigt wird. *Das ist mein Grundstück.*
- Instrumentelle Aggression, bei der mit Hilfe von Gewalt oder Gewaltandrohung ein bestimmtes Ziel erreicht wird, und sei es, *den Bankangestellten dazu zu bringen, den Safe zu öffnen.*
- Reaktive Aggression – Verteidigungsbereitschaft. *Hau ab!*
- Aggression in Zusammenhang mit Sexualität. *Wenn ich im Kampf gesiegt habe, steigert das mein sexuelles Verlangen.*
- Angstinduzierte Aggression, wenn man mit dem Rücken zur Wand steht und wild um sich schlägt. *Ich seh keinen Ausweg mehr.*
- Die mütterliche Aggression, wenn der Nachwuchs bedroht ist. *Sie kämpft wie eine Löwin.*
- Die kompetetive Aggression zwischen männlichen Lebewesen, die sich nicht nur im fairen Wettkampf, sondern auch in Raufereien zeigt. *Ich bin der Bessere, der Stärkere, der Attraktivere.*
- Die soziale Aggression zwischen weiblichen Lebewesen, die um ihre Rolle in ihrem Rudel kämpfen. *Ich beiß dich weg.*

Diese Aggressionsformen sind nervlich verankert. So kämpft ein Hirsch beim Angriffskampf mit dem Geweih, beim Verteidigungskampf mit den Hufen. Vielleicht wundern Sie sich, warum ich beim Thema Rücksichtslosigkeit,

Gewalt und Macht bei den Tieren beginne – wir haben ja bereits festgestellt, dass sie deutlich weniger grausam sind als die Menschen. Doch im Tierreich können wir sehen, dass bestimmte Aggressionsformen eng mit der Sexualität verknüpft sind. Die Hirnkerne, die bei Aggression aktiv werden, liegen dicht bei denjenigen, die in der Sexualität aktiv werden. In unzähligen Versuchen wurde nachgewiesen, dass Aggression und Sexualität im Gehirnareal des Mandelkerns eng miteinander gekoppelt sind. Eigentlich hätte es dazu gar keine bildgebenden Verfahren in den Neurowissenschaften gebraucht. Die Sprache weiß das längst. Wer kneift, zieht den Schwanz ein, wer Streit aus dem Weg geht, ist ein Weichei und so weiter. In früheren Jahrhunderten fanden nach kriegerischen Auseinandersetzungen regelrechte Sexorgien statt. Die Vergewaltigung der Frauen der Besiegten gehörte ebenso zum Lohn der Söldner wie die Plünderung der eroberten Gebiete. Insbesondere Männer sind nach Wettkämpfen oder körperlichen Auseinandersetzungen sexuell erregbarer. Nicht jeder einzelne, sondern die Mehrheit von ihnen.

Dass sexuelle Lust und Gewalt ein Paar bilden, entspricht nicht den Vorstellungen, die in unserer Gesellschaft zum guten Ton gehören, erklärt aber, warum jene Männer, die sich nicht an die Regeln halten, bei Machtausübung und Gewalt Lust empfinden. Und das ist ja schon einmal ein erster Schritt, um diese verhängnisvolle Kopplung therapeutisch zu lösen beziehungsweise Wege zu finden, die eigenen Bedürfnisse zu stillen, ohne andere Menschen zu schädigen. Übrigens kann das Ausüben von Macht, die Beherrschung eines anderen und das Erleben der eigenen Dominanz auch ohne Sexualität lustvoll erfahren werden. Ja, Macht an und für sich kann zu einem rauschartigen Zustand führen. Hierfür gibt es ein Wort: Machtrausch. Er tritt bei Narzissten häufiger auf, aber auch Menschen, die sich in der Führungsrolle sehr wohl fühlen, sind dafür empfänglich. Dennoch ist die Umgangssprache wie meistens, wenn Fachbegriffe aus der Medizin, Psychologie und Psychiatrie verwendet werden, ungenau.

Sadismus

Der Volksmund nennt schon manchen Chef einen Sadisten, der seine Mitarbeiter zu gewissenhaftem Arbeiten anhält. Doch bei einem Sadisten ist das Quälen mit sexueller Erregung verbunden. Es erhöht den sexuellen Lustgewinn, ja, ist oft erforderlich, um überhaupt sexuelle Lust zu empfinden.

Einen Sadisten erkennt man weder an seinem Äußeren noch an seinem Verhalten in der Öffentlichkeit. Die psychiatrische Literatur identifiziert mindestens zwei Formen von Sadismus. Einmal den sexuellen Sadismus, der dadurch charakterisiert ist, dass er durch Bemächtigung und Quälen des Partners auf freiwilliger Basis oder gegen den Willen des Opfers sexuelle Befriedigung erreicht, zum zweiten die sadistische Persönlichkeit, die durch den tödlichen Übergriff auf einen anderen – häufig auf Prostituierte – Rachegefühle an Frauen auslebt. Unter ihnen finden sich relativ häufig unauffällig lebende, schüchterne Menschen ohne partnerschaftliche Beziehung, nicht selten wohnen sie noch im Erwachsenenalter mit einer dominanten Mutter zusammen – aber nicht immer.

Sadismus an und für sich ist nicht strafbar. In einschlägigen Etablissements frönen nicht wenige Menschen in gegenseitigem Einverständnis ihren sadomasochistischen Neigungen. Zur Begutachtung kommen Menschen, die gegen die Gesetze verstoßen, die Gewalt gegen den Willen anderer ausgelebt haben. Sie sind es, die die Boulevardpresse dazu animieren, Menschen mit Bestien gleichzusetzen. Denn ein Mensch wie du und ich, der würde »so etwas« doch nicht tun. Doch, er tut es.

Ich kenne eine Reihe von Sexualstraftätern, die ohne die Vorstellung einer Vergewaltigung nicht zum Orgasmus kommen. Leben solche Männer in einer Beziehung, stellen sie sich beim Verkehr vor, ihre Partnerin zu vergewaltigen. Das muss nicht unbedingt vor dieser verheimlicht werden. Ich kenne Paare, die für sich klare Rollen definiert haben und ihre Sexualität so für beide Seiten erfüllend ausleben.

Ich erinnere mich an Hans M., der bei einer Vergewaltigung eine Frau getötet hatte. Nach langjähriger Unterbringung im forensisch-psychiatrischen Krankenhaus hatte er seine Entlassung beantragt. Bei einem Prognosegutachten prüfe ich stets, in welches Umfeld der Proband entlassen würde, welcher sozialer Empfangsraum für ihn bereitsteht. Hans M. hatte während einer seiner Beurlaubungen eine Frau getroffen, mit der er seine Vergewaltigungsfantasien ausleben konnte. Das Paar hatte ein Ritual kreiert, mit dem dies gefahrlos möglich war. Hans M. war relativ zwanghaft strukturiert und hielt sich pedantisch an die vereinbarten Regeln. Das Arrangement des Paares war mit dem Therapeuten von Hans M. besprochen.

Für mich stellte die Zwanghaftigkeit von Hans M. eine Art Garant dar, dass er sich weiterhin an die Absprachen mit seiner Partnerin halten würde. Dennoch sprach ich mit ihr und erfuhr, dass sie in Hans M. ihre sexuelle Erfüllung gefunden habe. »Ich hätte nur einen einzigen Wunsch«, vertraute sie mir an. »Ich würde mir ein bisschen mehr Spontanität in unserer Sexualität wünschen.« Ihr war nicht klar, dass sie dadurch ihren Schutz verlieren würde, denn Spontanität hätte bedeutet, dass Hans M. sich nicht mehr an die Vereinbarungen halten würde – und das könnte gefährlich für sie werden, lebensgefährlich.

Gewalt und Rücksichtslosigkeit

D. tanzte schon in der Schule aus der Reihe. Seine Eltern hatten sich früh getrennt, er wuchs beim Vater auf, der scherte sich wenig um den Jungen. So setzte er den Zehnjährigen einmal auf die Straße, woraufhin sich dieser ein Baumhaus baute und dort schlief. Als er elf Jahre alt war, kümmerten sich zwei Lehrerinnen sehr engagiert um ihn. Doch er beklaute sie und riss aus. Ein schlechtes Gewissen hatte er nicht. Ihm war alles gleich, und alles langweilte ihn. Nur für seinen Siebenschläfer empfand er etwas. Er hatte ihn gezähmt. Mit vierzehn Jahren wurde er in ein Heim für schwer erziehbare Jugendliche eingewiesen. Man untersagte ihm, den Siebenschläfer mitzunehmen. Da schmetterte er ihn an die Wand.

Im Heim machte D. eine Lehre zum Maurer, mit achtzehn Jahren wurde er entlassen. Auf dem Weg zu seiner Halbschwester begegnete ihm eine junge Frau, die er hinterrücks überfiel, eine Böschung hinabzerrte, vergewaltigte und in einem nahen Bach ertränkte. Dann steckte er ihr einen Ast in den Anus und ließ die Leiche vom Wasser wegtreiben.

»Was sollte der Ast?«, fragte ich ihn in der Begutachtung.

»Das ist mir so eingefallen.«

Nach der Tat zog er ziellos durch die Gegend, beging Einbrüche, klaute Autos, schreckte auch nicht davor zurück, nachts an Ampeln Fahrzeugtüren aufzureißen und die Fahrer herauszuzerren.

»Ich brauchte eben ein Auto«, erklärte er lapidar.

»Und was war mit den Besitzern der Autos?«, fragte ich.

»Weiß ich doch nicht.«

»Können Sie sich vorstellen, wie die reagiert haben?«

»Na, die werden sich wohl geärgert haben«, entgegnete er gleichmütig.

Was meine Arbeit betrifft, komme ich mit solchen Probanden gut zurecht. Sie erfinden keine Ausreden, sie wollen sich nicht gut darstellen, sie verschleiern nichts, sie machen keine anderen für ihre Taten verantwortlich – meine Eltern, mein Chef, ich hatte nichts zu trinken, sie hat mich provoziert. Sie winden sich nicht in Scham- und Schuldgefühlen, sie sagen, was ist. Menschlich zwar alles andere als erfreulich, ja, oft geradezu abschreckend, aber professionell betrachtet sehr effektiv. Das Gesprächsklima ist neutral. Von einem Probanden, der keine Gefühle kennt, erfährt man mehr über das Innenleben eines Täters und die Dynamik einer Tat als von einem, der glaubt, dass seine Tat seinen Gefühlen so fremd sei, dass er sie gar nicht vereinbaren kann und deswegen vieles verschleiert, damit er sein subjektives Selbstkonzept aufrechthalten kann. Der Erste bleibt bei den Fakten. Etwas anderes kennt er ja nicht. Es ist nicht so, dass er Gefühle ausblendet. Er hat keine. Mitgefühl mit seinem Opfer ist ihm fremd. Das Bewusstsein dafür, dass er einen anderen Menschen verletzt, dass ihm das, was er sich nimmt, nicht zusteht, berührt ihn nicht. Er will das, er braucht das, also holt er es sich.

»Wie ging es weiter?«
»Ich war eine Weile in Italien, dann bin ich nach Spanien, weil ich in Italien wegen eines Überfalls gesucht wurde.«
»In Spanien haben Sie die Frau am Strand vergewaltigt?«
»Ja, die lag da so rum, und ich hatte Lust.«
»Und wie ist es Ihnen im Gefängnis in Spanien ergangen?«

»Ich hatte eine homosexuelle Beziehung.«

»Hat Ihnen das was gebracht?«

»Man nimmt, was man kriegt.«

Mit Anfang 30 gelang es D., aus dem spanischen Gefängnis zu entkommen, er kehrte nach Deutschland zurück und arbeitete in seinem erlernten Beruf Maurer, wo er als zuverlässig und pflichtbewusst galt. Weiterhin klaute er Fahrräder und Autos, wenn er ein Transportmittel brauchte. Dann überfiel er eine Frau, fesselte sie mit einer Fingerschraube, wollte sie vergewaltigen, wurde gestört, verschleppte sie in seine Wohnung und hielt sie dort drei qualvolle Tage und Nächte als Sexsklavin, ehe er mit ihr in einen Wald fuhr, sie an einen Baum fesselte und ihr dort mit einem Messer den Hals durchschnitt.

»Gab es bestimmte Regungen, die Sie dabei verspürt haben?«, fragte ich ihn.

»Was für Regungen meinen Sie?«

»Vielleicht die Angst, entdeckt zu werden.«

»Da war keiner.«

»Dass sie Eltern hat und einen Freund.«

»Nein.«

»Und was haben Sie dann gemacht?«

»Ich bin zur Arbeit gegangen.«

Kurz darauf wurde D. verhaftet und schließlich zu lebenslanger Freiheitsstrafe mit Sicherungsverwahrung verurteilt. Die Frage, die mir bezüglich solcher Täter manchmal gestellt wird, lautet, wie es sei, einer solchen »Bestie« gegenüberzusitzen. Aber ich bin noch niemals einer »Bestie« gegenübergesessen, sondern immer einem Menschen, egal, was er getan haben mag. Bei einem Probanden, der keine Gefühle hat, empfinde ich Bedauern für ihn. Das Leben ist sehr arm ohne Gefühle, ohne Empathie, ohne menschlichen Kontakt, ohne inneres Berührtsein. Einer wie D. kann nicht am Leben teilhaben. Nicht weil er ein Verbrechen begangen hat, sondern weil seine fehlende Teilhabe Teil seines Schicksals ist.

Gefühlskälte

Früher bezeichnete man Menschen wie D. als gefühlskalt, denn sie sprechen über das Leid, das sie anderen angetan haben, wie über eine geschäftliche Transaktion. So ähnelt die Exploration mit diesen Probanden tatsächlich einer Besprechung. Heute würde man sagen, dass ein solcher Mensch weder eigene affektive Regungen hat noch Mitgefühl oder Einfühlungsvermögen in das Gefühlsleben eines anderen. So etwas kann sich ein fühlender, nicht krimineller Mensch kaum vorstellen, den beim Todeskampf eines Verbrechensopfers Mitgefühl überfluten würde. Er würde helfen wollen und nimmt deshalb vorweg, dass der Empathielose seine Gefühle unterdrückt. Aber so ist es nicht. Davon abgesehen kommt es für das Opfer durch die berühmte Verkettung tragischer Umstände zu einem Tötungsdelikt. Das muss ursprünglich nicht in der Absicht des Täters gelegen haben, aber dann werden ihm die Folgen bewusst. Das Opfer soll schweigen, für immer. Der erste Mord wird meistens als schwer empfunden. Denn auch ein nicht fühlender Mensch hat in der Regel eine Hemmschwelle zu überwinden. Doch wenn man es einmal getan hat, so ist es bei anderen Dingen, weiß man, dass es klappt und wie – und von Mal zu Mal wird es einfacher. Daran denkt der Zeitungsleser nicht, der womöglich am Frühstückstisch von der *Bestie* liest und innerlich zustimmt: Einer, der so was tut, ist kein Mensch. Wie kann man Lust dabei empfinden oder Genugtuung, einen anderen, den man vielleicht noch nie zuvor gesehen hat, zu erwürgen, ausbluten zu sehen, ihm den Leib aufzuschlitzen, sodass die Eingeweide herausquellen ... Das ist doch ... unmenschlich. Nun, man könnte genauso gut behaupten, wir wären verhätschelt. Wir sind solche Bilder nicht mehr gewöhnt. Für unsere Vorfahren bis in das 17. Jahrhundert hinein gehörten sie zum täglichen Brot wie für uns die morgendliche Zeitungslektüre. Ich erinnere Sie erneut an unsere europäische Geschichte, weil dieses Bewusstsein uns zum einen davor bewahrt, Vorurteile zu bilden. Zum anderen schützt die Vergegenwärtigung unserer Vergangenheit die Zivilisation, in der Gewalt verbannt wird. Gut und Böse sind keine Gene, die mal so, mal anders verteilt werden, und folgen nicht Naturgesetzen und auch nicht Wahrscheinlichkeitsregeln. Sie sind Zuschreibungen, die von der jeweiligen Gesellschaft vorgenommen werden. Und nicht alles, was strafbar ist, ist böse. Genauso wenig wie alles, was nicht strafrechtlich verfolgt wird, gut ist. Unsere Gesellschaft ist dahingehend übereingekommen,

Handlungen unter Strafe zu stellen, die gegen die guten Sitten oder gegen den Willen eines anderen verstoßen. Die guten Sitten sind allerdings nicht festgelegt, sondern können sich verändern – und das tun sie auch. Beispielsweise stand während meines Studiums die männliche Homosexualität in der Bundesrepublik Deutschland generell unter Strafe – nicht aber die weibliche, sie war nicht strafbar und wurde damals kaum beachtet –, Schwule verstießen gegen die guten Sitten. Heute verstößt es gegen die guten Sitten, Schwule zu diskriminieren. Die Liste der Beispiele, wie sich schlechte in gute Sitten und umgekehrt verändern, ist endlos. Auch die bereits erwähnte öffentliche Hinrichtung gehörte einmal zu den guten Sitten. Wie die Lust an der Gewalt, wenn sie von der herrschenden Klasse ausging. Genauso war es gute Sitte, Rache zu nehmen. So sehen wir, dass Bräuche, die früher völlig normal waren, heute als verbrecherisch gelten. Verbrechen ist keine menschliche Eigenschaft. Es ist der Verstoß gegen die Norm. Ändert sich die Norm, ändert sich die Definition von Verbrechen und die Sanktionen, die der Staat gegen sie verhängt.

Sexualität und Sexualdelinquenz

Von den Medien, in der Öffentlichkeit, aber auch von den Gerichten wird der forensische Psychiater am häufigsten um Rat gefragt, wenn es sich um Sexualdelikte handelt. Sie sind zwar bei Weitem nicht die zahlreichsten und oft auch nicht die gefährlichsten Straftaten, aber Sex und Crime erregt die öffentliche Aufmerksamkeit und lässt sich gut vermarkten. Es ist aber nirgendwo so leicht, einen Fehler zu machen und sich politisch inkorrekt auszudrücken wie in diesem Bereich. Jede pointierte Äußerung ruft Kontroversen hervor, und schnell wird man »entlarvt« – entweder als chauvinistischer Macho oder als jemand, der sich im Lager der Feministinnen beliebt machen will. Die gerichtliche und mediale Kontroverse, die mit der Anklage des Wettermoderators Jörg Kachelmann begann, der von einer Bekannten der Vergewaltigung bezichtigt und letztendlich freigesprochen wurde, ist ein beredtes Beispiel.

Aus dem umfangreichen Gebiet der Sexualdelinquenz will ich im Folgenden einige Grundsätze darlegen, weil sonst vieles, was Gutachter vor Gericht beurteilen müssen, missverstanden werden kann. Das liegt daran, dass jeder sich seine eigenen Vorstellungen von der Sexualität macht und sich diese nicht immer mit dem aktuellen Stand des Wissens decken. Wenn ich zum Beispiel sage: »Jeder Mann hat sich im Laufe seines Lebens in sexueller oder erotischer Hinsicht schon einmal für Minderjährige, die wir noch als Kinder bezeichnen, interessiert«, werden Sie vielleicht entrüstet widersprechen. Gehen Sie aber einmal in sich und fragen sich, nach welcher Altersklasse Sie mit dreizehn Jahren Ausschau gehalten haben, als Ihre ersten zarten Regungen erwuchsen, werden Sie zugeben müssen, dass es Kinder Ihres Alters waren. Meine Behauptung trifft somit auf die meisten von uns zu, sobald man den Jungen von damals als Mann von heute bezeichnet. Aber warum ändert sich die Präferenz, das heißt die Vorliebe für einen Sexualpartner oder für ein Sexualobjekt, mit der eigenen Reifeentwicklung bei manchen Menschen nicht?

Der Mensch wird, wie alle Säugetiere, mit seiner sexuellen Identität geboren – als Frau oder als Mann. Ganz so eindeutig ist die Natur dann aber doch nicht. Einige sind von ihrer genetischen Ausstattung, von ihrem Chromosomensatz her keine »richtigen Frauen« und keine »richtigen Männer«, kein Entweder-oder, sondern ein Mehr-oder-weniger mit vielen Zwischenstufen. Da wir mit Zweideutigkeiten schlechter leben können als mit eindeutigen Feststellungen, vereinfachen wir wie in anderen Bereichen auch: krank oder gesund, hoher Blutdruck oder Normaldruck. Unsere Grenzen verlaufen oft willkürlich, aber sie machen meistens Sinn. Genauso ist das bei der Sexualität, wenngleich wir berücksichtigen müssen, dass das Spektrum der Möglichkeiten hier breiter ist, als wir uns das in der Regel vorstellen. Die Grenzen zwischen normal und abwegig sind meist willkürlich und wurden und werden in anderen Zeiten und in anderen Kulturen anders gesetzt als bei uns.

Die sexuelle Prägung

Die kritische Phase für sexuelle Entwicklungen beginnt in der Präpubertät und setzt sich fort in der Pubertät. Jeder Mensch erfährt mit seinen ersten sexuellen Erfahrungen eine Prägung, wie er Sexualität für sich als richtig empfindet und zum Orgasmus kommt. Die ersten Erlebnisse bestimmen die Bilder, von denen sich junge Menschen inspirieren lassen, wenn sie sich selbst befriedigen, und das wiederum prägt ihre sexuellen Gepflogenheiten und unter Umständen eine abweichende Vorliebe. Konrad Lorenz, der Prägungslernen erforschte, stellte fest, dass frisch geschlüpfte Gänse demjenigen nachlaufen, dem sie als Erstes begegnen. Das gilt nur am Anfang ihres Lebens, eine Woche später findet eine solche Prägung schon nicht mehr statt. In der Entwicklung von Lebewesen gibt es für den Erwerb der unterschiedlichen Fähigkeiten, Verhaltensweisen und Vorlieben verschiedene Prägungsphasen; sensible Zeiten, in denen etwas Bestimmtes rasch gelernt wird und später kaum noch aus dem Gedächtnis und dem Verhaltensrepertoire löschbar ist. Die in der Pubertät gebildeten erotischen Vorstellungen werden in der Regel durch Masturbation verstärkt und prägen die sexuellen Vorlieben, die das weitere Leben hindurch bestehen bleiben. Das gilt auch für deviante, d. h. aus unserer Sicht abwegige sexuelle Präferenzen und Verhaltensmuster.

Zwanzig Prozent der Knaben, die sexuellen Missbrauch erfahren haben, werden später ebenfalls zu Kindesmissbrauchern. Ihr Risiko ist deutlich höher, wenn sie bei dem an ihnen begangenen Missbrauch sexuelle Erregung empfanden – ihre Sexualität wurde darauf geprägt. Auch hier ist es ein Mehr-oder-weniger: Achtzig Prozent werden sich nicht an Kindern vergreifen, und sexuell missbrauchte Mädchen verhalten sich anders. Eindeutige Ursache-Folge-Zuordnungen gibt es hier nicht, sondern immer ein Zusammenspiel mehrerer Faktoren. Gleichwohl lässt sich in vielen Einzelfällen das Muster der Prägung erkennen. So auch bei Herrn K.

Herr K., ein zurückgezogener, sich selbst als Außenseiter bezeichnender Mann Mitte vierzig, war relativ früh – mit neun Jahren – in die Pubertät gekommen. Er erinnerte sich gut daran, wie er sein steifes Glied am Bettkasten rieb, während er die langhaarige Puppe seiner Schwester in den Händen hielt, in ihrem seidigen Haar wühlte und dabei das erste Mal im Leben zum Orgasmus kam. Später fand er auf dem Dachboden ein Haarteil seiner Mutter und war sofort elektrisiert. Er spielte damit, die »schönen Gefühle« kamen wieder. Er sprach mit niemandem darüber, er hätte nicht gewusst, mit wem. Die wenigen Schulkameraden, mit denen er etwas vertraut war, interessierten sich noch nicht für Sex oder Mädchen. Es kam ihm vor, als sei er in eine geheimnisvolle Welt eingedrungen, die nur ihm gehörte. Im Klassenraum setzte er sich nun am liebsten hinter Mädchen mit langem Haar und betrachtete es. Nachts im Bett während der Masturbation stellte er sich vor, wie er dieses Haar umfasste. So wurde langes Haar zum

Fetisch seiner Sexualität. Als Fetisch bezeichnen wir ein Objekt, einen Teil des Körpers, ein Bekleidungsstück, das an die Stelle des Menschen im Gesamten rückt. Die Prägung auf einen Fetisch geschieht in der Regel in der frühen Pubertät. Der Ersatz wird zum erotisch besetzten Objekt. Am häufigsten »vertreten« ist der Schuhfetischismus – bei Männern. Es gibt auch zahlreiche Fußfetischisten. Diese legen keinen gesteigerten Wert auf den Restkörper eines etwaigen Sexualpartners. Allein die Füße zählen.

Im Falle K.s blieb es nicht bei der Betrachtung von Frauenhaar, der Berührung von Perücken und seinen sexuellen Fantasien. Im Alter von fünfundvierzig Jahren wurde er festgenommen, weil er im Verdacht stand, in Nordspanien eine Prostituierte getötet zu haben. Der von K. gefahrene Lkw war bei einer Videoüberwachung erfasst und in Deutschland aufgefunden worden. Darin wurden Bilder und Haarteile verschiedener Frauen entdeckt. Weitere Bilder, eine Kamera und Seilstücke übergab K. den Polizeibeamten und gestand aus freien Stücken mehrere Morde.

Tötung eines vierzehnjährigen Mädchens in Thüringen: 1974; Tötungen von fünf Prostituierten: im Juni 2001 in Westfrankreich, im August 2001 und im Februar 2005 in Nordspanien, im Januar 2006 in Ostfrankreich und im November 2006 erneut in Nordspanien. K.s Vorgehensweise war immer gleich: Er suchte eine Prostituierte mit langen Haaren, ließ diese in seinen Lkw steigen und fragte sie, ob er sie gegen Aufpreis beim Sex fesseln dürfe. Wenn die Frau ablehnte, ließ er sie wieder aussteigen, wenn sie zustimmte, fesselte er sie. Er ließ dann bei sich den Oralverkehr durchführen, legte seine Hände um ihren Hals und drückte kräftig zu, bis ihr Körper schlaff wurde. Dann wühlte er in ihren Haaren. Beim ersten Mal onanierte er angesichts der bewusstlosen Frau, bei späteren Opfern führte er an der Bewusstlosen den Geschlechtsverkehr durch. Anschließend nahm er den Strick von ihren Händen ab, legte ihn um ihren Hals, verknotete ihn und zog zu, bis die Opfer tot waren. Zum Schluss fotografierte er die Toten. Bei den letzten Opfern führte er den Strick um einen Haken an der Decke des Führerhauses, zog die Tote ein Stück hoch und fotografiert sie in dieser Position. Einen Teil der Haare schnitt er ab und behielt sie. Die Leichen legte er einige Kilometer von den Tatorten entfernt ab.

Auch bei einem routinierten Gutachter, der diese Beschreibungen in den Akten liest, löst der Polizeibericht erst einmal ein Schaudern aus. Ich möchte mir die beigefügten Fotografien nicht ansehen. Dann aber kommt die professionelle Neugier. Ich will ergründen, was das für ein Mensch ist und warum er so geworden ist. Also vertiefe ich mich in die Einzelheiten der Geschehnisse und führe lange Gespräche mit K. Ich fange da an, wo es ihm am leichtesten fällt zu reden. Ich vermittle ihm, dass ich ihn unbefangen kennenlernen will. Zunächst möchte ich etwas über seine Herkunft und seinen Werdegang wissen. Ich frage nach seinen ersten Bezugspersonen und seinen Einstellungen ihnen gegenüber und umgekehrt den ihren ihm gegenüber. K. berichtet nach anfänglichem Zögern bereitwillig und flüssig. Er wirkt fast erlöst, über sich reden zu können, ohne sich schämen zu müssen und ohne offene oder versteckte Vorwürfe zu hören, die Ablehnung seiner Gegenüber zu spüren. Ich signalisiere ihm, dass ich davon ausgehe, dass ich nicht alles erfahren werde, dass es wohl Geheimnisse geben wird, die er für sich behalten möchte, und er entspannt sich noch mehr. Sein flüchtiges Lächeln zeugt von Dankbarkeit.

K. wuchs unter weitgehend geordneten Verhältnissen in der ehemaligen DDR auf. Seine Eltern trennten sich, als er dreizehn Jahre alt war. Die Schule besuchte er regelmäßig, empfand sie zum Teil als »Theater«, es gab jedoch keine besonderen Vorkommnisse oder Auffälligkeiten. K. beschrieb sich als ruhiges, zurückgezogenes Kind. Nach der Schule machte er eine Malerlehre. Die Lehrzeit wurde durch einen Gefängnisaufenthalt wegen eines Überfalls auf ein Mädchen unterbrochen. Nach der Haft beendete er 1979 seine Lehre und arbeitete weiterhin in dem gleichen Betrieb.

1981 starben beide Eltern im Abstand von wenigen Tagen. K., damals zweiundzwanzigjährig, wollte für seine Geschwister sorgen, sie wurden ihm aber von der staatlichen Fürsorge weggenommen. Er schilderte das knappe Jahr, in dem er die Verantwortung für die Geschwister trug, als eine der wenigen Zeiten seines Lebens, in der er eine sinnstiftende Aufgabe übernommen hatte.

Beziehungen zu Gleichaltrigen waren für K. bedeutungslos und austauschbar. Er spielte Fußball, ohne sich in die Mannschaft zu integrieren; er war Mitglied der Jugendorganisationen der DDR, ohne sich zu engagieren. Er hatte keine Freunde, und er ging Partnerschaften nur ein, weil man das eben so machte. Seine Beziehungen waren durch das Fehlen sexueller Wünsche und einen spröden und zurückhaltenden Umgang gekennzeichnet. Intim wurde er selten und nur, weil es sich gehörte. Keine seiner drei Partnerschaften überdauerte zwei Jahre.

1986 wurde er wegen zwei Übergriffen auf Frauen verhaftet und wegen versuchten Totschlags zu einer zwölfjährigen Freiheitsstrafe verurteilt. Während der Haft lebte er angepasst, hatte weder mit Gefängnispersonal noch Mitgefangenen ernsthafte Schwierigkeiten und genoss wegen seiner handwerklichen Fähigkeiten einen privilegierten Status. Er wurde 1994 nach Verbüßen von zwei Dritteln seiner Strafe aus dem Gefängnis entlassen und zog kurze Zeit später in ein westliches Bundesland, wo er weitgehend isoliert lebte. Er hatte nur zwei engere Kontaktpersonen, seine Schwester, die Einzige, für die er so etwas wie Liebe empfand, und einen Freund aus der Haft, den er gelegentlich besuchte und regelmäßig finanziell unterstützte. Er lebte in einem kleinen Appartement und ging zuverlässig seiner Arbeit nach, zunächst als Betriebsmaler einer Firma und später als Lkw-Fahrer. Das Lkw-Fahren kam ihm entgegen, weil es seinem Wesen als Einzelgänger entsprach. Eine intime Zweierbeziehung stellte er sich langweilig und lästig vor und wunderte sich, wie die meisten Menschen, auch seine Schwester, so etwas aushielten.

Das Schaudern, welches mich nach dem Polizeibericht überkommen hat, ist verschwunden, die innere Anspannung sowohl bei mir als auch bei K. gewichen. K. berichtet, ohne zu beschönigen: Seine Kindheit war trist, aber nicht dissozial, die Abneigung gegen die Mutter, die den Vater vor die Tür setzte, der Tod der Eltern, das behördliche Verbot, nach ihrem Tod für seine jüngeren Geschwister zu sorgen und der damit verbundene Entzug von Rückhalt und Lebensaufgabe erscheinen verständlich und nachvollziehbar. Je länger die Exploration dauert, desto mehr wird dieser ein Fall wie jeder andere. Bis ich mit den Fragen beginne, die K.s sexuelle Entwicklung und die Hintergründe seiner Straftaten aufdecken sollen.

K. wurde nicht aufgeklärt. Er wusste lange nicht, wie Geschlechtsverkehr funktioniert. Bereits nach den ersten Ejakulationen mit der langhaarigen Puppe tauchte das Würgen in seiner Fantasie auf. Er dachte an Frauen aus der Nachbarschaft oder Schulkameradinnen mit langen Haaren, welche die Puppe ersetzten. Er stellte sich vor, in deren Haaren zu wühlen, bekam Erektionen und befriedigte sich selbst. Ihm wurde klar, dass ein Mädchen sich nicht freiwillig seiner Fantasie unterwerfen würde. Um an sein Ziel zu gelangen, musste er es unterwerfen und ohnmächtig machen, also würgen.

Die Vorstellungen des Würgens verselbstständigten sich und drängten sich so stark auf, dass er sich nicht dagegen wehren konnte. Schließlich half auch Selbstbefriedigung nicht mehr, um die Gedanken abzustellen. In der Schule saß er in der hintersten Bank und »würgte in Gedanken alle Mädchen vor mir«. Ihm kam die Idee, seine Fantasien in die Tat umzusetzen und das Erlebnis als Vorlage bei der Masturbation zu benutzen, in der Hoffnung, dass dann mit den Bemächtigungswünschen Schluss sei.

Ein Mädchen aus der Nachbarschaft saß in der Schulbank direkt vor ihm. Er starrte im Unterricht nur noch auf ihre Haare, dachte ständig daran, sie zu würgen und in ihren Haaren zu wühlen, und konnte sich auf nichts anderes konzentrieren. Eines Nachmittags ging er zu ihrer Wohnung, um seinen Plan umzusetzen. »Es war aufregend, eine Vorfreude wie vor Weihnachten.« Das Würgen war allerdings sehr viel schwerer als gedacht. »Ich musste mich bewusst zusammennehmen, um es zu Ende zu bringen.« Er wurde wütend auf das Mädchen, weil er Schwierigkeiten hatte. Seine Gedanken: »Sie spielen mit ihren Haaren, machen dich verrückt, und wenn du in ihre Nähe kommst, dann bleiben sie kalt und lassen dich nicht hin.« Sein Skript – so nennt man das mentale Programm, wie ein Mensch Sexualität erleben will –, um zum Orgasmus zu kommen, war es, zu würgen, die Haare in seinen Händen zu spüren und sich dann selbst zu befriedigen. Zu Letzterem war er aber zu nervös. Er war sexuell erregt, verspürte zum ersten Mal das Gefühl von Macht. »Das Geilste war, als sie wehrlos zusammensackte und ich ungestört in den Haaren wühlen konnte«. Gleichzeitig kam die Panik, dass jemand ihn sehen könnte. Aus dieser Angst strangulierte er sein Opfer mit einer Gardinenschnur. Das Töten gehörte nicht zum Skript, er tat es, um nicht entdeckt zu werden. Und er wurde auch nicht als Täter ermittelt: Die Polizei ging von einer Selbsttötung des Mädchens aus. K. blieb unbehelligt.

Bei der Rückkehr nach Hause war er ruhig, zufrieden und euphorisch: »Ich habe es geschafft, ich bin ganz toll – wie der Herrgott.« Er aß mit einem »Riesenhunger« und befriedigte sich danach unter der Vorstellung der Tat.

In den nächsten Wochen diente ihm das Erlebte zur Vorlage bei der Selbstbefriedigung. Als die Erinnerungen nicht mehr so erregend waren, lenkte er seine Fantasien auf andere Frauen und stellte sich vor, er würge sie so wie seine Mitschülerin.

Einige Monate später brachte ihm ein Mädchen Geschlechtsverkehr bei. Die neue Erfahrung änderte seine Einstellung zu Frauen kaum. Seine Fantasien waren viel befriedigender und beflügelten auch die Intimität mit seiner Partnerin. Beim Geschlechtsverkehr, den er ohnehin nur selten und eher widerwillig praktizierte, war er immer zu schnell und gelegentlich impotent.

Im Alter von achtzehn Jahren beging er die zweite Tat. In einer Diskothek sah er ein Mädchen mit halblangen schwarzen Haaren ins Dunkle weggehen. Ganz plötzlich kam ihm die Idee, unbeobachtet zu sein und seine Fantasie umsetzen zu können. Er folgte ihr, und als sie ihn erkannte, stieß er sie in den Straßengraben, würgte sie bis zur Bewusstlosigkeit und wühlte in ihren Haaren, versuchte vergeblich in sie einzudringen und befriedigte sich dann selbst. Er dachte, sie sei tot, ließ sie liegen und kehrte verdreckt in die Disko zurück. Auf dem Heimweg kam er am Tatort vorbei, sah Sanitäter und

Polizei und das Opfer, das überlebt hatte. Noch unterwegs wurde er festgenommen.

Er wurde wegen versuchter Vergewaltigung zu zwei Jahren Jugendstrafe verurteilt. Er befriedigte sich in der Haft und danach weiter mit Fantasien vom Würgen und Wühlen in den Haaren. Vergeblich versuchte er sich gegen den Drang zu wehren, seine Fantasien in die Tat umzusetzen. Nach einer Weile war der Drang so mächtig, dass er ihn nicht mehr kontrollieren konnte. Er zog los und suchte dunkle Orte auf, um dort Frauen von hinten anzufallen, damit sie ihn nicht sehen konnten. Fand er ein Opfer, würgte er es bis zur Bewusstlosigkeit, wühlte in den Haaren und masturbierte danach zu Hause mit der Vorstellung seiner Erlebnisse. Er meinte dreißig Frauen auf diese Art überfallen zu haben, aber viel öfter »auf der Pirsch« gewesen zu sein. 1986 wurde er von zwei Frauen erkannt und wegen versuchten Mordes verurteilt.

Nach der Haftentlassung 1994 wollte er nie wieder ins Gefängnis. Er kaufte sich eine Sexpuppe, zog ihr eine langhaarige Perücke an, besorgte sich Videofilme mit Würgen von Frauen und befriedigte sich auf diese Weise.

2000 wurde er Fernfahrer. Er vermutete, dass bei Prostituierten nicht so schnell Vermisstenanzeigen erfolgen würden und im Ausland seine DNA nicht gespeichert wäre. Er wiederholte an ihnen das Deliktmuster aus seinem fünfzehnten Lebensjahr. Auch der Opfertyp mit langen Haaren entsprach diesen Vorstellungen.

Das Grundmuster des ersten Deliktes wiederholte sich ebenfalls. Er weitete allerdings sein Skript aus: Er befriedigte sich an den bewusstlosen Opfern, bevor er sie tötete, er fesselte sie, er machte zunächst Fotos und später Videoaufnahmen von ihnen, er schnitt ihre Haarsträhnen ab, um sie später bei der Masturbation zu benutzen.

Bei diesem Bericht verliert K. seine Gelassenheit. Manche seiner Delikte schildert er im Detail. Seine Erregung ist ihm dabei anzumerken. Ich frage ihn, ob ich in Gefahr wäre, wenn ich eine Frau wäre und lange Haare hätte. Er stockt, fängt sich und meint dann, altersmäßig wäre ich nicht sein Typ. Wir lachen beide, nicht nur ich habe ihn, sondern er mich auch auf dem falschen Fuß erwischt. Aber die gelöste Spannung hilft ihm zu dem Eingeständnis, dass er am Vortag bei einer Untersuchung von einer langhaarigen medizinisch-technischen Assistentin betreut wurde und seine Erektion nicht unterdrücken konnte. Seine ausgeglichene Stimmung und die Begleitung von zwei Polizisten hätten die Erregung aber schnell abklingen lassen. Die Gespräche bei der Begutachtung würden ihn entlasten, sodass er nicht mehr so zwanghaft an seine Fetische denken müsse.

Aber auch nach seiner Festnahme bedrängten ihn seine Fantasien. Er berichtete von Phasen, in denen er dreimal täglich masturbiere, weil er es sonst nicht aushalte. Er schilderte seine Wut auf Frauen, weil diese so verlockend seien und gleichzeitig so verschlossen. Er hasse ihr arrogantes Von-oben-herab, die hohen Preise der Nutten und das Gefühl, von ihnen wie ein Trottel ausgenommen zu werden. Schon in der Schule hatte er Wut auf Mädchen, wenn diese kicherten oder einen auslachten.

Er beklagte, dass er von seiner Sexualität gequält würde, er wache morgens mit den Gedanken an lange Haare und Würgen auf und gehe abends mit den gleichen Gedanken ins Bett.

Fälle wie jener von K. sind sehr selten. In den über dreißig Jahren meiner Laufbahn habe ich weniger als zehn Täter kennengelernt, die mehr als dreimal getötet haben, und nicht alle aus sexuellen Motiven. Meine enge Zusammenarbeit mit der über die Grenzen Bayerns hinaus sehr erfolgreich tätigen Arbeitsgruppe *Operative Fallanalyse* der Münchner Kriminalpolizei hat mich vermutlich mit mehr solchen Fällen vertraut gemacht als viele meiner Fachkollegen. Jeder Serientäter ist anders. Ihr einziges gemeinsames Merkmal ist, dass sie nicht rechtzeitig von der Polizei gefasst wurden. In der Exploration sehen sie ihre Situation meist realistischer als viele andere Verbrecher, und sie können auch offener reden, manchmal tatsächlich wie von Profi zu Profi. Und so sitzt man sich dann gegenüber. Es ist ein bisschen wie vor dem Duell in High Noon, bei dem jeder auf die erste Schwäche seines Gegenübers wartet. Ich löse diesen Bann, der bei vielen Begutachtungen zu Beginn zwischen Untersucher und Untersuchtem besteht, indem ich erkläre, dass ich ein Profi auf meinem Fachgebiet bin und respektiere, dass er es auf seinem Fachgebiet ist. Wir bräuchten uns also nicht mit Schattenboxen aufzuhalten, sondern sollten unsere Zeit sinnvoll nutzen.

Bei K. bedurfte es solcher Erläuterungen nicht. Er war froh, dass der Spuk vorbei war und dass er reden konnte, denn die Gespräche brachten ihn »einigermaßen ins Gleichgewicht«. Er gestand, zu feige zu sein, »sich aus dem Weg zu räumen, um weiteren Schaden abzuwenden«. Und er konnte erkennen, dass er von nun an ohne Aussicht auf reale Befriedigung leben, aber weiterhin von seinen Trieben gequält würde – in seiner Wahrnehmung ohne Perspektive.

An seinem Geburtstag 2007 erhängte sich K. mit seinem zerrissenen Betttuch am Fensterkreuz seines Haftraums. Nach seinem Tod konnten ihm zwei weitere Morde zugeordnet werden, die er – ebenso wie die bereits bekannten Taten – in seinem Tagebuch notiert hatte.

Welchen Ausweg hätte es für ihn gegeben? Wie hätte er damit umgehen sollen, unbefristet in Haft zu bleiben? Darüber habe ich mit K. nicht gesprochen. Doch ich erinnere mich an einen ähnlichen Fall, in dem ein Sexualstraftäter von der Triebkraft der sexuellen Perversion gequält wurde. Der Feuerwehrmann aus Franken bekam Mordgelüste, wenn es regnete und das Gras am Main feucht glänzte. Dann musste er sich Mädchen nähern und mit einem Messer auf sie einstechen. Just in diesem Moment hatte er eine Ejakulation. Nach drei Morden wurde er gefasst und zu einer lebenslangen Freiheitsstrafe verurteilt. Insgesamt verbrachte er vierzig Jahre im Gefängnis; ich habe vier Mal mit ihm gesprochen. Beim vorletzten Mal, als er Vertrauen zu mir gefasst hatte, erzählte er mir, wie sehr ihn sein

Trieb quäle. Wie er versucht habe, ihn in sich zu töten. Dass er triebdämpfende Medikamente eingenommen habe, die dazu geführt hätten, dass er noch mehr masturbierte, da er ständig überprüfen musste, ob die Medikamente wirkten. Und dass er erst nach seiner Kastration wieder zum Menschen geworden sei, weil dann endlich die Qual vorüber war. Es hatte zwei Jahre gedauert, bis nicht nur sein Trieb, sondern auch die gedankliche Beschäftigung mit der Sexualität eingedämmt war.

Diese Aussage beeindruckte mich. Landläufig würde man ja nicht annehmen, dass Sexualität eine Qual darstellt, schon gar nicht für jemanden, der ihr so sehr verfallen war.

Für mich verstärkte diese Erfahrung die Erkenntnis, dass man die Gefühle, das Denken und die Einstellungen anderer Menschen nicht durch den Vergleich mit den eigenen Emotionen, Lebensvorstellungen und Erfahrungen beurteilen kann, sondern sich bemühen muss, sich in die Erlebenswelt seines Gegenübers einzufühlen und einzudenken. Das, was wir dann zu wissen glauben, sind aber nur Hypothesen, die erst zu sinnvollen Schlussfolgerungen führen, wenn wir sie durch Hinterfragen überprüft haben. Ich kann also nicht beim nächsten sadistischen Mörder annehmen, dass der Sexualtrieb für ihn eine Qual oder dass er seinen Trieben ausgeliefert ist. Erst die sorgfältige Überprüfung führt zu aussagekräftigen Ergebnissen.

Sexuelle Perversion

Unsere forensisch-psychiatrische und sexualmedizinische Forschung hat für die vorgenannte Überprüfung ein Konzept entwickelt, nach dem sich abweichendes, also deviantes sexuelles Verhalten in vier Intensitätsstufen einteilen lässt[*].

Bei vielen Menschen kommt deviantes sexuelles Verhalten im Laufe ihrer Entwicklung als sporadischer Impuls aus besonderem Anlass vor. Sie probieren homosexuelle Praktiken oder Fesselspiele oder Dominanz und Unterwerfungsverhalten und Ähnliches mehr, um ihren Erfahrungshorizont zu erweitern. Dies ist nicht pathologisch und stellt die niedrigste Intensitätsstufe dar.

Die zweite Stufe ist erreicht, wenn deviantes Verhalten als habituelles Konfliktlösungsmuster eingesetzt wird. Dies bedeutet, dass Menschen in besonderen Konfliktsituationen, zum Abbau von Spannung oder Frustration gewohnheitsmäßig abweichende sexuelle Praktiken benötigen, z. B. den Sado-Maso-Club aufsuchen oder zu einer Domina gehen. Abseits dieser Ausnahmesituationen praktizieren sie weitgehend das, was landläufig unter normaler Sexualität verstanden wird – und selbst das ist sehr verschieden, je nachdem in welcher Gesellschaft man sozialisiert wurde.

In die dritte Intensitätsstufe werden solche Menschen

---

[*] Schorsch, Eberhard (1971): Sexualstraftäter. Stuttgart, Enke.

eingeordnet, für die Sexualität ohne Devianz nicht erlebbar ist. Sie können zwar reife heterosexuelle Praktiken durchführen, stellen sich dabei in ihrer Fantasie aber immer ein anderes (deviantes) Sexualobjekt, z. B. eine unreife Partnerin, vor, um zum Orgasmus zu gelangen.

Die vierte Stufe ist erreicht, wenn es zu einer stabilen devianten Entwicklung gekommen ist und andere Praktiken nicht mehr zum Orgasmus führen. Doch erst wenn in dieser vierten Intensitätsstufe zusätzlich eine suchtartige Entwicklung eingetreten ist – mit zunehmender Häufigkeit der Befriedigungssuche, mit immer raffinierter ausgebauten Techniken, und wenn es dabei gleichzeitig zu einer Änderung der Persönlichkeitsstruktur und sozialen Beeinträchtigungen kommt –, gehen wir davon aus, dass die Störung so weit fortgeschritten ist, dass sich der Betreffende bezüglich seines Sexualverhaltens nicht mehr im Griff hat.

Vielleicht fragen Sie sich nun, ob ein abweichendes sexuelles Verhalten auch bei Frauen vorkommt. Ja, sicher. Doch im Bereich der Sexualdelinquenz überwiegen die Männer als Täter dramatisch. Was nicht heißt, dass es keine Frauen gibt, die gegen Normen verstoßen. Doch ihre Verstöße sind in der Regel nicht so gesellschaftsfeindlich wie die der Männer. Die weibliche Sexualität war jahrhundertelang ein in der breiten Gesellschaft kaum beachtetes Thema. Dadurch wird verständlich, dass sich kaum jemand mit der abweichenden Sexualität der Frau beschäftigte. Ein Teil der Verhaltensweisen, die bei Männern strafrechtlich sanktioniert werden, wurde früher bei Frauen kaum beachtet und schon gar nicht in Gesetzen beschrieben, z. B. früher homosexuelles Verhalten unter Frauen und heute noch Exhibitionismus bei Frauen. Ganz selten werden Frauen wegen Vergewaltigungen angezeigt, wie auch vergewaltigte Männer diese Tat kaum je anzeigen. Ich kenne einen Fall, in dem drei Jugendliche einen Mann vergewaltigten, und einen, in dem eine Frau eine andere vergewaltigte, die einzigen vergleichbaren Vorkommnisse in meiner Gutachterkarriere. Aber manche Männer berichteten mir, dass sie von Frauen zur Sexualität genötigt wurden. Sie hatten nie daran gedacht, zur Polizei zu gehen, obwohl die Folgen – Bisswunden, zerkratzter Rücken – noch bei der Untersuchung zu sehen waren. Eine Anzeige wäre ihrer Meinung nach unmännlich gewesen und hätte sie der Lächerlichkeit preisgegeben. Die Grenzen zwischen akzeptiertem und sanktioniertem Sexualverhalten sind bei Frauen sicher viel schwerer zu ziehen als bei Männern.

Täter und Opfer

Die meisten Kriminalfälle spielen sich unter Fremden ab. Diebstahl, Raub, Körperverletzungen und in gewissem Maß auch Sexualdelikte treffen vor allem Menschen, die dem Täter nicht oder nur flüchtig bekannt sind. Gleichwohl begegnen die Opfer ihren Tätern meist nicht zufällig und nicht überall. An bestimmten Orten wie Bierzelten, bei Massenveranstaltungen oder in gewissen Gegenden in Großstädten finden körperliche Auseinandersetzungen – und damit auch Körperverletzungen – häufiger statt als anderswo. Man kann sie provozieren – wenn man sich beispielsweise als Anhänger eines gegnerischen Teams in die Fankurve der Heimmannschaft stellt. Oder einer pöbelnden Jugendgang mit einem Appell an das gute Benehmen Einhalt gebieten möchte. Bevor man diese Zivilcourage unter Beweis stellt, sollte man sich besser der Unterstützung anderer versichern. Auch einsames Herumwandern an entlegenen oder unsicheren Orten zu Zeiten, in denen ein potenzieller Täter vermuten könnte, von anderen nicht gestört zu werden, erhöht das Risiko, und zwar insbesondere dann, wenn man aus Tätersicht ein leicht zu überwältigendes Opfer darstellt. Insofern ist es gerechtfertigt, dass wir uns im vertrauten Umfeld und im Kreis unserer Familie, bei Freunden und Bekannten sicherer fühlen als bei Fremden und in ungewohnten Situationen. Aber es gibt Besonderheiten, auch das nahe Umfeld kann gefährlich werden, nicht selten bis zum letzten Atemzug. Es wird auch gemordet unter Freunden.

Beziehungstaten

In meinen frühen Berufsjahren vertraute mir einmal eine depressive Patientin, die nach einer Ehekrise einen Suizidversuch unternommen hatte, ein Geheimnis an: »Niemand kann einem so wehtun wie der eigene Mann. Der kennt alle deine Schwächen, alle Narben und Verletzungen. Der weiß genau, in welche Kerbe er reinhauen muss, um dich besonders zu treffen.« Nun kann man sich fragen, ob das Sinn und Zweck einer Ehe ist, den wunden Punkt beim Partner zu finden und dort zu bohren. Sticheln, Bohren, Nachtreten, Mäkeln ist zutiefst menschlich. Doch das Herumbohren in den Schwachstellen des Partners kann in manchen Beziehungen zur Routine werden, und dann wird man sozusagen betriebsblind. Man erkennt nicht mehr, wie schwer man seinen eigentlich doch liebsten Menschen verletzt. Gelegentlich so tief, dass dessen ganzes Leben zusammenstürzt. Alte Wunden brechen auf, es geht gar nicht mehr um die aktuelle Auseinandersetzung, sondern um die Kränkungen, die man möglicherweise schon häufiger erlebt, bereits in der Kindheit erfahren hat. Kränkungen, die sich in früheren Beziehungen wiederholt haben mögen, die aber bis jetzt gut verkraftet wurden. Denn Liebe, Vertrautheit und Verständnis ermöglichen das Zeigen und Verzeihen von Schwächen. Eine Beziehungskrise verkehrt dies ins Gegenteil. Plötzlich geht es nicht mehr um Unterstützung, sondern um Vernichtung. Und da kommt der wunde Punkt des Partners gerade recht, in den man stichlen kann, um ihn so richtig schön auf die Palme zu bringen. So etwas kann verheerende Folgen für einen selbst haben. Gerade wenn Verzweifelte glauben, mit dem Rücken zur Wand zu stehen, wenn sie befürchten, dass alles, was ihnen gut und teuer ist, zerbricht, kommt es zum familiären Showdown, in dem es nur Verlierer gibt.

Aber nicht alle Gewalttaten folgen diesem Muster. Es gibt viele Gründe für Aggressionen innerhalb der Familie. Schließlich finden dort die meisten Interaktionen statt, und es kommt sehr häufig zu konfliktträchtigen Auseinandersetzungen. Es geht um Macht und Manipulation, Geschlechterkampf und Generationenkrieg. Allianzen werden gebildet, Sanktionen ausgesprochen, Embargos verhängt, Strafen vollzogen. Die Flucht ist so gut wie unmöglich, das Schlachtfeld kann nicht verlassen werden. Blut ist dicker als Wasser. Bis der Tod euch scheidet.

Von vielen innerfamiliären Konflikten ahnt die Außenwelt nichts. Familie ist ein Ort, der sich der Kontrolle weitgehend entzieht. Was hier passiert, bleibt unter uns. Das geht niemanden etwas an. Selbst schwere Misshandlungen werden vertraulich behandelt. Notlagen, die dringend Unterstützung von außen bedürften, wie suchtkranke oder psychisch kranke Familienmitglieder, werden verschwiegen. Nun hat die Privatsphäre innerhalb der Familie sicherlich eine Berechtigung und wird auch als wohltuend empfunden. Ein Ort, an dem man sich frei und doch geschützt bewegen kann. Wenn der Frieden an diesem Ort aber gebrochen wird, ist Schweigen der falsche Weg, zumal es dann eines Tages manchmal zu spät ist. Im Nachhinein ist aggressive Übergriffigkeit häufig genauso schwer nachweisbar, wie es Falschbeschuldigungen sind, die durchaus die Existenz eines Menschen ruinieren können – Stichwort sexueller Missbrauch.

Die objektive Aufklärung eines Familienstreits ist oft kaum möglich, und auch der forensische Psychiater kann keine klare Antwort geben, vor allem, wenn ein Partner die Auseinandersetzung nicht überlebt. Die Fachleute müssen sich dann mit den polizeilichen Ermittlungen und den Aussagen des Überlebenden begnügen. Gerade bei Beziehungstaten ist die forensisch-psychiatrische Expertise von großer Bedeutung. Es muss geklärt werden, ob ein Täter aufgrund der Auseinandersetzung im Vorfeld der Tat oder aufgrund überraschender Belastungen in einen affektiven Erregungszustand geraten ist. Dieser könnte ihn wie eine psychische Störung daran gehindert haben, seine Handlungen unter Kontrolle zu halten. Unter hochgradig affektiver Erregung begangene Taten – meist Tötungsdelikte oder Versuche dazu – wurden schon bei den Römern und auch nach der Renaissance im 16. und 17. Jahrhundert mit ihrer Rückbesinnung auf die Antike milder bestraft. Damals wurde von den Richtern insbesondere geprüft, ob der Affekt gerechtfertigt war oder nicht. Verzweiflung, Trauer und unter Umständen Angst galten als gerechtfertigte, Wut, Hass und Missgunst als ungerechtfertigte Affekte. Derartige Überlegungen fanden Eingang in das deutsche Strafrecht und führen wie eine psychische Krankheit zu einer Verminderung der Schuldfähigkeit. Sie werden dem Begriff der tiefgreifenden Bewusstseinsstörung zugeordnet, einem Merkmal, das sich ausdrücklich auf den ansonsten psychisch unauffälligen Menschen bezieht. Daran wird deutlich, dass wir auch bei gesunden Menschen Ausnahmezustände anerkennen, in denen Tötungsdelikte begangen werden können, ohne dafür im Sinne einer strafrechtlichen Schuld die volle Verantwortung übernehmen zu müssen. Vergleichbares gilt im Übrigen auch für die Notwehr. Ein Mensch, dessen Leben bedroht wird, darf sich wehren. Und es gilt auch für einen ungewöhnlichen Notstand, zum Beispiel wenn man sich von einem Ertrinkenden, den man retten wollte, befreit, weil er einen so umklammert, dass die Gefahr besteht, mit ihm unterzugehen. Derartige Bedrohungssituationen für sich selbst oder für ihre Kinder stellen sich die meisten Menschen vor, wenn sie sagen, dass sie – wie jeder andere auch – zum Mörder werden könnten. In diesem Zusammenhang muss aber gesagt werden, dass die Frage, ob jeder Mensch zum Mörder werden kann, im Prinzip falsch ist. Denn ein Mensch, der in einer der oben angeführten Konstellationen tötet, ist kein Mörder, er begeht einen Totschlag. Mord ist ein juristischer Begriff, der relativ eng definiert ist. Bei weniger als der Hälfte aller Tötungsdelikte handelt es sich um Mord. Die meisten Beziehungstaten sind keine Morde, sondern werden unter den Begriff Totschlag eingeordnet, zumal sie in Auseinandersetzungen und in der Hitze des Gefechts passieren und nicht heimtückisch oder hinterhältig. So auch bei Helmut P., den Böswillige aus der Nachbarschaft später als den Ostermörder bezeichneten. Nein, er war kein Mörder, denn die juristischen Mordkriterien – Mordlust oder andere niedrige Beweggründe, Heimtücke, Grausamkeit oder die Verdeckung einer anderen Straftat – treffen bei ihm nicht zu.

Was ein Mord ist, wird von Land zu Land unterschiedlich definiert. Daran zeigt sich, wie schillernd unsere Begriffswelt ist und wie schwierig ein Vergleich.

Zu einer Partnertötung kann es aus unterschiedlichen Motiven kommen – am häufigsten aus Trennungsangst und Eifersucht, Angst vor dem Alleinsein und dem Verlust der Familie sowie Kränkung, weil möglicherweise ein anderer bevorzugt wird.

Helmut P., der seine Frau Hedwig am Ostermontag mit einem Holzscheit erschlug, war ein selbstbewusster Mensch.

Sein beruflicher Werdegang führte vom pharmazeutisch-technischen Assistenten zum Wirtschaftsingenieur und schließlich zum Prokuristen einer großen Versicherungsgesellschaft, was ihn mit Zufriedenheit erfüllte. Dennoch blieb er sich als einziger Sohn des Betriebsleiters eines kleinen Unternehmens und einer Metzgereiverkäuferin immer seiner Wurzeln bewusst. Den Ehrgeiz mag er von seiner Mutter vermittelt bekommen haben, die sich wünschte, er solle etwas Besseres aus sich machen. Helmut P. war ein braver Sohn, seine Eltern waren stolz auf ihn und seinen beruflichen Erfolg und selig, als er sie zu Großeltern machte.

Helmut P. war überzeugt, in einer glücklichen Ehe zu leben. Hedwig und er galten im Freundeskreis als Traumpaar. Sie war seine erste langjährige Partnerin. Er hatte sie relativ spät im Alter von sechsunddreißig Jahren kennengelernt. Mit ihr konnte er endlich seine Träume verwirklichen, die er seit seiner Schulzeit hegte. Eine Frau, ein Haus – und am liebsten fünf Kinder. Daraus waren zwar »nur« zwei geworden, weil Hedwig nach der Geburt der behinderten Tochter keine weiteren Kinder mehr wollte. Das trübte Helmuts Glück jedoch nicht. Helmuts Eltern unterstützten die junge Familie, luden sie zu Urlauben nach Mallorca ein und betreuten die Enkelkinder gern. Besonders Helmuts Mutter tat sich hier hervor, sie bekochte die Familie, mischte sich aber auch gern in die Angelegenheiten ihrer Schwiegertochter ein. »Sie meint es nur gut«, beschwichtigte Helmut, der nach wie vor ein enges Verhältnis zu seiner Mutter pflegte, seine Ehefrau. Diese nickte gutmütig, denn es war ihr ja auch recht, dass sie durch die Unterstützung der Schwiegermutter ihren eigenen Interessen nachgehen konnte. Sie engagierte sich in der Behindertenbetreuung, organisierte Fahrdienste und fühlte sich wohl in der Fürsorge um ihre jüngste Tochter, die auf den Rollstuhl angewiesen war. Als das Nesthäkchen eingeschult wurde, traten die ersten Spannungen in der Ehe auf. Was Helmut erst im Rückblick erkannte. Richtig klar wurde ihm die Krise an Weihnachten. Wie jedes Jahr kamen seine Eltern zu Besuch und brachten reichlich Geschenke mit. Die Enkelkinder interessierten sich jedoch nicht für die Puppen von Helmuts Eltern, sondern für die Legosteine, die Hedwigs Eltern geschickt hatten. Daraufhin beklagte Helmuts Mutter die Undankbarkeit der Mädchen. Hedwig verteidigte ihre Töchter. Es sei ja wohl deren Sache, worüber sie sich jetzt gerade am meisten freuten. Das sah Helmuts Mutter anders. Es kam zum Krach. Das friedliche Beisammensein wurde frühzeitig aufgelöst, Helmuts Eltern verließen das Haus türknallend, und Hedwig trug das Weihnachtsgeschenk ihrer Schwiegermutter, einen Besteckkasten, in den Keller.

»Aber er ist doch schön«, wandte Helmut ein.

»Deiner Mutter ist mein Haushalt wohl nicht gut genug.«

»Nein, so hat sie das bestimmt nicht gemeint.«

»Doch. So meint sie es. Schon immer. Immer schenkt sie mir was, damit ich merke, dass ich es in ihren Augen nicht richtig mache.«

»Du übertreibst.«

»Nein, du bist blind und begreifst das nicht.«

Ein Wort gab das nächste, und Helmut und Hedwig stritten so erbittert wie noch nie. In den letzten Wochen hatte es bereits einige Auseinandersetzungen gegeben. Hedwig arbeitete nun halbtags und saß zu Hause oft über ihrem Laptop. Sie müsse noch etwas für den Chef erledigen, sagte sie, wenn Helmut sie fragte. Er begegnete ihr verständnisvoll, schließlich arbeitete er selbst auch manchmal im Home Office. Aber nach dem Weihnachtskrach klappte Hedwig den Laptop schon beim Frühstück auf. Das gefiel Helmut ganz und gar nicht. Die Mahlzeiten gehörten der Familie! Auf seinen Einwand reagierte Hedwig brüsk: »Deine Mutter ist wie mein Laptop. Was ist dir wichtiger? Ich oder deine Mutter?«

Helmut wurde wütend, zum ersten Mal in seinem Leben schrie er Hedwig an: »Du kannst deinen blöden Laptop doch nicht mit meiner Mutter vergleichen.« Er zählte auf, wie viel Gutes seine Mutter der Familie habe angedeihen lassen. Ihr Kümmern um die Kinder, finanzielle Zuwendungen. Es sei doch alles recht harmonisch. Wahrscheinlich habe Hedwig nur schlecht geschlafen, kein Wunder nach dem schweren Essen gestern Abend. So ging es hin und her, und letztlich bestand Hedwig darauf, dass Helmut ab sofort die täglichen Anrufe bei seiner Mutter einstelle. Schließlich sei er über vierzig Jahre alt.

Helmut willigte ein. Sie versöhnten sich. Der Skiurlaub, zu dem sie am übernächsten Tag aufbrachen, war sehr schön. »Harmonisch«, sagte Helmut.

»Auch im Bett?«, fragte ich ihn.

»Na ja. Also das ist weniger geworden. Schon seit dem Herbst. Hedwig hat viel gearbeitet. Sie hat ja einen neuen Bereich übernommen und musste sich da erst hineinfinden. Da hat man keinen freien Kopf. Hedwig ist sehr fleißig.«

Die gute Stimmung überdauerte den Urlaub nicht. Kaum

zu Hause begann das Paar erneut zu streiten, denn Hedwig hatte entdeckt, dass Helmut heimlich mit seiner Mutter telefonierte. Daraufhin kündigte sie den für Frühling geplanten Urlaub auf Mallorca mit den Schwiegereltern. Helmut wusste nicht, wie er das seiner Mutter beibringen sollte. Die freute sich so sehr auf die Zeit mit ihren Enkeln. Am meisten machte es ihm zu schaffen, dass er keine Ahnung hatte, was in Hedwig gefahren war. Er bemühte sich immer mehr, ihre Wünsche zu erfüllen, ihr Arbeit abzunehmen, sie zu unterstützen. Das schien ihr gar nicht aufzufallen. Zu Hause saß sie meistens am Schreibtisch und starrte auf ihren Laptop, und wenn er ins Zimmer kam, klappte sie ihn zu.

»Was machst du?«, fragte er manchmal.

»Berufliches«, entgegnete sie knapp.

»Waren Sie denn misstrauisch?«, fragte ich Helmut P. bei der Begutachtung. »Gab es einen Nebenbuhler?«

»So etwas hätte meine Hedwig nie getan«, sagte Helmut P. mit leiser Stimme. Er ließ keine Schatten auf ihr Bild fallen. Sie war die ideale Mutter, die ideale Partnerin, er sprach auch acht Wochen nach ihrem Tod durchgehend von »unseren« Kindern. Es war für ihn, als wäre Hedwig nicht gestorben. Und niemand sollte schlecht über sie sprechen. Seine Mutter hatte sich in einem Brief an ihn ins Gefängnis kritisch über ihre ehemalige Schwiegertochter geäußert, was er ihr fast nicht verzeihen konnte. Hedwig traf keine Schuld. Er war es, der die heile Familie zerstört hatte.

»Aber wie kam es denn nur zur Tat?«, fragte ich mehr in den Raum als Helmut P. Ich stelle prinzipiell keine Warum-Fragen. Sie rufen in der Regel mehr Widerstand hervor, als neue Informationen zu bringen.

Mit einem abgrundtiefen Seufzer schluchzte Helmut P.: »Ich weiß es doch auch nicht.«

Das glaubte ich ihm. Solche Fälle beeindrucken mich. Ein Mensch tut etwas, was er eigentlich nicht tun will und findet nach der Tat keine Antworten. Wenn man sich dies vorstellt, wird das ganze Entsetzen deutlich, zumal hier ja zwei Kinder zurückblieben, die nun ohne Eltern aufwachsen würden – und die niemals würden verstehen können, warum ihr Papa ihre Mama erschlagen hatte.

Ostern bezeichnete Helmut P. als »unsere Kreuzigung«. Er fühlte sich nicht gut. Seit dem Skiurlaub schlief er schlecht und fragte sich, wie es weitergehen sollte. Herrliches Frühlingswetter herrschte. Hedwig zuliebe kaufte Helmut Rosen und pflanzte sie am Karfreitag vor dem Küchenfenster – damit Hedwig von ihrem Platz am Tisch aus etwas Schönes sah. Doch Hedwig bemerkte nur, dass er die Rosen in pedantischer Symmetrie gepflanzt hatte. »Deine Ordnung macht das ganze Rosenflair kaputt«, stellte sie fest. Dann legte sie die Matthäuspassion in den CD-Spieler. Ein Stück, das Helmut schon immer mit innerer Ehrfurcht erfüllt hatte. Sie hatten es oft gemeinsam gehört, früher. Als noch alles gut war. Da war die Musik wie ein Fest für ihn gewesen. Hedwig und er und diese überwältigenden Klänge. Jetzt hörte er das Leiden. Es galt ihm.

Am Samstagvormittag kaufte er noch drei Rosenstöcke in anderen Farben, grub die bereits gepflanzten aus und setzte alle zusammen in eine neue, also keine Ordnung, die Hedwig hoffentlich gefiel. Sie zuckte nur mit den Schultern. Dann sagte sie: »Das wird nichts mehr.«

»Aber ich habe es genauso gemacht, wie du wolltest.«

»Mit uns«, sagte sie.

Helmut verschanzte sich in seinem Arbeitszimmer. Die Mahlzeiten verliefen bedrückt, allein der Kinder wegen rissen sie sich zusammen. Helmut übernachtete zum ersten Mal auf dem Sofa in seinem Arbeitszimmer. Nachts traf er Hedwig auf dem Weg zur Toilette. Sie saß vor dem Laptop. »Wie geht es jetzt weiter?«, fragte er sie.

»Das muss ich mir noch überlegen.«

Am Sonntagmorgen besuchten sie gemeinsam die Messe. Helmut ärgerte sich darüber, dass Hedwig nicht auf ihn wartete, mit den Kindern lief sie voraus. Aber in der Kirche saßen sie wenigstens nebeneinander. Und das Eiersuchen war schön. Am Nachmittag eröffnete Hedwig ihm: »Ich glaube, es ist das Beste, wenn du auszieht.« Kurz darauf machte sie ihm Hoffnung. »Ich überleg es mir noch mal.«

Helmut verstand überhaupt nichts mehr. Das alles bloß wegen dem Besteckkasten und weil er manchmal mit seiner Mutter telefonierte? Abermals übernachtete er in seinem Arbeitszimmer. Am Ostermontag gab er sich große Mühe mit dem Frühstückstisch. Es ließ sich gut an. Die Mädchen plapperten fröhlich, Hedwig lachte einmal herzlich. Aber gleich nach dem Frühstück klappte sie den Laptop wieder auf. Im Vorbeigehen entzifferte Helmut die Überschrift einer Mail. Mein lieber Max, hatte Hedwig geschrieben. Max war ihr

Chef. Helmut kannte ihn. Da war nichts, Helmut war sicher. Dennoch traf ihn ihre Anrede. Wie nett sie zu dem war. Andererseits war Hedwig eben eine besonders Fleißige und zu allen Menschen freundlich. Das schätzte er ja auch an ihr. Er versuchte sich zu beruhigen. Den Feiertag verbrachte man getrennt, Hedwig arbeitete und wischte die Küchenschränke aus, die Matthäuspassion lief erneut. Helmut fuhr mit den Kindern ins Schwimmbad.

Abends überreichte Helmut ihr einen Urlaubskatalog. »Such dir was Schönes aus, wohin du möchtest, wenn wir nicht mit meinen Eltern nach Mallorca fliegen.«

»Urlaub können wir uns gerade nicht leisten«, beschied Hedwig ihm und legte den Katalog unbesehen zum Altpapier. Sie bereitete das Abendessen vor. Helmut lag auf dem Sofa. Er fühlte sich, als hätte man ihm den Boden unter den Füßen weggezogen. Und wieder erklang die Matthäuspassion. Hedwig ging vorbei. Helmut stand auf, stellte sich vor sie, fragte sie: »Hast du es dir überlegt?«

»Ja«, sagte sie. »Du ziehst aus bis Ende Mai.«

»Und was ist mit den Kindern?«

»Du kannst sie jeden Monat besuchen.«

Sie machte sich am Wohnzimmerschrank zu schaffen, das gute Geschirr hervorzuholen, um den Tisch zu decken. Helmut ging zur Terrassentür, öffnete sie, trat hinaus. Da lagen die Holzscheite. Er nahm eines, ging ins Wohnzimmer und schlug zu.

»Wo war Hedwig da genau?«

»Ich weiß es nicht.«

»Und dann?«

»Ich habe das But gesehen, und meine Knie haben gezittert.«

»Wo haben Sie Hedwig getroffen?«

»Am Kopf. Es muss der Kopf gewesen sein, weil es da rausgeblutet hat. So viel Blut.«

»Und woher kam das Holzscheit?«

»Da lagen immer Scheite gestapelt. Für den Feuerkorb im Sommer. Wenn wir grillen.«

»Was haben Sie gedacht?«

»Ich weiß nicht. Um Gottes willen. Dass das die Kinder nicht sehen dürfen. Das Blut. Es war so viel.«

»Wussten Sie, dass Hedwig tot war?«

»Sie hat nicht mehr geatmet. Ich muss mit voller Wucht zugeschlagen haben.«

»Was haben Sie dann gemacht?«

»Ich habe den Teppich aus der Küche über Hedwig und das Blut gezogen. Damit die Kleine das nicht sieht. Dann habe ich sie zu den Nachbarn gebracht. Die Große war ja zum Glück bei einer Freundin. Dann habe ich die Polizei angerufen.«

Helmut P. wusste wenig Konkretes aus diesen Minuten, und das glaubte ich ihm, wenngleich Erinnerungslücken bei solchen Taten niemals objektivierbar sind. Häufig werden sie als Schutzbehauptung vorgeschoben. Ich erinnere mich an nichts, Filmriss. Aber es gibt durchaus Situationen, in denen die Belastung die Wahrnehmungsgrenzen so überfordert, dass etwas nicht ins Gedächtnis eingespeichert wird. Das kann nicht nur bei Tätern geschehen, sondern auch bei Zeugen, die eine Katastrophe als Zuschauer erleben.

Zu tiefgreifenden Bewusstseinsstörungen kommt es nicht nur bei Affektdelikten in Partnerschaftskrisen, sondern auch bei Schlaftrunkenheit, z. B. wenn man von einem Einbrecher aus dem Schlaf gerissen wird und keine Zeit mehr hat, sich zu orientieren, oder bei katastrophenähnlichen Ereignissen. Ich hatte einmal eine junge Mutter zu begutachten, die den Tod eines Fahrradfahrers verursachte. Ihr dreijähriges Kind war einem Ball auf die Straße nachgelaufen. Völlig kopflos stürzte sie hinterher und lief dabei in einen Radfahrer, der so unglücklich fiel, dass er von einem Lkw überrollt wurde. Der Lkw-Fahrer war so auf das Kind fixiert gewesen, dass er den Radfahrer übersehen hatte. Bei der Gerichtsverhandlung legte ein Kfz-Experte dar, dass der Bremsvorgang des Lkw zwei Meter vor dem Kind beendet war. Dem Kind war nichts geschehen – es hätte überhaupt niemand zu Schaden kommen müssen. Aber Hätte und Wäre und Wenn vermeidet man dann lieber. Es bringt keinen Menschen ins Leben zurück.

Die Partnertötung

Andreas Marneros* hat das Charakteristische von Beziehungstaten herausgearbeitet, nachdem sich zuvor schon nahezu alle namhaften forensischen Psychiater damit befasst haben. Hier sei vor allem Wilfried Rasch genannt, der sich in den 1970er-Jahren mit seiner Arbeit über die Tötung des Intimpartners habilitierte.

Im Vorfeld solcher Taten kommt es in der Regel zu einer außergewöhnlichen seelischen Belastung, zu Ereignissen, auf die der Täter keinen oder nur wenig unmittelbaren Einfluss hat. Diese Belastung führt zu einer Erschütterung des Selbstkonzeptes. Ein Mensch, der überzeugt war, alles für seine Familie zu tun und der ihr seine ganze Kraft widmete, für den die Familie Inhalt und Lebensziel sind, verliert den Boden unter den Füßen, wenn dieser Inhalt zerbricht, wenn er die Kinder allenfalls nur noch als Besucher sehen darf, wenn das Haus, in das er seine ganzen Ersparnisse und seinen Verdienst wie auch seine Kreativität und sein handwerkliches Können steckte, von Verlust bedroht ist, zumindest für ihn, sollte er es nur noch als Gast betreten dürfen. So etwas geschieht nicht von heute auf morgen. Die Zweifel, die Zermürbung, auch die Selbstzweifel beginnen häufig lange vorher. Es gibt Warnzeichen. Die Stimmung ist gereizt, es wird wenig gesprochen, der Ton

---

* Marneros, Andreas (2006): Affekttaten und Impulstaten – Forensische Beurteilung von Affektdelikten. Stuttgart, Schattauer.

ist aggressiv. Es ist nicht mehr schön daheim: Der Haussegen hängt schief. Sind Kinder vorhanden, versuchen beide Eltern, sie auf ihre Seite zu ziehen. Kränkungen und Bloßstellungen begleiten den Alltag, Zurückweisungen verletzen das Selbstwertgefühl. Zu dieser Phase gehören Wiederversöhnungen, die Hoffnung aufkeimen lassen, die kurze Zeit später wieder zerbricht. Der Wechsel zwischen Hoffnung und Verzweiflung zehrt an der Substanz. Gesundheitliche Probleme können auftreten, Schlaflosigkeit, Appetitmangel, Konzentrationsschwierigkeiten. Die Strategien, mit denen schwierige Situationen und Konflikte bisher bewältigt wurden, funktionieren nicht mehr. Offene Gespräche enden im Streit, gemeinsame Unternehmungen scheitern trotz bester Vorsätze. Das Wertegefühl gerät ins Wanken: Treue und Loyalität haben keinen Bestand mehr. Früher Undenkbares fällt einem ein, Tabus werden gebrochen, und es bleibt weder die Zeit noch die Kraft, um auf die gewohnten und bekannten Gleise zurückzufinden. Ein Gefühl der Perspektivenlosigkeit macht sich breit. Das ist der Stoff, aus dem das Drama auch im Kino gestrickt ist. Unter diesen Voraussetzungen bedarf es manchmal nur eines kleinen Anstoßes, und das marode Gerüst, das immerhin noch einen letzten Rest Kontrolle gewährleistete, bricht zusammen.

Aus psychiatrischer Sicht kann es beim Täter zu einer erheblichen psychischen Veränderung kommen, die man fachlich als akute Belastungsreaktion bezeichnet. Sie ist gekennzeichnet durch Dissoziationen, Gedächtnisstörungen, vegetative Entgleisungen. Und genau das beschrieb Helmut P. mir, wenn er über die Tage vor dem verhängnisvollen Ostermontag sprach.

Gibt es in einem solchen Fall keinen Ausweg, fragen mich meine Studentinnen und Studenten manchmal.

Es gibt immer einen Ausweg, und wenn es manchmal der Ausweg aus dem Leben sein mag. Entscheidend ist die Balance. Wer alles auf eine Karte setzt, verliert alles, wenn er diese Karte verliert. Deshalb wählen Menschen, die sich mit ihrer Firma identifizieren, manchmal den Freitod, wenn die Firma Konkurs anmeldet. Für andere mögen finanzielle Probleme oder Fragen der Ehre kein Grund sein, das Leben zu beenden. Für einen Menschen, der allein auf diese Karte gesetzt hat, dessen Leben diese Firma oder der Ruf seiner Familie bedeutet, genügen der Bankrott oder das Gerücht allemal. Wer also nicht nur auf eine Sache baut, hat die besseren Chancen. Eine ältere Dame fasste dies einmal so zusammen: Die Eisenbahn fährt auf zwei Gleisen, das Auto hat vier Räder. Aber mein Enkel hat geglaubt, er kippt trotzdem nicht um, hoch oben auf seinem Einrad.

Auch dieser Enkel hatte sich getäuscht. Nichtsdestotrotz ist eine gewisse Persönlichkeitsdisposition erforderlich, um zum letzten Mittel zu greifen, wenn das eigene Selbstkonzept zerbricht. Deswegen müssen ja nicht noch andere Menschen zerbrechen, theoretisch. Praktisch haben es die Betroffenen in solchen Situationen nicht in der

Hand. Und es denkt niemand, dass es einem selbst passieren könnte, obwohl man nicht selten von solchen Fällen liest, in denen ein Trennungsgespräch eskaliert. Erst danach sind alle klüger, aber wenn man selbst drinsteckt, erkennt man die Warnsignale nicht. Man glaubt nicht, dass das, wovon man hin und wieder liest, einem selbst widerfahren könnte.

Helmut P. hat seine Gerichtsverhandlung nicht mehr erlebt, obwohl er in seiner Zelle rund um die Uhr überwacht wurde.
Er erhängte sich mit seiner Schlafanzughose.

Kinder als Opfer

Wenn Kinder Opfer von Verbrechen, wenn sie gar getötet werden, empört das die Öffentlichkeit mehr als jede andere Kriminalität. Namen wie Natalie Astner oder Natascha Kampusch graben sich in das Gedächtnis der Menschen ein. Ohne das Mitgefühl gering schätzen zu wollen, kann man sich fragen, warum uns vor allem Namen von Mädchen einfallen, wenngleich es auch Jungen gibt, die Opfer von Verbrechen werden. Wer erinnert sich an einen Dennis oder an andere Opfer des Maskenmannes? Hat das etwas mit einem Klischee zu tun? Die Unschuld ist weiblich und ein Kind – das Böse ist männlich und erwachsen?

Betrachtet man die Fakten, so sind Kinder nicht »unschuldig«. Im Alter von achtzehn bis dreißig Monaten sind Kinder am häufigsten aggressiv und verletzen andere. Danach lässt ihre Neigung zum Raufen, Kratzen, Beißen, Hauen, an den Haaren Zerren nach, und zwar dank der Erziehung: der erste Schritt zur Zivilisation. Kinder werden übrigens nicht besonders häufig Opfer von Gewalt. Die Zahl der Kindestötungen durch Fremde liegt in Deutschland seit Jahren bei dreißig bis vierzig Fällen jährlich. Kindestötungen aus sexuellen Motiven oder in Zusammenhang mit einem Sexualdelikt kommen in Deutschland im Mittel drei Mal pro Jahr vor. Dass wir von diesen wenigen Fällen so betroffen sind, liegt daran, dass Kinder in unserer Gesellschaft als besonders schützenswert gelten. Das war nicht immer so und ist auch heute nicht überall »normal«. Die Kindersoldaten in Zentralafrika sind ein trauriges Beispiel dafür. Auch Kinderarbeit, wie sie in vielen Ländern praktiziert wird, entspricht nicht unseren Vorstellungen vom Kinder- und Jugendschutz, erst recht nicht von einem unbeschwerten Aufwachsen. Unsere Einstellung, dass es eines besonderen Schutzes für Kinder bedarf, rührt daher, dass sie sich nur sehr begrenzt gegen die Macht der Erwachsenen wehren können. Erwachsene brauchen gar keine Gewalt auszuüben, um Kindern ihren Willen aufzuzwingen. Kinder sind auf Erwachsene angewiesen und ihnen schlimmstenfalls ausgeliefert. Bei der Darstellung der Entwicklung des Menschen im Kapitel über Täterpersönlichkeiten habe ich aufgezeigt, wie scheinbar zwangsläufig sich die Persönlichkeit in der Kindheit formt und welchen Einflüssen ein Kind ausgesetzt ist. Dies alles kann sich extrem nachteilig auswirken, wenn böse Intentionen und egozentrische Bedürfnisse von Erwachsenen die Schutzlosigkeit der Kinder ausnutzen. Vernachlässigung von Kindern in der Familie, Kinder als Faustpfand im »Rosenkrieg«, Kinder, die im Weg stehen, wenn Eltern ihr eigenes Vergnügen suchen – all das kann zu Spannungen und Übergriffen führen, die das Leben der jungen Menschen dauerhaft verändern. In manchen Familien leben Kinder ausgesprochen gefährlich.

Kindestötungen waren früher häufiger, sodass die Kriminologie eigene Begriffe für unterschiedliche Formen der Tötung und unterschiedliche Motive der Eltern gewählt hat. Die Kriminologie ist die Wissenschaft, die sich mit Verbrechen, ihrer Struktur, Entstehung und Bekämpfung aus juristischer und soziologischer Sicht beschäftigt. Als die Empfängnisverhütung noch relativ unsicher war, wurde die Tötung des gerade geborenen Kindes durch die ledige Mutter – der »Neonatizid« – deutlich milder bestraft als alle anderen Tötungsformen. Der »Infantizid«, die Tötung innerhalb der ersten beiden Lebensjahre, ist die häufigste Form der innerfamiliären Tötungsdelikte. Kleine Kinder werden weitaus häufiger durch einen Elternteil als durch Fremde getötet. Der Infantizid ist das einzige Gewaltdelikt, bei dem sich der Anteil von Frauen und Männern die

Waage hält. Dabei töten Mütter eher jüngere, Väter eher ältere Kinder.

Die Motive für solche Taten sind unterschiedlich. Wenn ein Elternteil sein eigenes Interesse über jenes des Kindes stellt, ist das Kind häufig unerwünscht gewesen. Ich habe den Kreislauf der Missverständnisse, der nicht selten in Gewalt mündet, bereits dargelegt, wenn Kinder, die vernachlässigt sind, Eltern, die ihnen womöglich Absicht und Boshaftigkeit unterstellen, zu weiteren Vernachlässigungen »provozieren«. Kinder, die durch ihr Schreien, unruhigen Schlaf, Probleme beim Essen und Verdauen, kurz den Aufwand, der für ihre Versorgung nötig ist, ihre Eltern stören oder nerven, werden meist in einer Aufwallung von Ärger und Wut geprügelt, geschüttelt, in ihr Bett oder zu Boden, an die Wand geworfen … und wachen dann nicht mehr auf. Rechtsmediziner finden bei der Obduktion oft weitere, zum Teil verheilte Knochenbrüche, die zeigen, welcher Tortur der kleine Mensch in seinem kurzen Leben ausgesetzt war.

Als forensischer Psychiater wird man auch mit Frauen konfrontiert, die in einem letzten Akt der Verzweiflung zuerst ihre Kinder töten und dann sich selbst auslöschen möchten, wozu ihnen aber manchmal die Kraft fehlt.

Ich erinnere mich an eine junge Bäuerin, Mutter von drei Kindern, ein, drei und sieben Jahre alt. Ihr Schwiegervater war bei einem Unfall mit dem Traktor ums Leben gekommen; ihr

Mann sollte den Hof übernehmen. Aber es gab Streit, die Schwiegermutter wollte das Sagen haben. Die Stimmung in der Familie war erdrückend. Tag und Nacht grübelte die Jungbäuerin nach einem Ausweg, versank in Melancholie, war nicht in der Lage, Hilfe in Anspruch zu nehmen, ja, konnte sich auch niemandem anvertrauen. Schließlich war sie nicht mehr fähig, ihre Kinder zu versorgen. Die Schwiegermutter übernahm es und machte ihr Vorwürfe, sie wäre faul. So gewann die Jungbäuerin die Überzeugung, nichts zu taugen und schuld an allem zu sein. Die Schuld wuchs ins Unermessliche, betraf bald nicht mehr nur das Unglück über dem Hof, sondern das der ganzen Welt. Die »nihilistische Depression«, so der Fachbegriff für diesen Zustand, ist die schlimmste Form der Depression. Der Patient lebt in einer Welt, in der nichts mehr einen Wert hat, in der es keine Hoffnung gibt, nirgendwo.

Eines Tages erschien ein Ausweg vor ihrem inneren Auge. Sie musste einfach weg sein, dann wäre es für alle anderen besser. Aber würde sie nicht erneut Schuld auf sich laden, wenn sie ihre Kinder zurückließe? In einer derart schlechten Welt? Sie musste die Kinder retten. Die Bäuerin schnitt ihren drei schlafenden Kindern die Kehlen durch. Dann legte sie sich in die Badewanne und öffnete ihre Pulsadern. Sie wurde gefunden, gerettet und überlebte. Für die Kinder kam jede Hilfe zu spät. Nach diesem erweiterten Suizid, wie er in der Fachsprache genannt wird, wurde ihre Depression in einer Klinik erfolgreich behandelt. Aber die Schuld konnte ihr niemand nehmen.

Die Frage des Gerichtes besteht in solchen Fällen aus zwei Teilen. Erstens: Ist die Täterin für ihre Tat verantwortlich, ist sie schuldfähig? Und zweitens: Wird sie es wieder tun? Die Antwort des Psychiaters lautet, dass sie nicht für die Tat verantwortlich ist und dass sie eine solche Tat so lange nicht wieder begehen wird, wie sie nicht depressiv ist.

Bei der Exploration habe ich ihr natürlich die naheliegende Frage gestellt, warum sie nicht früher zum Arzt gegangen sei. Sie sagte: »Der hätte mir die Schuld auch nicht nehmen können.« Meine Frage »Und zum Pfarrer?« beantwortete sie mit einer Gegenfrage: »Was hätte der mit meiner Schwiegermutter machen sollen?« »Und zu Ihrem Mann?« »Der hatte selber so viele Sorgen, der wäre doch froh gewesen, wenn ich nicht mehr da bin und er ein Problem weniger hat.« Sie war gefangen in ihrer Depression und isolierte sich nicht nur sozial, sondern auch gedanklich, wodurch sie in ihrer eigenen Ohnmacht auch die möglichen Helfer entmachtete.

Die Frau kehrte nie wieder auf den Bauernhof zurück, ihre Ehe wurde geschieden. Sie absolvierte zusätzlich zur medikamentösen Behandlung eine langjährige Psychotherapie und fühlte sich dann in einem Kloster relativ gut aufgehoben. Bei solchen Depressionen muss man davon ausgehen, dass sie bei der Hälfte der behandelten Patienten erneut auftreten. Bleiben die Menschen in Behandlung, verringert sich sowohl die Häufigkeit als auch das Ausmaß der depressiven Phasen. In einem Fall wie diesem muss man allerdings berücksichtigen, dass aufgrund der hohen moralischen Schuld und der wiederkehrenden Selbstvorwürfe eine größere Anfälligkeit für Depressionen besteht.

Viele Paare verkraften den gewaltsamen Verlust eines Kindes nicht gemeinsam. Das liegt auch daran, wie jeder mit dem Verlust umgeht – oft sehr unterschiedlich. Der eine Partner versteht nicht, warum der andere dies oder jenes tut. Trauert er/sie überhaupt »richtig«? Traumabewältigung ist individuell verschieden. Manche Menschen stürzen sich in ihre Arbeit und wollen am liebsten nicht über ihre Trauer reden, andere wollen am liebsten nur darüber reden, wieder andere besuchen Selbsthilfegruppen, manche suchen Unterstützung im Familien- und Freundeskreis, andere sind am liebsten allein. Am schwierigsten ist der Verlust eines Kindes zu bewältigen, wenn der Partner der Täter war. Wenn der vormals geliebte Mensch einem das Liebste nimmt.

In der forensisch-psychiatrischen Terminologie werden der erweiterte Suizid und seine Motive auch als altruistisch bezeichnet. Der Wunsch, zusammen in den Himmel zu kommen, zusammen in einem Grab zu liegen, das Kind nicht zurückzulassen, dem Kind eine befürchtete Krankheit zu ersparen, kommt häufiger bei Frauen als bei Männern vor. Bei Männern findet man hingegen öfter Rache als Motiv. Die Tötung des Kindes soll die Partnerin dort treffen, wo es ihr am meisten wehtun wird, weil sie eine Trennung androht oder Unterhaltsforderungen stellt, die als Kränkungen erlebt werden. In solchen Fällen sind Suizidversuche des Täters nach der Tat nicht ungewöhnlich. Das Motiv ist jedoch ein anderes als beim altruistischen Suizid: Die wirkliche Verzweiflung, die Aussichtslosigkeit der Situation kam erst nach der Tat, sie wurde durch die Tat mitbedingt. Ebenso verschieden wie die Motive sind meist die Reaktionen, wenn der Suizid scheitert. Während bei den altruistischen Motiven die Überlebenden lange mit Schuldgefühlen zu kämpfen haben, erlebt man als Gutachter bei denjenigen, die aus Rache getötet haben, oft Verbitterung und Selbstmitleid – und dementsprechend reagieren die meisten Zuschauer beim Gerichtsverfahren. Mütter und Schuldgefühle finden die Sympathie des Gerichtspublikums, selbstmitleidige oder verbitterte Väter entrüsten. Aber auch hier wird häufig Voreingenommenheit offenkundig: Die altruistische Tötung durch einen Vater ist den meisten Menschen nicht verständlich. Ich habe aber auch Väter erlebt, die ihr Kind töteten, um ihm das Leben mit einer schweren Behinderung zu ersparen oder der Mutter eine lebenslange Sorge abzunehmen. Einige der Täter, die wussten, dass sie damit ein Verbrechen begehen, versuchten gemeinsam mit ihren Kindern aus dem Leben zu scheiden – jedoch erfolglos. Gelegentlich denke ich in solchen Fällen an die Rechtsprechung der Römer, die dem Grundsatz folgte: »Wen die Götter genug bestraft haben, den braucht der Mensch nicht mehr bestrafen.«

Sexualdelikte an Kindern

Verbrechen an Kindern werden weitaus häufiger im innerfamiliären Bereich begangen als durch Fremde. Das gilt – wenngleich nicht im gleichen Ausmaß wie bei Tötungsdelikten und Körperverletzungen – auch für Sexualdelikte. Inzestuöse Handlungen, d. h. Sexualität unter Blutsverwandten – und im erweiterten Sinne unter Stiefgeschwistern und anderen Mitgliedern in Patchworkfamilien oder sexuelle Übergriffe durch vorübergehende Partner der Mutter – sind häufiger als Attacken durch einen Fremden. Eine Ausnahme davon ist der Übergriff auf minderjährige Knaben, aber auch sie werden öfter durch Täter im nahen Umfeld, durch ältere Kameraden, durch »kinderfreundliche« Betreuer, durch Menschen, denen sie und möglicherweise ihre Eltern vertraut haben, Opfer sexueller Übergriffe. Der Missbrauch durch Mitarbeiter der Kirchen wurde in jüngster Vergangenheit auch mit Hilfe von forensischen Psychiatern aufgearbeitet und wird es derzeit immer noch. Gerade bei diesen Taten ist das Macht-Ohnmacht-Verhältnis zwischen Täter und Opfer besonders deutlich. Es bedarf für den Täter keiner physischen Gewalt – die Institution und ihre Vertreter sind übermächtig, die Knaben hilflos. Man bezeichnet es als strukturelle Gewalt, wenn nicht die körperliche Überlegenheit, sondern die Struktur der Beziehungen den einen als mächtig und durchsetzungsfähig und den anderen als schwach und hilfsbedürftig kennzeichnen, wie bei Eltern und Kindern, bei Lehrern und Schülern, bei

Vorgesetzten und Mitarbeitern. Ein gewisses Maß an struktureller Gewalt wird sich nicht vermeiden lassen, weil Erwachsene immer mächtiger, Schulordnungen immer von Lehrern durchgesetzt und staatliche Autoritäten ohne ihre Respektierung nicht funktionsfähig wären. Es geht um das rechte Maß – und das zu finden ist schwierig, zumal sich unsere Einstellung zur Erziehung von Kindern im Lauf der Zeit verändert hat und weiter verändert und damit auch das situative und strukturelle Machtgefüge.

Viktimologie – Nicht jedes Opfer bleibt ein Opfer

Das Spezialgebiet, das sich wissenschaftlich mit Verbrechensopfern auseinandersetzt, heißt Viktimologie und ist Teilgebiet der Kriminologie. Das Fach hat einen großen Überlappungsbereich mit der forensischen Psychiatrie, die ein medizinisches Teilgebiet ist, und der Rechtspsychologie, die zu den Geisteswissenschaften gehört. Die Viktimologie geht den Fragen nach, welche Faktoren dazu führen, dass bestimmte Menschen zu Opfern werden, welche Auswirkungen Verbrechen auf die davon Betroffenen und deren Umfeld haben, wie in einem Gerichtsverfahren am besten mit Geschädigten umgegangen wird, von welcher Therapie und welcher sozialen Unterstützung Opfer am meisten profitieren. Eine besondere Erkenntnis der Viktimologie war das sogenannte »Stockholm-Syndrom«, als 1973 nach einer dramatischen Geiselnahme in einer Bank in Stockholm festgestellt wurde, wie sich die psychische Verfassung der Geiseln während der fünftägigen Gefangennahme veränderte. Sie äußerten nicht mehr Wut oder Hass auf die Geiselnehmer, sondern Verständnis und sogar eine gewisse Sympathie. Das Phänomen wird darauf zurückgeführt, dass die Täter, die anfangs so erschreckend bedrohlich erschienen und große Angst auslösten, auch freundliche Gesten zeigten, dass man gemeinsam einen gewaltsamen Befreiungsversuch der Polizei befürchtete und sich in gewisser Weise menschlich näherkam.

Das erwachende Interesse an der Viktimologie in den letzten fünfundzwanzig Jahren zeigt, dass sich Wissenschaft und Gesellschaft mehr mit dem besonderen Schicksal von Verbrechensopfern befassen, wenngleich nicht mit der Begeisterung, mit der man sich auf Serientäter stürzt, sondern eher zögerlich. Kriminalromane und Krimiserien widmen sich lieber den Tätern als den Opfern. Ein Romanheld ist ein Handelnder und kein Leidender. Der Handelnde zieht die Aufmerksamkeit auf sich, und so steht in den Medien der Täter im Mittelpunkt und nur selten und kurzfristig das Opfer.

Ich habe schon manche Diskussion mit aufgebrachten Menschen geführt, die der Meinung waren, wir forensischen Psychiater würden uns zu sehr mit den Tätern befassen – die Opfer blieben auf der Strecke. Nun, ich habe mich im Laufe der Jahre natürlich auch mit den Opfern beschäftigt, doch es ist nun mal so: ohne Täter keine Opfer.

Insofern ist die Beschäftigung mit den Tätern auch eine Art von Opferschutz. Bildlich gesprochen packt sie das Übel an der Wurzel.

Als ich meine Tätigkeit als Professor in München begann, wollte ich mich insbesondere den Opfern von Vergewaltigungen widmen. Sie wurden zum damaligen Zeitpunkt, 1992, noch ziemlich alleingelassen. Seinerzeit gab es viele Gesetze zum Opferschutz noch nicht und deutlich weniger Institutionen, die sich für Opfer einsetzen und sich um sie kümmern. Der Weiße Ring, einer der ersten Opferschutzvereine, war erst vierzehn Jahre zuvor gegründet worden und hatte noch bei Weitem nicht die Bedeutung wie heute. Durch die Beschäftigung mit den Opfern wollte ich vermeiden, unserem Team eine allzu einseitige Sichtweise auf die Täter zu vermitteln. Wenn man Täter verstehen muss, verliert man möglicherweise das Leid aus den Augen, das sie verursachen. Durch den Umgang mit den Geschädigten wird man aber immer wieder daran erinnert. Das konkrete Ziel meiner Arbeit war, herauszufinden, wie Frauen sich verhalten müssten, um in einer kritischen Situation die Tat abzuwenden. Fachlich, medizinisch und kriminologisch nennt man das sekundäre Prävention. Sie soll dazu beitragen, den Schaden möglichst gering zu halten, wenn man schon in eine risikoträchtige Situation geraten ist. Primäre Prävention würde bedeuten, dass man die risikoträchtige Situation im Vorfeld vermeidet – und das ist die beste Strategie. Also gar nicht erst dorthin gehen, wo man Gefahr läuft, überfallen zu werden – man muss ja nicht nachts allein durchs Hafenviertel spazieren.

In meiner Arbeit wollte ich neben der sekundären Prävention auch die tertiäre Prävention verbessern, was bedeutet, die Langzeitschäden nach Vergewaltigung möglichst gering zu halten durch eine frühzeitige Therapie der Geschädigten, durch Aufklärung und gegebenenfalls durch medikamentöse Hilfen, z. B. die Pille danach, um den Frauen wenigstens die Angst vor einer Schwangerschaft zu nehmen. Diese Arbeit ist leider gescheitert beziehungsweise gar nicht zustande gekommen. Wir konnten keine Lösung für die sekundäre Prävention finden, weil die über fünfzig Vergewaltiger, die wir fragten, was ihr Opfer hätte tun müssen, damit der Täter von ihm ablässt, so verschiedenartige Antworten gaben, dass Verhaltensvorschläge für Frauen nicht ableitbar waren. Der einzige Ratschlag, der übrigblieb, war die primäre Prävention – halte dich dort auf, wo du voraussichtlich sicher bist.

Viele Menschen wissen jedoch gar nicht, wo die sicheren Orte sind. Sie glauben, was sie in Fernsehkrimis sehen. Geschehen die meisten Überfälle auf Frauen nicht nachts in Tiefgaragen, U- und S-Bahnhöfen und in Parks? Nein, das ist nur im Fernsehen so – und deshalb sind diese Orte in schlechten Ruf geraten, sie werden zu persönlichen Angsträumen. In der Regel bieten Parks und Tiefgaragen Tätern zu wenig Publikumsverkehr. Da wartet man lange, bis mal jemand kommt.

Opfer haben genau so viele Facetten wie Täter, und es ist gar nicht so leicht zu erklären, warum der eine Mensch ein Verbrechen nahezu unbeschadet wegzustecken scheint und der andere an einem vergleichbaren Ereignis fast zerbricht. Ähnliches erleben wir nach Katastrophen wie Flugzeug- oder Bahnunglücken. Nur ein kleiner Teil der Betroffenen leidet dauerhaft unter den Erlebnissen, der größere Teil bewältigt die Belastungen innerhalb von Monaten. Woran das liegt, habe ich im Kapitel Schutzfaktoren (Seiten 54–55) unter dem Begriff Resilienz erklärt. Menschen, die über diesen natürlichen Schutz verfügen, kommen besser mit Schicksalsschlägen zurecht oder betrachten sie zuweilen sogar als Herausforderungen, Abenteuer. Letzteres habe ich allerdings erst einmal von einem Verbrechensopfer gehört. Ich weiß nicht, ob sich die Frau, die in Afrika in ihrem Haus von einer Gruppe Jugendlicher überfallen wurde, damit nicht vielleicht selber Mut machen wollte. Ich habe sie untersucht, weil sie als Botschaftsangehörige ihre Entschädigungsansprüche abklären wollte. Sie freute sich auf ihren nächsten Einsatz in Afrika.

Gibt es einen Opfertyp?

Für den forensischen Psychiater sind von den Erkenntnissen der Viktimologie besonders die Erkenntnisse zur Viktimisierung von Bedeutung, nämlich die Frage der Opferwerdung. Es gibt eine primäre Viktimisierung, die sich unmittelbar auf das Verbrechen bezieht und auf die Rolle, die das Opfer dabei spielt und erleidet. Des Weiteren eine sekundäre Viktimisierung, die von den Fehlreaktionen der Umwelt auf das Opfer ausgeht, z. B. dadurch, dass eine Geschädigte sich im Gerichtsverfahren noch einmal mit dem Täter und unangenehmen Fragen seines Anwalts konfrontiert sieht. Aber auch dadurch, dass Vergewaltigungsopfer in bestimmten Kulturen – und früher auch in Deutschland – geächtet und sogar gesteinigt werden. In meinen frühen Jahren in der Psychiatrie hat mir eine Münchnerin erzählt, dass Sätze wie »Ob die noch einmal einen Mann findet« sie am schlimmsten getroffen hätten. Wie bedeutsam die Angst vor der sekundären Viktimisierung ist, lässt sich dem Vergleich von Anzeigeverhalten und anonymen Befragungen bei Frauen und Mädchen und auch bei männlichen Kindern entnehmen. In verschiedenen Befragungen geben sechs bis neun Prozent der Frauen und zwei bis drei Prozent der Männer an, sexuellen Missbrauch mit Körperkontakt, sogenannte Hands-on-Delikte, erlebt zu haben. Bei weiblichen Strafgefangenen lag der Anteil über vierzig Prozent. Das ist weit höher, als es den von der Polizei aufgenommenen Strafanzeigen entspricht. Die Zahlen sind nicht ganz einfach zu vergleichen, weil sich die polizeiliche Anzeigenstatistik immer auf ein Jahr bezieht, bei Dunkelfelduntersuchungen in der Regel jedoch die Frage gestellt wird: Haben Sie schon einmal in Ihrem Leben …? Die hohe Dunkelfeldziffer ergibt sich ebenfalls aus Untersuchungen in den USA, wo jährlich eine Viktimisierungsanalyse durchgeführt wird mit der Frage, was Personen im vergangenen Jahr erlebt haben. Die Zahlen mahnen uns, die Ängste vor sekundärer Viktimisierung abzubauen, da eine Anzeige und die Festnahme eines Täters die Gefahr bannt, dass dieser in seinem kriminellen Verhalten bestärkt und rückfällig wird. Damit wäre ein wichtiger Schritt zum Schutz weiterer potenzieller Opfer gegangen und wichtige Präventionsarbeit geleistet.

Unter tertiärer Viktimisierung versteht man, wenn Geschädigte dauerhaft in ihrer Opferrolle verharren. Eine solche Entwicklung ist gar nicht so selten. Wir alle wissen, dass Menschen, die schon einmal von einem Hund gebissen wurden, sich in der Regel anders verhalten und ängstlicher auf die Tiere zugehen oder ihnen auszuweichen trachten. Manchmal scheint es zwecklos, der Hund interessiert sich am meisten für den Ängstlichen, den will er beschnuppern, was den Ängstlichen noch ängstlicher macht, was den Hund misstrauisch macht, mit dem stimmt was nicht, er knurrt – und alles ist so, wie es der Ängstliche erwartet. Derselbe Hund läuft schwanzwedelnd auf einen Hundefreund zu und käme gar nicht auf die Idee zu knurren.

Vergleichbar ist das mit manchen Verbrechensopfern. Ich kenne Straftäter, die mir verraten haben, dass sie ein potenzielles Opfer schon erspähen, bevor ich überhaupt wahrnehmen würde, dass sich dort ein Mensch bewegt. Es ist, als hätten sie einen Instinkt entwickelt, der sie zu potenziellen Opfern führt. In der Straftätertherapie dienen solche Erkenntnisse dazu, um mit dem Täter zu trainieren, diese Frühsignale zu nutzen, das Feld zu räumen, bevor es gefährlich werden könnte. Letztlich für beide. Das potenzielle Opfer und den Täter – denn die Tat wird auch sein Leben verändern, und er muss davon ausgehen, von der Polizei gefasst zu werden.

Aber welchen Typ Mensch wählen solche Täter nun instinktiv aus? In der Regel steigert Unsicherheit die Gefahr, zum Opfer zu werden. Wenn der Volksmund die junge Frau mit High Heels und Minirock als Opfer bezeichnet, täuscht er sich. Geht sie erhobenen Kopfes selbstbewusst mit knallenden Absätzen quer über den Bahnhof, wird sie die meisten Täter eher einschüchtern und abschrecken, die es auf die verhuschten, unsicher Schleichenden in unauffälligen Klamotten abgesehen haben. Selbstsicherung und eine Haltung, die das ausstrahlt, wird auch von Selbstbewusstseinstrainings gefördert. Es geht darum, die Tat dort zu verhindern, wo der Täter sein Opfer trifft. Ist die Tat aber bereits geschehen, geht es in der Opferberatung heute darum, Selbstbewusstsein und Zuversicht zu vermitteln, sodass sich die Betroffenen wieder als »Herrin und Herr im eigenen Haus«, als »Ich im eigenen Körper« fühlen und das ausstrahlen. Ein weit verbreitetes Konzept hat sich den Slogan gegeben »Es ist nicht deine Schuld«[*], weil sich vie-

---
[*] Jelinski, Juliane (2012): Es war nicht deine Schuld. Eine empirische Studie zur Bedeutung des Schuldgefühls bei weiblichen Opfern sexuellen Missbrauchs in der Familie. Gießen, Psychosozial-Verlag.

le der Geschädigten immer wieder mit Fragen quälen wie »Was habe ich falsch gemacht?« und damit sich selbst die Schuld geben. Dies zu vermeiden gehört zu den wichtigen Aspekten der Beratung und Behandlung. Davon abgesehen kann man auch ganz banal zur falschen Zeit am falschen Ort gewesen sein.

Ohnmacht-Macht-Umkehr

Eine ganz andere Reaktion findet sich bei Opfern, die ihre eigene Ohnmacht dadurch wettmachen wollen, dass sie in die Rolle des Täters schlüpfen. Am häufigsten findet man das bei Knaben oder männlichen Jugendlichen, die körperlich oder sexuell missbraucht wurden und später in den Boxverein eintraten, um sich wehren zu können – oder anzugreifen. Aber auch Außenseiter, die sich ohnmächtig fühlen und sich als Ausgleich in die Rolle des Mächtigen träumen, neigen manchmal dazu, ihre Fantasien in Taten umzusetzen und andere zu dominieren, zu quälen und zu verletzen, um das Gefühl eigener Macht erleben zu können. Ein weiteres Beispiel sind jene Knaben, die von älteren Jugendlichen oder Erwachsenen sexuell missbraucht wurden, sich später als Stricher verkauften und schließlich selbst an Knaben vergingen.

Ich hatte John M. mehrfach begutachtet, das erste Mal, als er sechzehn Jahre alt war. Er hatte im Alter von fünfzehn Jahren einen sieben- und einen neunjährigen Jungen von einer Schulveranstaltung nach Hause begleitet, dort den Älteren weggeschickt und den Jüngeren in den Keller des Wohnblocks geführt. Er hatte ihm Hose und Unterhose heruntergezogen, sein Glied in den Mund genommen, einen Finger in dessen After eingeführt, den Buben gezwungen, diesen Finger abzulecken und das Glied des Täters zu streicheln. John hatte dem Jungen Zungenküsse gegeben, bevor er schließlich von Lärm gestört wurde und den Buben laufen ließ. Er wurde als Jugendlicher wegen sexuellen Kindesmissbrauchs zur Unterbringung im psychiatrischen Krankenhaus abgeurteilt.

John stammte aus sozial randständigem Milieu. Er war das vierte von sieben Kindern, die seine Mutter mit fünf verschiedenen Männern hatte. Sein Vater hatte die Familie verlassen, als John zwei Jahre alt war. Mit drei Jahren kam John ins Heim, daran erinnerte er sich nur vage. Mit sechs Jahren kehrte er zur Mutter zurück, die aber alsbald überfordert war, sodass er wieder in ein Heim kam. Dort wurden Sprachschwierigkeiten festgestellt. John konnte erst mit acht Jahren eingeschult werden und musste die dritte Klasse wiederholen. Er war ein ängstlicher Außenseiter, der schnell zum Prügelknaben im Heim und in der Klasse wurde. Mit zehn Jahren wurde er zu sexuellen Doktorspielen gezwungen. Er erinnerte sich bei der Begutachtung lebhaft, wie ein Sechzehnjähriger ihn wiederholt zwang, dessen »stinkendes Glied« in den Mund zu nehmen. John geriet in eine Clique, die Ladeneinbrüche verübte, wurde deshalb aus dem Heim entlassen und kehrte zur Mutter zurück. Mit zwölf Jahren erfuhr er von einem Älteren, den er noch aus dem Heim kannte, dass man auf dem Straßenstrich gut Geld verdienen könne. Seine Sexualität war damals noch weitgehend ungerichtet. Er war mehr am eigenen Körper interessiert als an anderen und hatte auch bei Selbstbefriedigung keine speziellen Fantasien. Einen Samenerguss hatte er noch nicht erlebt, Kontakt zu Mädchen waren nur oberflächlich und flüchtig. Im Alter von zwölf bis fünfzehn Jahren verdiente er sein Geld mit Freiern, die ihn manchmal väterlich fürsorglich, manchmal sadistisch und erniedrigend behandelten. Sex war für ihn zur Ware geworden, die er teils genoss, teils vor Ekel nur mit geschlossenen Augen und zusammengebissenen Zähnen ertragen konnte.

Mit sechzehn Jahren bei der Begutachtung wusste er nicht, ob er hetero- oder homosexuell oder pädophil war. Sein Leben in der psychiatrischen Klinik war schwierig, seine Jugendlichkeit machte ihn attraktiv für pädophile Mitpatienten. Es gelang ihm zwar nicht, seine Liebesdienste zu verkaufen, aber er stellte sich für Fotos zur Verfügung.

Als ich ihn nach zehn Jahren erneut begutachtete, um zu prüfen, ob er ohne Risiko für andere endgültig aus der psychiatrischen Klinik entlassen werden konnte, hatte sich vieles gewendet. John hatte die Schule und eine Lehre beendet, eine Freundschaft zu einem homosexuellen Mitpatienten begonnen und konnte über seine Sexualität reflektieren. Er wusste, dass sie für ihn ein Machtmittel geworden war, das einzige, was er damals hatte. Er konnte berichten, wie schwer es ihm selbst in der Klinik gefallen war, auf dieses Machtmittel zu verzichten, er konnte erzählen, wie demütigen und gedemütigt werden oder sich demütigen lassen zu diesem Machtspiel gehörte und wie er sich seit der Tat mit sechzehn Jahren und im Krankenhaus unter den Mitpatienten zum ersten Mal als derjenige gefühlt hatte, der den Ton dabei angab.

John war jahrelang ein Opfer sexueller Übergriffe, beginnend im Heim, dann auf der Straße. Er hat diese Opferrolle erst widerwillig akzeptiert und dann ganz allmählich darin Vorteile erkannt. Er hat noch aus der Opferrolle heraus angefangen, die Täter (erwachsene Freier) zu manipulieren und zunehmend Macht dabei empfunden. Und schließlich hat er selbst missbraucht und damit die Ohnmacht-Macht-Umkehr gänzlich vollzogen. Nach seiner Verhaftung und Unterbringung im Maßregelvollzug war er zunächst wieder das Opfer und hat dann das Ohnmacht-Macht-Spiel fortgesetzt. Da er es selbst analysieren konnte, gelang es ihm, seine Analyse zur Manipulation einzusetzen, und so fühlte er sich anderen gegenüber zum ersten Mal wirklich überlegen: Er verlockte die anderen, ihn zu demütigen, und war durch sein Gewähren oder Versagen derjenige, der entschied, der bestimmte und der seinen Liebeslohn fordern konnte.

Über die Hälfte aller Kindesmissbraucher haben selber einen sexuellen Missbrauch erlebt. Ohnmacht-Macht-Umkehr oder Opfer-Täter-Umkehr ist ein Aspekt unter vielen, die Verbrechen verständlich machen. Und es ist ein Aspekt, dem, sofern er rechtzeitig erkannt wird, entgegengewirkt werden kann. Es ist aber weder der einzige Ausweg aus der Opferrolle noch der wichtigste.

Posttraumatische Belastungsstörung

Ein Kapitel über Opfer wäre unvollständig ohne die schwerwiegendsten Folgen einer Traumatisierung: posttraumatische Belastungsstörungen und Persönlichkeitsveränderungen nach Extrembelastungen. Ich hatte dabei eine Wahrnehmung, die durch meine Erfahrungen etwas verzerrt war, da ich noch Menschen untersucht habe, die das KZ überlebten oder mit ansehen mussten, wie ihre Kinder nach Bombenangriffen verbrannten. Früher habe ich deren Lebensbewältigung verglichen mit dem, was mir Menschen erzählten, die durch Verbrechen oder Unfälle traumatisiert waren. Ich habe wohl beiden unrecht getan. Ersteren, weil ich ihren Lebensmut und ihre Lebenskraft nicht ausreichend gewürdigt habe, und Letzteren, weil ich den falschen Maßstab angewandt habe. Der Maßstab ändert sich, wie mir immer mehr bewusst wurde, und wir können froh sein, dass wir heute als schlimm empfinden, worüber unsere Vorfahren achselzuckend hinweggegangen sind. Dies hat auch zur Folge, dass wir von Ereignissen heute sehr belastet sein können, die früher nahezu alltäglich waren, z. B. früher Tod eines Angehörigen, Stigmatisierung wegen einer Behinderung u. ä. Und es zeigt, woher Kommunikationsprobleme zwischen alten und jungen Menschen rühren können. Reiß dich zusammen, mag der ältere Mensch denken. Du bist gefühllos, mag der Jüngere urteilen.

Die Diagnose »Posttraumatische Belastungsstörung« wurde erst Anfang der 1980er-Jahre als besondere Krankheitseinheit anerkannt, weil man den langfristigen psychischen Leiden der amerikanischen Soldaten des Vietnamkrieges auch sozialrechtlich gerecht werden wollte. Sie hatten nicht nur Gliedmaßen verloren, sondern auch Schreckliches erlebt, worüber man früher nicht sprach, wenn man vom Krieg zurückkehrte. Aber der hinterließ Eindrücke, die bei vielen Menschen die Psyche verändern: Man kann nicht mehr richtig schlafen, hat Albträume, ist schreckhaft, fühlt sich bedroht, leidet unter Angst, Herzklopfen und Schweißausbrüchen und bekommt die schrecklichen Bilder, die man ansehen, den Lärm, den man anhören, den Gestank, den man riechen musste, und die eigene Hilflosigkeit nicht aus dem Kopf. Vergleichbares habe ich auch von deutschen Soldaten gehört, die Attentate in Afghanistan erlebten, und von Menschen, die Zugkatastrophen überlebten, und von Verbrechensopfern, die als Geiseln einem Martyrium und ständiger Todesangst ausgesetzt waren.

Der Umgang mit Opfern von Verbrechen verlangt besondere Behutsamkeit. Opfer geworden zu sein heißt, einem Trauma ausgeliefert gewesen zu sein, bei dem man das Geschehen nicht mehr kontrollieren konnte und fremden Einflüssen, Eingriffen und Strukturen ohne eigene Kontrolle und ohnmächtig ausgeliefert war. Man hat Sicherheit und Selbstbestimmung verloren und Angst, Panik, Hilflosigkeit und Isolation erlebt. Diese Erfahrungen bleiben im Gedächtnis verankert, zusammen mit den Wahrnehmungen, denen man ebenfalls nicht ausweichen konnte. Beides kehrt in spezifischen Auslösesituationen, sogenannten Triggern, wieder, und die Emotionen lassen sich kaum von den Erinnerungen trennen. Der Umgang mit dieser Situation und die Folgen sind bei verschiedenen Menschen unterschiedlich, sie hängen unter anderem ab vom objektiven Ausmaß der Gewalt, von der Intensität der subjektiv empfundenen Bedrohung, von der Dauer der Traumatisierung sowie von Wiederholungen eines Traumas. Aber darüber hinaus von der Empfindlichkeit und Verletzlichkeit des Geschädigten, die bei Persönlichkeiten mit einem negativen Selbstbild, bei zwanghaften oder selbstunsicheren Menschen höher ist als bei in sich ruhenden, selbstbewussten. Letztendlich haben auch die Reaktionen der Umwelt einen maßgeblichen Einfluss: Sie können zu einer sekundären Viktimisierung führen. Hilflose, stigmatisierende Versuche der Ermunterung oder Rückzug von Bezugspersonen tragen ebenso zur Chronifizierung des Leidens bei wie lange Gerichtsverfahren, in welchen die Betroffenen sowohl zu ihren Erlebnissen wie auch zu ihren Störungen befragt und ihre Aussagen oft bezweifelt werden.

Als Gutachter, der häufig im Gerichtssaal sitzt und dabei nicht nur den Angeklagten, sondern auch das Gericht und die Geschädigten im Auge hat, überlegt man sich hin und wieder, was in deren Köpfen wohl vorgehen mag. Oft haben wir auf der Gutachterbank, auf der man in der Regel nicht allein, sondern mit anderen Sachverständigen, z. B. dem Rechtsmediziner, dem Spurenanalytiker und dem Psychologen sitzt, gefragt, warum bestimmte Geschädigte oder Eltern von getöteten Kindern sich die tagelange Belastung einer aufwühlenden Gerichtsverhandlung antun. Manchmal habe ich diese Menschen nach der Verhandlung gefragt und sehr unterschiedliche Antworten erhalten. Sie reichten von »Ich will endlich verstehen, was geschehen ist und warum er das gemacht hat« über »Ich bin es meiner Tochter (der Getöteten) schuldig« oder »Ich will dazu beitragen, dass er die gerechte Strafe kriegt« bis hin zu »Er soll mir in die Augen schauen müssen«. Gelegentlich erfahre ich, in welcher Rolle die Geschädigten den psychiatrischen Sachverständigen sehen. Manche sind verärgert, dass ich so neutral und zuweilen fast verständnisvoll über den Täter rede, am häufigsten aber höre ich, dass das Gutachten ihnen ermöglicht hat, mehr als bisher zu verstehen, was zwischen dem Täter und seinem Opfer oder ihnen als Opfer vorgefallen ist. Manche sind enttäuscht, dass ein Täter durch das Gutachten der vermeintlich »gerechten Strafe« entgangen ist und Schuldminderung geltend gemacht wurde, und wieder andere sind erleichtert, dass sie das Zufallsopfer eines Gestörten geworden sind. »So als ob das Schicksal zugeschlagen hätte«, sagte mir ein Mann, der von einem Schizophrenen schwer verletzt wurde. Wenn Geschädigte verstehen, dass der Angeklagte schwer krank ist, fällt es ihnen manchmal leichter, ihr eigenes Schicksal zu akzeptieren, und Vergeltungswünsche brauchen nicht mehr befriedet werden. Als Menschen wollen wir verstehen, auch eine Tat. Eine psychische Erkrankung des Opfers stellt in gewisser Weise eine Antwort dar.

Dem Gericht geht es aber nicht nur darum, den Geschädigten eine Antwort auf deren brennende Fragen nach dem »Warum?« und »Warum ich?« zu geben oder die Vergeltungswünsche des Opfers oder der Zuschauer zu befriedigen; es geht ihm in erster Linie um den Rechtsfrieden.

Dafür muss ein ausgewogener Ausgleich geschaffen werden, nicht nur für die Geschädigten oder den Täter, sondern für die Gesellschaft insgesamt, weil sonst das Gewaltmonopol des Staates in Frage gestellt würde. Wie wichtig der Rechtsfrieden in der Gerichtsbarkeit ist, hat der Bundesgerichtshof BGH immer wieder deutlich gemacht. Hinter dem Streben nach ihm müssen oft andere Aspekte, auch die psychiatrischen, zurückstehen.

Der Rechtsfrieden

Im Fall der tagelangen Quälerei des Mädchens Karolina hat der BGH die Bedeutung des Rechtsfriedens für die Gerichtsbarkeit sehr deutlich gemacht.

Die dreijährige Karolina war die Tochter einer Bardame, die nebenher als Prostituierte arbeitete. Sie hatte sich mit Mehmet zusammengetan, einem stadtbekannten Schläger, der wegen seiner Gewalttaten, seines unkontrollierten Wesens und seines Drogenkonsums schon mehrfach zwangsweise in psychiatrische Kliniken eingewiesen wurde. Beide lebten bei einem Alkoholiker, den Mehmet von seinen Klinikaufenthalten her kannte. In dessen Haus tranken die beiden Männer, und Mehmet verlangte mehrmals am Tag Sex von Karolines Mutter. Das Kind störte ihn beim Sex, beim Trinken und wenn er seinen Rausch ausschlafen wollte. Er verlangte, dass Karolina ruhig sein oder ins Bett gebracht werden sollte. Als das nicht klappte, ohrfeigte er das Mädchen, und als es dann noch lauter schrie, prügelte er es mit einem Gürtel. Er duschte es kalt und brühend heiß, rasierte dem Mädchen den Kopf kahl und stellte es in der unbeheizten Speisekammer ab, in der es im Winter nahe null Grad kalt war. Dort musste das Kind auf einem Bein stehen, während er sich mit der Mutter im Bett vergnügte. Als Karolina weiter störte, schmolz er Plastikampullen mit einer Feuerzeugflamme und setzte die heißflüssigen Öffnungen auf die Haut des Mädchens. Karolines Mutter griff nicht ein, aus Angst, ihren Liebhaber zu verlieren.

In den Medien wurde dieser Fall weit verbreitet, als das bewusstlose Mädchen in der Toilette des Krankenhauses Weißenhorn gefunden wurde, wo die Mutter es zurückgelassen hatte, bevor sie und Mehmet nach Italien flohen, um von Bari in die Türkei überzusetzen. Doch dann stellte sie sich in Italien der Polizei. Die dreijährige schwerstverletzte Karolina starb nach zwei Tagen im Krankenhaus.

Mehmet war in seinem Leben bereits über zwanzig Mal in die Psychiatrie eingewiesen worden, weil andere, auch seine Eltern, vor seinen unberechenbaren Gewaltausbrüchen Angst hatten. Er litt unter einer schweren Borderline-Störung – eine Persönlichkeitsstörung, bei der Gefühle und Impulse nicht kontrolliert werden können. Die Betroffenen sind launenhaft, oft aggressiv und bedrohlich, sie sind sich bezüglich ihrer eigenen Wünsche und Ziele, ihrer sexuellen Präferenzen, ihrer partnerschaftlichen Vorstellungen und ihrer Werte und Ideale nicht im Klaren und wechseln diese häufig. Sie berücksichtigen die Konsequenzen ihres eigenen Handelns nicht und haben keine Vorstellung über ihr Selbstbild. Wut, Aggression, Gewalt, Selbstverletzungen und Suizidversuche werden von solchen Menschen ebenso impulsiv ausgeführt wie Annäherung und Idealisierung eines anderen. Sie leben fast immer in irgendeiner Krise. Dieses Verhalten hatte Mehmet für seine Umwelt bedrohlich gemacht und zu vielen körperlichen Auseinandersetzungen geführt.

Sein Drogenkonsum steigerte seine Unberechenbarkeit. Beide Störungen hatten sich auf sein Verhalten bei den zum Tode führenden Misshandlungen von Karolina ausgewirkt, sodass er sich aus meiner psychiatrischen Sicht nicht wie ein gesunder Mensch steuern konnte. Entsprechend wurde er vom Gericht nicht wegen Mordes zu lebenslanger Freiheitsstrafe verurteilt, sondern wegen Körperverletzung mit Todesfolge zu einer zehnjährigen Freiheitsstrafe und zur unbefristeten Unterbringung in der Psychiatrie. Dieses Urteil hob der Bundesgerichtshof mit folgender Begründung auf:

Weil das Gericht eine verminderte Schuldfähigkeit wegen erheblicher Beeinträchtigung der Steuerungsfähigkeit angenommen hatte, »hat die Kammer jedoch verkannt, dass die Frage, ob die Steuerungsfähigkeit erheblich beeinträchtigt ist, eine Rechtsfrage ist. Diese hat der Tatrichter« – also der Richter, der den Täter wegen eines Verbrechens in erster Instanz verurteilt, im Gegensatz zum Berufungs- oder Revisionsrichter, der auf Antrag des Verurteilten oder der Staatsanwaltschaft das Urteil des Tatrichters überprüft – »ohne Bindung an Äußerungen von Sachverständigen in eigener Verantwortung zu beantworten. Entscheidend sind die Anforderungen, welche die Rechtsordnung an jedermann stellt, und sie sind umso höher, je schwerwiegender ein Delikt ist.« Das Gericht, das über Mehmet erneut verhandelte, verurteilte ihn zu einer lebenslangen Freiheitsstrafe, ohne eine Minderung der Schuldfähigkeit anzunehmen. Daraus ist abzuleiten, dass der Rechtsfrieden durch ein besonders brutales Delikt mehr gestört ist als durch ein weniger schwerwiegendes und dass das

Gericht dann auch die Messlatte für die Annahme einer verminderten Schuldfähigkeit höher legen muss, weil sonst der Rechtsfrieden gestört wäre. Mit einer solchen Feststellung zeigt der Bundesgerichtshof auch dem Sachverständigen seine Grenzen. Er ist eben nicht der Richter in Weiß, sondern ein Beweismittel für das Gericht, wenngleich ein lebendiges.

Die Realität und ihre Rekonstruktion

Waren Sie schon einmal Zuhörer bei einer Gerichtsverhandlung? Vielleicht ist es Ihnen dann so ergangen wie mir manchmal in meinen Anfangsjahren als psychiatrischer Sachverständiger:

Die Gerichtsverhandlung findet neun Monate nach der Tat statt, das ist ein üblicher Zeitrahmen. Vielleicht kennen Sie den Fall aus der Zeitung. Etwas wie: Brutaler Boxer schlägt Rentner k. o. Sie erwarten einen aufgepumpten Bodybuilder, dem die Brutalität aus der großporigen Gesichtshaut dünstet. Stattdessen sitzt ein eher schmächtiger, etwas trotzig wirkender Endzwanziger auf der Anklagebank, der mehr stammelt denn erzählt, dass er von dem Rentner geschubst worden sei und zurückgeschubst habe, weil er es nicht vertrage, von anderen angefasst zu werden. Der Rentner wird als Zeuge befragt und berichtet, dass der junge Mann, den er eigentlich für einen Jugendlichen hielt, weil er in Rockerkluft unterwegs gewesen sei, am S-Bahnhof betrunken Leute angepöbelt habe. Deshalb habe er ihn zurechtgewiesen. Das sei ja wohl seine Bürgerpflicht: »Wenn die Eltern diese jungen Burschen schon nicht erziehen können.«

Im Anschluss seien Schimpfworte gefallen. Aber so etwas lasse er sich nicht gefallen, schon gar nicht, wenn er

225

die Wahrheit sage. Auf die Frage des Verteidigers, wer denn Schimpfworte benutzt habe, meinte der Rentner, er habe lediglich und höchstenfalls die Worte »unerzogen« und »frech« gesagt, der Angeklagte habe ihn hingegen als »alter Depp« bezeichnet und Fäkalausdrücke verwendet. Er habe den Angeklagten nicht geschubst, er sei lediglich auf ihn zugegangen, weil man sich nicht einschüchtern lassen dürfe. Die Partnerin des Rentners kann sich an keine Details erinnern. Sie war »zu erschrocken von der Brutalität« des jungen Mannes und hatte »solche Angst« um ihren Lebenspartner. Ein Zeuge vom Bahnsteig gibt an, dass es gar nicht so schlimm gewesen sei. Der Rentner habe aber die Mutter des Täters beleidigt, er habe gesagt, dass dessen Mutter wohl zu blöd gewesen sei, ihn zu erziehen. Das hätte der Angeklagte sich nicht gefallen lassen.

Und jetzt ist der Richter dran und soll einen Sachverhalt herauskristallisieren, um eine Verurteilung zu begründen. Natürlich darf man nicht zuschlagen, also gibt es dafür eine Strafe. Aber alles andere bleibt unklar, vermutlich auch für den Richter, wenngleich er im Urteil einen einigermaßen detaillierten Sachverhalt schildern muss. Wie aber sieht die Realität des Vorfalls aus? Viele Verurteilte beklagen sich später bei mir oder in der Therapie, dass das Urteil nicht die Wahrheit spiegle oder dass dies oder jenes anders gewesen sei, als es im Urteil stehe. Und auch der Gutachter empfindet es manchmal so, als ob man seiner Auffassung nicht gerecht geworden wäre, weil die Fakten und seine Interpretation im Urteil anders dargestellt werden, als er sie gesehen hat. Und manchmal, aber eher selten, ist der abgedroschene Spruch, dass man sich auf hoher See und vor Gericht allein in Gottes Hand befinde, wohl richtig. Aber in den meisten Fällen ist es anders. Nicht weil etwas anderes herauskommt, als man erwartet hat, sondern weil wir nicht wissen, was wirklich geschehen ist und welche Lebensrealität den Täter wirklich antreibt. Aber damit nicht genug, das Gerichtsverfahren ist ein Prozess, in dem gegenteilige Standpunkte vertreten werden müssen. Dabei geht es nicht nur um die Fakten, sondern zwangsläufig auch um Phänomene, die man nicht unmittelbar in Augenschein nehmen kann, wie Motive, Gefühle, Ideen, Vertuschungsabsichten. Das Gericht ist ein Ort des Ringens und gegebenenfalls des Streitens um die beste Lösung, an dem aber eben nicht die reine Wahrheit verhandelt wird. Dies jedenfalls ist der gerichtliche Alltag. Und aus diesem Ringen zieht jeder Zuhörer eines Gerichtsverfahrens unterschiedliche Schlüsse, die wiederum von seinen eigenen Einstellungen und Vorerfahrungen abhängen.

Der psychiatrische Sachverständige ist da noch gar nicht beteiligt. Aber häufig kann er das Gerichtsspektakel verfolgen und sich ein Bild von der Wahrheitsfindung machen. Obwohl jeder Zeuge zur Wahrheit ermahnt wird und ihm die Strafen für das Lügen aufgezählt werden, habe ich noch nie so viele Lügen gehört wie in einem Gerichtssaal. Ich bin oft froh, dass wir in München Betondecken im Gericht haben, weil sonst das Gebäude längst eingestürzt wäre, bedenkt man die Redewendung, dass man lügen kann, bis sich die Balken biegen.

Natürlich wird man auch als psychiatrischer Sachverständiger angelogen. Aber das ist etwas anderes. Angeklagte sind nicht zur Wahrheit verpflichtet, sie dürfen schweigen, und sie werden für die Unwahrheit nicht direkt bestraft. Niemand braucht sich selbst zu belasten. Ob die Wahrheit vor Gericht allerdings »hilft«, kann man nicht vorhersagen. Manchmal schaden sich Angeklagte mit der Wahrheit. Auch deshalb wird ihnen ein Verteidiger zur Seite gestellt, der sie berät. Gleichermaßen berät der forensisch-psychiatrische Gutachter das Gericht hinsichtlich der Verfassung eines Angeklagten. Geht er dabei von falschen Voraussetzungen aus, also z. B. von einer Krankheit, die nicht existiert, oder von einem Trauma, das es gar nicht gegeben hat, schadet sich der Untersuchte, der diese falsche Diagnose durch seine Lügen provoziert hat, unter Umständen selbst. Das Gericht kann dann nämlich eine Therapie verordnen, die er gar nicht benötigt. Viele Angeklagte haben keine realistische Vorstellung davon, was sie erwartet – schon gar nicht im psychiatrischen Maßregelvollzug. Sie glauben womöglich, es wäre dort angenehmer als im Gefängnis. Damit täuschen sie sich. Es ist nicht behaglich, in einem Krankenhaus zu wohnen – und so leicht kommt man da nicht wieder heraus. Die Gefängnisstrafe hat ein vorhersehbares Ende, der Maßregelvollzug nicht.

Um Fehlplatzierungen zu verhindern, versuche ich durch gezielte Fragen, der Realität so nahe wie möglich zu kommen – und manche Täuschung bricht dann zusammen wie das berühmte Kartenhaus.

Außer dem Angeklagten – und eventuell seinem Anwalt – sind vor Gericht alle zur Wahrheit verpflichtet. Und doch nehmen es viele mit dieser Wahrheitspflicht nicht so ernst, wie sie es sollten, und manche werden dafür bestraft.

Wie wahr ist die Wahrheit?

Nicht nur bewusste Lügen und mehr oder weniger diskrete Verfälschungen legen der Wahrheitsfindung Steine in den Weg, auch das menschliche Gedächtnis erschwert eine exakte Rekonstruktion von Ereignissen. Nachfolgend ein Beispiel, das ebenfalls der alltäglichen Praxis im Gerichtssaal entstammt. Die Gerichtsverhandlung fand ein knappes Jahr nach einer Messerstecherei in einer Kneipe statt.

Der Angeklagte behauptet, sich an nichts erinnern zu können.
Die Richterin fragt den Zeugen A nach dem physischen Zustand des Angeklagten.
Zeuge A: Er war deutlich betrunken.
Richterin: Woran haben Sie das gemerkt?
Zeuge A: Das erkennt man doch sofort, wenn jemand betrunken ist.
Die Richterin, die sich ein eigenständiges Urteil bilden muss und sich nicht auf die Beurteilung von Zeugen verlassen darf, fragt: Hat er denn gelallt, oder ist er getorkelt?

Zeuge A: Das war deutlich zu sehen. Wie hätte ich denn sonst zu der Einschätzung kommen sollen, dass er betrunken war?

Die Richterin fragt den Zeugen B.
Zeuge B: Er war stocknüchtern.
Richterin: Woran haben Sie das erkannt?
Zeuge B: Ich kann sehr wohl zwischen nüchtern und betrunken unterscheiden. Ich habe in den Semesterferien früher immer in einer Kneipe gejobbt, und der Mann hier war nicht nur nüchtern, sondern stocknüchtern.
Richterin: Also konnte er klar sprechen und geradeaus laufen?
Zeuge B: Davon können Sie ausgehen.

Zeuge C hat auch etwas gesehen. Nämlich gar nichts.
Zeuge C: Ob der betrunken oder nüchtern war, weiß ich nicht. Und das hätte man auch nicht sehen können, weil er nach der Auseinandersetzung in der Ecke gekauert ist, sich quasi nicht bewegt hat, und geredet hat er auch nicht. Und vorher hat sich keiner um den gekümmert, weil doch alle das Fußballspiel im Fernsehen angeschaut haben.

Nach jeder Zeugenvernehmung fragt die Richterin den Sachverständigen, ob er Fragen habe. Ein erfahrener Sachverständiger geht davon aus, dass bei einer solchen Befragung wenig herauskommen wird. Er weiß ja, wie das Gedächtnis funktioniert. Wir merken uns nicht Einzelheiten eines Ereignisses, sondern unsere individuellen abstrakten Konzepte, die wir über ein bestimmtes Ereignis formen. Diese Konzepte hängen sowohl mit unserer individuellen Erfahrung zusammen als auch mit den Dingen, die vor oder nach dem Ereignis geschahen. Da wir uns nur drei bis fünf Einzelheiten merken können, fassen wir diese in ein Konzept. Diese kleinen Konzepte fügen wir wiederum zu größeren Einheiten zusammen. Der Entdecker dieser Gedächtnisprozesse, George A. Miller[*], nannte sie *Chunks*, zu deutsch Brocken oder wissenschaftlich: Informationseinheiten. Miller nahm ursprünglich an, dass wir uns sieben solcher Chunks merken können, später hat sich herausgestellt, dass es maximal fünf sind. Das leuchtet Ihnen sicher rasch ein, wenn ich Sie bitte, sich die folgende Buchstabenreihe zu merken:

C S U S P D C D U F D P

Mit hoher Wahrscheinlichkeit wird Ihnen das nicht gelingen. Wenn Sie die Buchstaben jedoch in Chunks zusammenfassen – CSU SPD CDU FDP –, werden Sie sie sich leicht merken und abrufen können.

Keiner der Zeugen in dem vorgenannten Beispiel log. Jeder sagte die Wahrheit – seine Wahrheit. »Betrunken« oder »nüchtern« sind Chunks, Informationseinheiten, die abgerufen werden können – nicht aber die Einzelheiten des

---

[*] Miller, George A. (1956): »The Magical Number Seven, Plus or Minus Two: Some Limits on Our Capacity for Processing Information«. Psychological Review 63(2): 81–97.

Verhaltens des Angeklagten, nach denen die Richterin gefragt hatte. Das bedeutet allerdings nicht, dass diese Einzelheiten für immer verloren sind. Man kann sie wiederfinden – wenn man sich Mühe gibt und viel Zeit nimmt. Gerade Letzteres gibt es vor Gericht nie. Aber in der psychiatrischen Begutachtung kann man sie sich nehmen, und so verhilft man hier auch eher der Wahrheit auf die Spur, indem man die Informationen aus den verschiedenen Abschnitten des Gehirns, in denen das Gedächtnis sie gespeichert hat, hervorholt. In einer Begutachtung würde auch ans Licht kommen, ob die Aussage eines Angeklagten, er könne sich an überhaupt nichts erinnern, eine Schutzbehauptung ist. Darauf greifen Täter ja gern zurück – was sie allerdings nicht vor einem erfahrenen Gutachter schützt. Dieser kennt Mittel und Wege, Erinnerungsspuren aufzudecken. So vergleicht er beispielsweise die Aussagen, die unmittelbar nach der Verhaftung bei der Polizei gemacht wurden, mit späteren. Oder er leitet auf Umwegen zu den Erinnerungen zurück und prüft, ob sich die Grenze zwischen Vergessenem oder vermeintlich nicht Wahrgenommenem geändert hat.

Üblicherweise werden tatsächliche Erinnerungslücken im Laufe der Zeit kleiner und simulierte Erinnerungslücken größer. Ein Psychiater führt den Patienten behutsam an die Erinnerungslücke heran. Dazu nutzt er verschiedene Techniken. Zum Beispiel fragt er nicht die Fakten ab, sondern die Gefühle, denn häufig erinnern sich Menschen leichter an etwas Gefühltes als an etwas Gedachtes.

Auf welchen Tatsachen soll also die Richterin in oben genanntem Fall ihr Urteil begründen, und welche Fakten soll der Sachverständige seinem Gutachten zugrunde legen? Was ist wirklich geschehen, und was ist die Wahrheit? Wir wissen es nicht: Jeder Zeuge hat, ebenso wie jeder Prozessbeobachter, seine eigene Wahrnehmung und Interpretation. Das Gericht findet also keine objektive Wahrheit, sondern rekonstruiert eine Version, die den Richtern mehrheitlich einleuchtet und der Realität möglichst nahe steht. Sätze in Urteilen wie »Er schlug mit voller Wucht auf das wehrlose Opfer ein« sind Beispiele solcher Rekonstruktionen, denn kein Mensch weiß, was »mit voller Wucht« und »wehrlos« objektiv und für alle Menschen gültig bedeuten soll.

Um Urteile zu verstehen, ist es hilfreich, das Geschehen von der Tat bis zu einem Urteil nachzuvollziehen.

Die polizeilichen Ermittlungen

Wenn man das Fernsehprogramm durchblättert, hat man den Eindruck, es würden fast nur noch Krimis gesendet. Würde ich viel fernsehen, wäre das für mich nicht schön, man will ja auch mal einen Tapetenwechsel. Und im Milieu von Kriminalpolizei, Staatsanwaltschaft, Verbrechern und Gerichten befinde ich mich ständig, wenngleich der Polizeialltag im Fernsehen mit der Wirklichkeit nur sehr wenig gemein hat. So wie sich auch Verbrecher üblicherweise anders benehmen, als sie gezeigt werden. Die meisten sind im Kontakt mit der Polizei sehr kleinlaut und wagen es nicht, den Beamten Widerworte zu geben und sich über sie lustig zu machen. In der Regel verwandelt das Auftreten der Polizei vermeintliche Helden in Hasen.

Wenn ein Mensch verhaftet wird, wirkt das als elementare Erschütterung. Er ist seiner Freiheit beraubt. Im Film sehen wir, wie ein Polizist in Uniform einem Verhafteten in Handschellen beim Einsteigen in den Streifenwagen die Hand auf den Kopf legt, damit er sich nicht stößt. Das Auto fährt weg. Abspann. Der Verhaftete, der bis zu seinem Urteil als Verdächtiger gilt und im juristischen Fachdeutsch Beschuldigter heißt, steht am Beginn eines langen Weges, auf dem Polizei und Staatsanwaltschaft festgelegte Rollen spielen – wie auch ich als Gutachter. Um diesen Ablauf einmal zu schildern, habe ich den folgenden Fall ausgesucht, der mich in meiner Sammlung von Lehrbeispielen mit am nachdenklichsten gestimmt hat und an dem ich einiges gelernt habe.

Ömer A., ein zweiundvierzigjähriger Türke, der seit rund achtzehn Jahren in München lebte, kam mit seiner Frau Günay in die Notaufnahme einer großen Münchner Klinik. Sie taumelte mehr, als dass sie ging. Mit der linken Hand presste sie ein blutgetränktes Tuch an ihre Brust, und Ömer A. presste seine Hand auf ihre. Das Paar zog eine Blutspur hinter sich her. Als sich die Ärzte in der Notaufnahme um die Wunde kümmerten, stellte sie sich als Messerstich heraus. Ein klarer Fall für die Polizei. Ömer und seine Frau wollten aber die Polizei nicht einschalten. Das sei eine private Angelegenheit, er habe seine Frau verletzt, und man möge ihr bitte helfen, mehr nicht. Günay hatte bereits viel Blut verloren. Der Messerstich war in die Lunge eingedrungen, hatte mehrere Adern verletzt, die Hauptschlagader und das Herz aber knapp verfehlt. Die Patientin kam in den Schockraum, wurde notoperiert, und ihr Leben konnte gerettet werden. Als Ömer A. seine Frau gut versorgt wusste, wollte er gehen. Die Pfleger hinderten ihn daran und übergaben ihn der Polizei. Dort machte er zunächst keine Angaben. Er wurde erkennungsdienstlich behandelt – Fotos, Fingernägel, Fingerabdrücke, ärztliche Untersuchung und was sonst noch dazugehört. Die Polizei erklärte ihm, dass man ihn der Tat verdächtige und er wegen schwerer Körperverletzung und sogar wegen versuchten Mordes angeklagt werden könne. Ömer A. sagte lediglich, dass er sich Sorgen um seine zwei Kinder mache, minderjährige Mädchen, die alleine zu Hause seien. Ihm wurde angeboten, einen Anwalt hinzuzuziehen, das lehnte er ab. Und dann schwieg er wieder.

Zwei Tage nach ihrer Operation konnte seine Frau vernommen werden. Sie berichtete, dass Ömer sie am Vormittag des Tattags aufgefordert hätte, mit ihm einen Spaziergang zu machen. Er habe mit ihr über die Zukunft sprechen wollen, da sie die Absicht geäußert habe, sich von ihm zu trennen, weil Ömer mit einer jungen Türkin fremdgegangen sei. Sie seien in den Wald gefahren und hätten gestritten, und sie habe gesagt: »Das, was du kannst, kann ich auch.« Da habe er das Messer genommen und zugestochen. Dann sei er fürchterlich erschrocken, mit ihr zum Auto gelaufen, habe den Sitz flach gestellt und sie mit einer Decke zugedeckt. Er sei sehr schnell in die Klinik gefahren.

»Und wie genau hat Ihr Mann auf Sie eingestochen?«

Günay verstand die Frage nicht richtig. »Mit dem Messer«, sagte sie. Aber die Kriminalbeamten wollten wissen, ob von hinten oder von vorne, ob sie das Messer vorher gesehen hat oder nicht. Das sind wichtige Details, die auch über das Strafmaß bestimmen. Heimtücke oder Affekt?

Es sei das Messer gewesen, das er immer dabeihabe, sagte Günay, und ja, sie habe gesehen, wie er es aus der Tasche gezogen habe.

Die Tat war also nicht wirklich heimtückisch, da das Opfer nicht ganz unvorbereitet und arglos war. Aber es war Eifersucht, also ein niedriges Motiv, was juristisch auf einen Mordversuch hindeuten könnte. Diese Informationen und die erste Bewertung durch die Kriminalpolizei gingen an die Staatsanwaltschaft, jene Behörde, die das Ermittlungsverfahren leitet. Die Kriminalbeamten, Hilfskräfte der Staatsanwaltschaft, sollten nun Beweise sammeln, so ist es in jedem Fall. Die Beamten bemühten sich weiterhin, Ömer A. zum Reden zu bringen. Doch er bestätigte nur, was seine Frau gesagt hatte. Ja, er sei fremdgegangen, nein, er habe nicht die Absicht gehabt, seine Frau zu verlassen. Warum er zugestochen habe, könne er nicht wirklich sagen. Er sei wütend gewesen. Seine Frau habe ihm schon davor gedroht, ihn zu verlassen, aber nicht, um mit einem anderen zu schlafen. Den Satz habe er nicht ertragen.

Der Fall schien im Wesentlichen abgeschlossen. Ehedrama mit eifersüchtigem Ehemann, der seiner Frau jene Rechte nicht einräumt, die er sich selbstverständlich nimmt.

Untersuchungshaft

Ömer A. kam in Untersuchungshaft, für die meisten Erstinhaftierten ein bedrohliches Erlebnis. Eine fremde Welt, in der nicht mehr er, sondern andere über ihn bestimmen, in der er sich ausgeliefert fühlt und letztendlich auch ausgeliefert ist. Da er in Bayern verhaftet wurde, musste er seine Kleider und seine Habseligkeiten abgeben. In einem anderen Bundesland hätte er sie vielleicht behalten dürfen. Er lebte mit anderen Menschen, die er nicht kennt und die ihm teilweise Angst machten, auf engem Raum zusammen. Er wusste nicht, wem er vertrauen kann und wem nicht, und vor allem wusste er nicht, was auf ihn zukam. Wen sollte er fragen? Und wie sollte er sich verhalten? Er beobachtete die Mitgefangenen, aber es gab kaum einen, mit dem er sich in der gleichen Situation glaubte, dem er spontan vertrauen würde. Man fragte ihn, warum er da sei. Aha, der bist du. Man hatte da was in der Zeitung gelesen. Die Bestrafung einer untreuen Ehefrau gilt in der Knastkultur nicht als Makel. Das ist okay, Alter. Anders ergeht es Kinderschändern oder sadistischen Mördern. Die sind nicht gut gelitten und haben oft zu leiden. Immerhin wurde Ömer A. nicht bedroht. Bei Befragungen geben über sechzig Prozent der Untersuchungshäftlinge an, körperlich oder verbal von ihren Mitgefangenen bedroht worden zu sein. Einzelne Mitgefangene suchten Kontakt zu Ömer. Ob er Zigaretten habe, war eine der häufigsten Fragen, aber er erhielt auch Ratschläge, welcher Anwalt gut sei. Ihm wurde geraten, dass er schweigen solle, und wenn er sprechen wolle, was er unverfänglich sagen könne. Es wurde gemutmaßt, welcher Richter für ihn in Betracht komme und wie streng oder milde dieser sei. Das alles war extrem beängstigend und verwirrend für Ömer A., der noch nie in seinem Leben mit dem Gesetz in Konflikt geraten war. Er war verzweifelt. Er durfte seine Kinder nicht sehen, wusste nicht, wie es ihnen ging. Immerhin sagte man ihm, dass seine Frau überlebt hatte, aber nicht, was sie jetzt plante und was sie der Polizei erzählt hatte – zumindest nicht alles. Ömer dachte darüber nach, sein Leben zu beenden, aber auch in dieser Sache wusste er nicht weiter: Wie? Sie hatten ihm alles abgenommen. Die Schnürsenkel, den Gürtel, alles.

In den ersten Tagen der Untersuchungshaft ist das Risiko der Selbsttötung am höchsten, sie stellen eine der kritischsten Situationen dar, in die ein Mensch geraten kann. Jedes Jahr töten sich knapp hundert Personen in Gefängnissen, die meisten davon erhängen sich in der Untersuchungshaft. Um die Zahl einschätzen zu können, vergleicht man sie am besten mit der Suizidhäufigkeit in der männlichen Bevölkerung der Bundesrepublik, da mehr als achtzig Prozent der Gefangenen Männer sind. In der Gesamtbevölkerung sterben im Jahr circa 16 von 100 000 Männern durch Selbsttötung, bei den Gefangenen sind es circa 125 von 100 000, also mehr als siebenmal so viele.

Nach einigen Tagen lernte Ömer A. einen Landsmann kennen, der ihm vertrauenswürdig erschien. Dieser klärte ihn ein wenig auf, »wie es hier so läuft«, und riet ihm, Geduld zu haben. Er selbst wartete schon seit sechs Monaten auf seine Anklageschrift.

Das Leben in der Haft verändert Menschen. Sie schwimmen entweder mit dem Strom, was der leichtere Weg ist, oder versuchen ihre Fassade zu wahren, was zu Konfrontationen führt – »Dich kriegen wir auch noch klein«, »Der glaubt wohl, etwas Besseres zu sein« –, dann muss man die Reaktionen der anderen aushalten, parieren, Stellung beziehen. Die Vollzugsbeamten stehen ebenfalls oft vor dem Dilemma, dass sie die Gefangenen nicht individuell betrachten und auf deren Bedürfnisse eingehen können. Regeln und Ordnung prägen das Leben und müssen eingehalten werden, auch wenn sie im Einzelfall sinnlos erscheinen mögen. Aber die Verletzung von Regeln würde zum Chaos führen. Die Gefangenen sind nun mal keine einfachen Zeitgenossen, und das Überschreiten der Regeln hat sie ja gerade ins Gefängnis gebracht.

Der Rechtsbeistand

Ömer A. bekam Besuch von einem Rechtsanwalt, seinem Pflichtverteidiger, der sich entgegen des Rufes einer Pflichtverteidigung sehr engagierte. Er rechnete Ömer A. zwei Möglichkeiten vor. Entweder man schaffte es, am Schwurgericht vorbeizukommen, oder man könnte auf verminderte Schuldfähigkeit hin verteidigen. Das Schwurgericht ist die Strafkammer des Landgerichts, bei welcher man wegen Tötungsdelikten angeklagt wird; sie ist die einzige Strafkammer, die eine lebenslange Freiheitsstrafe verhängen kann. Dort wird alles meist sehr genau genommen, weil die Konsequenzen besonders drastisch sind. »Wenn wir daran vorbeikommen, ist die Strafhöhe schon einmal begrenzt«, erläuterte der Rechtsanwalt seinem Klienten, der kaum etwas verstand. »Dann benötigen wir vielleicht kein psychiatrisches Gutachten, um das Strafmaß zu verringern. Vielleicht hat der Richter auch so Verständnis. Ich werde gegebenenfalls mit dem Staatsanwalt reden, weil der ja entscheidet, wie die Anklage lautet. Vieles hängt aber davon ab, wie Sie aussagen.«

»Ich?«, fragte Ömer A.

»Ja, natürlich Sie. Wenn Sie sagen, dass Sie Ihre Frau nicht töten, sondern ihr lediglich eine Lektion erteilen wollten und sie deshalb gezielt verletzten, haben Sie eine Chance.«

»Chance?«, wiederholte Ömer.

»Sie können dann aber wiederum nicht behaupten, Sie wüssten nicht, was passiert sei.«

»Okay«, nickte Ömer.

Der Rechtsanwalt informierte den Staatsanwalt. Der Staatsanwalt schickte die Kriminalpolizei zu Ömer A. in die Untersuchungshaft. Ömer A. erzählte dem Kommissar, dass er mit seiner Frau absichtlich in den Wald gefahren sei, um ihr eine Lektion zu erteilen. Sie habe ihn verlassen wollen. Das sei in seinem Kulturkreis nicht vorgesehen, ein Mann könne sich selbst die Drohung nicht gefallen lassen. Er habe sein Haus in Ordnung zu halten. Es stimme schon, dass sie gestritten hätten. Er habe sich immer wieder überlegt, ob er zustechen solle, möglicherweise hätte er ihr nur ein blaues Auge schlagen wollen, aber so, dass man es sehen könne. Dann aber habe sie gesagt, dass sie das, was er gemacht habe, auch könne. Da sei für ihn klar gewesen, dass sie eine richtige Lektion brauche.

Es gelang dem Rechtsanwalt, den Staatsanwalt zu überzeugen. Die Anklage wurde bei einer großen Strafkammer, nicht beim Schwurgericht eingereicht. Am ersten Tag der Hauptverhandlung, die neun Monate nach der Tat stattfindet, stand in einer Gazette: Türkischer Macho straft Ehefrau ab!

Ömer A. sagte vor dem Gericht das Gleiche wie zuletzt bei der Kriminalpolizei. Seine Frau, die sich jetzt nicht mehr von ihm trennen wollte, machte von ihrem Schweigerecht Gebrauch, das Verwandten ersten Grades vor Gericht zusteht. Die Nachbarn bekundeten, dass ihnen an dem Ehepaar nie etwas Besonderes aufgefallen sei. Die Zeitung titelte: Türken halten bei Unterdrückung der

Frauen zusammen. Dem Gericht war das nicht so klar. Es forschte nach, aber weder Befragungen noch weitere Ermittlungen der Polizei brachten Auffälligkeiten zu Tage. Schließlich rief der Vorsitzende Richter bei mir an und bat mich um ein Gutachten. Ihm sei die Sache nicht klar, und vielleicht handelte es sich ja um ein Affektdelikt mit einer tiefgreifenden Bewusstseinsstörung. Also kein Routinefall, sondern eine Ausnahme, die etwas mehr Aufmerksamkeit vom Gericht verdiente – und auch erhielt.

Das Gutachten

Ein Gutachtenauftrag braucht Zeit, er verzögert den Abschluss der Hauptverhandlung. Der Häftling muss noch länger auf sein Urteil und möglicherweise auf die Entlassung warten. Dafür steht einem psychiatrischen Sachverständigen deutlich mehr Zeit zur Verfügung als einem Gericht. Er spricht mit seinem Probanden unter vier Augen und kommt ihm sehr viel näher als das Gericht dem Angeklagten, wie Ömer in der Gerichtssprache nun genannt wurde, nachdem die Staatsanwaltschaft Anklage erhoben hat. Der Gutachter muss ihn keiner Schuld überführen, er kann Verstehen und Verständnis signalisieren. Dadurch kann er eine Atmosphäre schaffen, die ausschließlich auf den Untersuchten und seine Bedürfnisse zugeschnitten ist – wenn er das will. Und doch wird er nie sein Freund oder sein Interessenvertreter werden. Und er muss sich bewusst sein, dass er ebenso angelogen werden kann wie das Gericht.

Ömer A. wurde wegen mangelnder Deutschkenntnisse im Beisein eines Dolmetschers untersucht. Diesen kannte er vorher ebenso wenig wie mich. Das ist wichtig, weil es dem Probanden sonst schwerfallen könnte, etwas anderes zu sagen als bei der Polizei – er würde vor dem Dolmetscher sein Gesicht verlieren. Bei Ömer A. entpuppte sich die Anwesenheit des Dolmetschers darüber hinaus als sehr hilfreich, weil er mich über Einstellungen und Vorurteile aufklärte und mir das notwendige Wissen vermittelte, ohne das die Beurteilung eines Menschen aus einer mir fremden Kultur kaum möglich ist.

Bevor ich einen Probanden untersuche, kenne ich die Akten, weiß, was die Polizei ermittelte und was sie für das Gericht als relevant herausgefiltert hat. Ich habe gelesen, was der Rechtsanwalt dem entgegenstellt, kenne die Anklageschrift und weiß, von welcher juristischen Grundlage ich auszugehen habe. Das von der Polizei erkannte Mordmerkmal, nämlich Eifersucht als niedriger Beweggrund, war bei Ömer A. nicht bis in die Anklageschrift durchgedrungen. Aber was für ein Mensch Ömer A. war, wusste noch niemand. Wie verschieden das Bild, das sich aus den Akten ergibt, zu jenem ist, das sich bei einer persönlichen Untersuchung einstellt, erfahren meine Studenten immer wieder – und oft staunend. Bei uns ist es üblich, dass ihnen in der Vorlesung ein Fall zunächst von einem Juraprofessor vorgestellt wird. Hier geht es um die Aktenlage, die später dem Gericht zur Verfügung steht – und die dazu passenden Paragraphen. Zu diesen Fakten kommt die Einschätzung durch die Polizei und die Staatsanwaltschaft, jene Behörde, die zwar neutral ermitteln soll, gleichzeitig aber das Material so aufbereiten muss, dass eine Verurteilung wahrscheinlich wird – ein Spagat, der nur selten gelingt. Würde eine objektive und neutrale Ermittlung tatsächlich möglich sein, bedürfte es keines Rechtsanwaltes. Erst durch die Betrachtung von beiden Seiten, Anklage und Verteidigung, halten sich die Interessenvertretungen und Machtverhältnisse vor Gericht die Waage.

Wenn mein Kollege in der Vorlesung mit seiner juristischen Darstellung des Falls fertig ist, exploriere ich, nach einer kurzen Einleitung, den Probanden. Kurz bevor der Proband »die Bühne« betritt, ist die Spannung im Hörsaal manchmal fast zum Greifen spürbar. Wer wird gleich vor uns stehen? Ist der Täter so, wie wir ihn uns vorstellen? Langjährige Studenten wissen, dass sie sich täuschen werden. Fakten machen noch keinen Menschen aus. Eine abstoßende Tat muss von keinem Menschen mit einem abstoßenden Äußeren begangen worden sein. Manche Menschen wundern sich, dass jemand, der eine Straftat begangen hat, sich dennoch öffentlich zur Schau stellt. Aber die Probanden tun das ja für eine gute Sache. Sie willigen ein, weil ich ihnen erkläre, dass man den Studenten beibringen müsse, sich nicht allein auf die Akten zu verlassen, sondern sich einen persönlichen Eindruck zu verschaffen. Sie, die

Probanden, können mir dabei helfen, den Studenten zu demonstrieren, wie wichtig dieser Eindruck aus erster Hand ist. Selten lehnt ein Proband es ab, die meisten stellen sich als Studienobjekt zur Verfügung. So lernen meine Studentinnen und Studenten die Fallstricke vorschneller Urteile in der Praxis kennen. Nach der Exploration und wenn der Proband hinausgeführt wurde, halte ich sie dazu an, lediglich zu beschreiben, was sie wahrgenommen haben. Oft höre ich eine Bemerkung wie: Der Proband ist unglücklich.

»Mit welchem Ihrer Sinne haben Sie das wahrgenommen?«, erkundige ich mich.

»Er hat geweint.«

Ein anderer Student, der schon öfter in meiner Vorlesung war, präzisiert: »Das ist nicht sachlich. Er hatte lediglich Tränen in den Augen.« Dem kann ich zustimmen. Dies ist eine sachliche Beobachtung. Der Proband hatte Tränen in den Augen – und wir alle wissen, dass es vielerlei Gründe dafür geben kann, wie Rührung, Schmerz, Trauer, Lachen. Um die jeweilige Emotion des Probanden zu benennen, müsste man nachfragen. So lernen meine Studenten, selbst Kleinigkeiten und scheinbar banale Beobachtungen zu hinterfragen. Alle hypothetischen Interpretationen – ob bewusst oder unbewusst – sind immer wieder zu überprüfen. Man darf nicht zögern, sie zu verwerfen, wenn sie sich nicht bestätigen. Eitelkeit oder Rechthaberei wären hier fehl am Platz. Es steht viel auf dem Spiel – letztlich suchen wir die Wahrheit beziehungsweise wollen ihr so nah wie möglich kommen. Jede falsche Interpretation entfernt uns von ihr, lockt uns auf eine falsche Fährte, schadet der Wahrheitsfindung und wird weder dem Probanden noch dem von ihm geschädigten Menschen gerecht. Ein forensisch-psychiatrischer Gutachter trägt eine hohe Verantwortung. Aber natürlich gibt es Methoden, die vor Fehlinterpretationen schützen. Die richtige Reihenfolge ist wichtig:

1. Beobachten, was man mit seinen sechs Sinnen erfassen kann, nicht mehr.
2. Beschreiben, was man erfasst hat, ohne zu interpretieren.
3. Erfragen, ohne etwas zu unterstellen.
4. Schlussfolgern und Hypothesen entwickeln, die das Beobachtete und Erfragte interpretieren.
5. Überprüfen, ob die Hypothesen stimmen: durch Hinterfragen, durch andere Untersuchungsmethoden und durch die Befragung anderer.

Vor einer Untersuchung wird ein Proband, und so auch Ömer A., sorgfältig darüber aufgeklärt, was bei der Begutachtung geplant ist, welche Rolle der Gutachter bei Gericht spielt, welche Rechte und Pflichten der Angeklagte hat. Aber auch die potenziellen Konsequenzen eines Gutachtens kommen zur Sprache und dass der begutachtende Psychiater im Gegensatz zum behandelnden Arzt keiner Schweigepflicht unterliegt.

»Ich bin weder Ihr Freund noch Ihr Feind«, erkläre ich meinen Probanden. »Ich versuche, sowohl Ihnen als auch dem Gericht gegenüber fair zu sein.«

Diese Aufklärung wirkt nicht abschreckend auf die Probanden, im Gegenteil: Sie ist der erste Schritt zum Vertrauensaufbau, denn dazu gehören offene Karten. Der Proband weiß jetzt, was auf ihn zukommt, er kann innerhalb dieses Rahmens Entscheidungen treffen.

Ömer erzählte mir zunächst seine Biografie. Die relativ strenge Erziehung, seine vierjährige Schulbildung, seine anschließende Technikertätigkeit bei einem Freund seines Vaters. Die frühe Eheschließung mit einer Nichte seines Vaters, seine Ausreise nach Deutschland mit achtzehn Jahren. Er berichtete über seine Anfangsschwierigkeiten in Deutschland und über die Onkel, die ihm halfen, eine Wohnung und Arbeit zu finden. Er erzählte von seinen zwei Töchtern und einer gewissen Entfremdung zwischen ihm und seiner Frau, nachdem seine jüngste Tochter eingeschult war und seine Frau eine Putztätigkeit aufgenommen hatte. Mit dieser Entfremdung begründete er, dass er von anderen Frauen angelockt wurde. Es hatte sich eine Affäre entwickelt, die mehrere Monate anhielt.

»Unter Türken bleibt eine Affäre nie lang geheim«, sagte mir der Dolmetscher, »auch wenn man nicht öffentlich darüber redet.«

Ömer A. bestätigte dies. Seine Frau habe ihm lautstark Vorwürfe gemacht. So wurde alles auch bei jenen Nachbarn bekannt, die bislang noch nichts wussten. Seine Frau drohte, ihn zu verlassen, und sagte wörtlich: »Ich hoffe, dass man mich genauso gut fickt, wie man dich gefickt hat.«

Diesen Satz stieß Ömer A. geradezu hervor. Ich konnte seine Emotionen nicht einordnen, und auch der Dolmetscher wusste keine Erklärung.

Nach zwei Tagen und etwa acht Stunden Untersuchung beendete ich die Exploration, ohne dass ich die Fragen des Richters schon hätte beantworten können. Gemäß meiner Gepflogenheiten erkundigte ich mich bei Ömer A., ob es noch etwas gäbe, das ich nicht gefragt oder erfahren hätte, was für ihn aber von Bedeutung sei. Da glänzten seine Augen feucht, es waren nicht nur Tränen, er weinte. Diese Reaktion überraschte mich. Mit brüchiger Stimme fragte Ömer A., ob er mir unter dem Siegel der Verschwiegenheit etwas mitteilen könne. Als ich dies verneinte, sprang er schreiend auf, lief zum Waschbecken, spritzte sich voll Wasser und rief: »Ich halte es nicht mehr aus!«

Ich beruhigte ihn und fragte, ob er mir noch etwas erzählen wolle, um Druck abzubauen.

»Erfährt meine Frau das? Und die anderen Türken bei uns?«

»Man kann die Öffentlichkeit von einer Gerichtsverhandlung ausschließen.«

Ömer A. beruhigte sich ein wenig und nahm wieder auf seinem Stuhl Platz. Nervös knetete er seine Hände. Es war offensichtlich, dass der ganze Mann mit sich rang. Schließlich berichtete er zögernd, stockend und immer wieder von Schluchzen unterbrochen folgende Begebenheit: Als er dreizehn Jahre alt war, wurde er von einem Mann, einem Durchreisenden in seinem Dorf, hinter ein Haus gelockt und dort missbraucht. Der Mann zog Ömer die Hose herunter, befummelte sein Genital und versucht von hinten in ihn einzudringen, was ihm aber nur zum Teil und ganz kurz gelang. Dann befriedigte er sich selbst und drohte, Ömer zu töten, falls er etwas sage. Mit diesen Worten verschwand er. Ömer merkte sich die Richtung, holte das Gewehr seines Vaters und wollte den Täter verfolgen und erschießen, wurde aber von seinem älteren Bruder aufgehalten und vertraute sich ihm an. Der Bruder sagte, dass niemand etwas von der Sache erfahren dürfe, weil sonst das Leben von Ömer ruiniert sei. Auch wenn er den Fremden töten würde, könnte er die Schande, vergewaltigt worden zu sein, nicht auslöschen. Die beiden Brüder kamen überein, mit niemandem darüber zu sprechen.

»Und so ist es geblieben bis heute«, endet Ömer. »Sie und der Dolmetscher sind jetzt außer meinem Bruder die einzigen Menschen auf der Welt, die mein Geheimnis kennen.«

Mit dieser Offenbarung versetzt Ömer mich kurzzeitig in Staunen, aber auch in Verlegenheit. Warum konnte er sein Geheimnis nicht länger bewahren? Und entsprach das alles überhaupt der Wahrheit?

Der Dolmetscher erklärt mir, dass in der Türkei, wie in vielen anderen mediterranen Ländern, die Opfer von Vergewaltigungen ebenso geächtet würden wie die Täter. Frauen müssen nach einer Vergewaltigung das Dorf verlassen, denn es ist ausgeschlossen, dass sie einen Mann finden, wenn die Tat bekannt wird. Auch vergewaltigte Männer verlieren ihre Würde und Achtung. Kein Vater würde der Verheiratung seiner Tochter mit einem solchen Mann zustimmen. Und sollte die Tat erst nach der Eheschließung bekannt werden, hätte der Mann in seinem eigenen Haus nichts mehr zu sagen. Und das sei das Problem im vorliegenden Fall. Denn wenn dieser Teil von Ömer A.s Biografie öffentlich würde, wäre Ömer nicht mehr Herr in seinem Haus, und falls er und seine Frau sich doch trennen würden, könnte er keine zweite solide türkische Ehefrau mehr finden.

Ich selbst war ein wenig verwundert. Natürlich wusste ich, dass solche Gepflogenheiten in vielen Ländern der Welt herrschen. Es gibt ja nicht nur die modernen Menschen in den Metropolen, sondern auch die Landbevölkerung, und auf dem Land gehen die Uhren bekanntlich oft anders. In der Exploration mit Ömer A. lernte ich unter anderem einen wichtigen Satz, der mir bei der Begutachtung anderer Türken zukünftig große Dienste leistete. Seit der Begegnung mit Ömer A. fragte ich nie mehr danach, ob etwas die Ehre eines Probanden verletzt hätte, sondern ob er unter den gegebenen Umständen »noch Herr im eigenen Haus sei«. Oft habe ich ein dankbares Lächeln geerntet. Der Proband fühlte sich zutiefst verstanden und konnte mir antworten, ohne sein Gesicht zu verlieren.

Aber warum erzählte Ömer A. überhaupt von seiner großen Schmach? Das ist ein bisschen der Ausnahmesituation einer solchen Exploration geschuldet. Die meisten Menschen sind es nicht gewohnt, sechs Stunden hintereinander über sich selbst zu sprechen. Schon gar nicht vor einem Zuhörer, der sich offensichtlich sehr für sie und ihr Leben interessiert, der ihren Redefluss nicht mit Ratschlägen oder Vorurteilen unterbricht. Die meisten Menschen, die zu mir kommen, sind in einer schwierigen und ungewohnten Situation. So wird der verständnisvolle Zuhörer zum Vertrauten. Hinzu kommt mein guter Ruf hinter Gittern. Man sagte mir, es heiße, dass einen der Nedopil nicht linke. »Knastbrüder« hören auf die Tipps ihrer Leidensgenossen. All dies führt dazu, dass ich manchmal Dinge erfahre, die andernorts nicht preisgegeben werden.

Im Falle Ömer A.s befand ich mich nun allerdings in einem Dilemma. Ich habe mir seither wiederholt die Frage gestellt, ob in einem öffentlichen Strafverfahren wirklich alle Informationen mit den subtilen Methoden der psychiatrischen Exploration ans Tageslicht gebracht werden müssen und wie man am besten mit solchen Informationen umgeht. Für Ömer A. wäre es viel dramatischer gewesen, wenn seine Vergangenheit an die Öffentlichkeit gelangt wäre, als wenn er einige Jahre im Gefängnis verbracht hätte. Ein Gericht soll ein Ort der Wahrheitsfindung sein – auch wenn das nie ganz und manchmal nur bruchstückhaft gelingt. Der forensische Psychiater ist ein wesentlicher Bestandteil dieser Wahrheitsfindung. Der Gutachter sollte in der Lage sein, sein Wissen so zu vermitteln, dass es keine unnötigen Schäden anrichtet. Dies gilt nach meiner Auffassung auch für die mündliche Gutachtenerstattung bei Gericht. Der Gutachter muss seine Schlussfolgerungen, namentlich ob bei dem Täter die psychiatrischen Voraussetzungen für aufgehobene oder verminderte Schuldfähigkeit vorliegen und gegebenenfalls auch jene für eine Unterbringung in einem psychiatrischen Krankenhaus, so begründen, dass das Gericht seine Schlussfolgerungen aus eigener Anschauung nachvollziehen kann. Er muss dafür oft das ganze Leben des Angeklagten ausbreiten, seine Schwächen und Wunden aufzeigen, vieles, was ihm und den meisten Menschen peinlich ist, darlegen. Die Stärken bleiben meist unerwähnt, weil sie im Gerichtsverfahren keine Bedeutung haben, es sei denn, man will begründen, warum ein Angeklagter keine psychische Störung hat – und dann werden sie als unauffällig oder normal abgetan. Kaum jemand wird in der Öffentlichkeit so bloßgestellt wie ein Angeklagter durch den Gutachtenvortrag des psychiatrischen Sachverständigen.

Die zwei Gesichter des Gutachters

Vor vielen Jahren führten mein Team und ich eine Befragung von Menschen durch, deren Strafverfahren abgeschlossen war. Wir wollten wissen, welche Auswirkungen die Begutachtungen für sie hatten. Zwei Ergebnisse möchte ich daraus vorstellen, da sie beleuchten, was Begutachtung für die Betroffenen bedeutet, unabhängig davon, ob sie mit dem Ergebnis der Begutachtung zufrieden waren. Vierzehn Prozent hatten angegeben, dass sie vor der Begutachtung Selbsttötungsgedanken hatten. Nach der Untersuchung durch den Sachverständigen waren es noch sechs Prozent. Nach der Hauptverhandlung stieg der Prozentsatz auf zehn Prozent. Nahezu die Hälfte der Betroffenen war vom Rollenwechsel des Sachverständigen überrascht und irritiert. Hatten sie ihn bei der Untersuchung freundlich und verständnisvoll erlebt, nahm er bei Gericht die Rolle eines unnahbaren, distanzierten Berichterstatters ein. Ohne sichtbare Anteilnahme legte er ihre Schwächen dar, derer sie sich schämten oder die sie zumindest gerne verborgen hätten.

Ich bin der Meinung, dass Wortwahl und Ton des Sachverständigen zwar immer verständlich sein, er Bloßstellungen und Kränkungen aber vermeiden sollte. Früher wurde ich von einigen Richtern gelegentlich darauf hingewiesen, dass ich doch die »schönfärberische Diktion« aufgeben und deutlich sagen sollte, dass der Angeklagte ein notorischer Wiederholungstäter sei, statt festzustellen, dass er in eine Täterkategorie gehöre, in der nach empirischen Erkenntnissen dreißig Prozent der Verurteilten rückfällig würden. Mittlerweile haben sowohl Bundesgerichtshof als auch Bundesverfassungsgericht die Notwendigkeit solcher quantitativen Aussagen betont und in der Rechtsprechung für unerlässlich gehalten. Dennoch finden den Sachverständige, die über einen Menschen sagen, er ist eine tickende Zeitbombe, in der Presse weitaus mehr Gehör. Als ich nach genau diesem Satz eines Kollegen von einem Privatfernsehsender interviewt wurde und versuchte, in einer knappen Minute – so viel Zeit erhält man in der Regel bei derartigen TV-Interviews – den Sachverhalt differenzierter darzustellen, wurde ich aus der Sendung gestrichen. Das war meine Antwort auf den Vorwurf der schönfärberischen Ausdrucksweise. Der Sachverständige redet für das Gericht, für den Angeklagten und für die anderen Prozessbeteiligten, und diese sollten eine differenzierte Diktion verstehen. Knackige, für die Presse formulierte Sätze sind hier fehl am Platz, obwohl sich manch einer wohlfühlen mag, wenn er damit in der Zeitung zitiert wird. Der Sachverständige hat vor Gericht einen komplizierten Seiltanz zu meistern. Er darf nicht verschweigen, was er vom Untersuchten erfahren hat, sofern es für das Verfahren und seine eigenen Schlussfolgerungen wichtig ist. Er braucht aber von sich aus nicht alle Nebensächlichkeiten zu berichten. So kann er möglicherweise Peinlichkeiten vermeiden. Wenn er aber nach diesen für ihn nebensächlichen Informationen befragt wird, hat er kein Schweigerecht und muss alles sagen, was er bei der Untersuchung erfahren hat, selbst wenn es sich gar nicht auf den Angeklagten und dessen Tat bezieht. Ich werde eine bestimmte peinliche Situation nie vergessen, die ich in meinen frühen Jahren als Gutachter vor dem Schwurgericht erlebte. Die Angeklagte, eine junge Frau, hatte mit einem Lebemann, der in der Schwabinger Barszene bestens bekannt war, ein Verhältnis und war schließlich von ihm »ausgetauscht« worden. Ihrer Nachfolgerin stieß sie in einem Streit ein Küchenmesser in den Rücken, was als Mordversuch angeklagt wurde. Bei der Begutachtung erzählte sie mir auch vom Gruppensex, zu welchem ihr Exfreund sie animiert habe und an dem andere pressebekannte Münchner teilgenommen hätten. Diese Namen waren weder in meinem schriftlichen Gutachten noch bei meinem Vortrag vor Gericht aufgetaucht. Der Verteidiger meiner Probandin fragte mich, ob seine Mandantin Namen genannt habe. Jetzt wurde es ausgesprochen peinlich, der Zuhörerraum im Gericht war voll, die Pressebänke dicht besetzt. Mussten die am Tatgeschehen völlig Unbeteiligten, die irgendwann einmal die Angeklagte in intimen Situationen kennengelernt hatten, öffentlich benannt werden? Der Richter, den ich um Rat und Hilfe bat, meinte, dass er keine Möglichkeit sehe, mir die öffentliche Antwort zu ersparen – für die Presse ein gefundenes Fressen und, wie ich heute weiß, für manche Dossiers, die Politiker über ihre Gegner führen, auch. Ein Sachverständiger darf ebenso wenig wie ein Zeuge die Unwahrheit sagen, und wer verneint, etwas zu wissen, obwohl er es weiß, lügt. Und wer in meiner Position im Gerichtssaal die Unwahrheit sagt, macht sich nicht nur strafbar, sondern ist auch erpressbar – zum Beispiel durch einen listigen Anwalt: »Sie haben doch damals bei meinem Mandanten etwas verschwiegen, können Sie das nicht noch mal tun?«

Unter Ausschluss der Öffentlichkeit

Auch bei Ömer A. habe ich mich mit dem Vorsitzenden Richter beraten. Ich rief ihn an und fragte, ob ich mein Gutachten unter Ausschluss der Öffentlichkeit vortragen könne. Nachdem ich ihm das Problem kurz erläutert hatte, war er einverstanden, und die Ehefrau, die im Gerichtssaal hätte bleiben können, verließ auf Bitten des Anwalts von Ömer A. freiwillig den Saal. Beide wollten nach seiner Haftentlassung wieder zusammenleben.

Aber eine Schwierigkeit blieb. Wie sollte man erklären, warum Ömer zugestochen hatte? Der Dolmetscher vermutete, dass Ömers Ehefrau seine Geschichte kannte. Sonst hätte sie wohl kaum diesen Satz gesagt, der Ömer so aufbrachte: »Ich hoffe, dass man mich genauso gut fickt, wie man dich gefickt hat.« Aber die Ehefrau könnte diesen Satz auch gesagt haben, ohne von der Vergewaltigung zu wissen. Schließlich hatte Ömer versichert, dass niemand außer dem Bruder, dem Dolmetscher und mir sein Geheimnis kannte. Aber angenommen, die Ehefrau wüsste es doch irgendwie ... auszuschließen war das nicht. So sehen wir: Nicht das Wissen selbst, sondern die Offenbarung des Wissens ist gefährlich. Hätte die Ehefrau diesen verhängnisvollen Satz nicht gesagt, dessen tiefere Bedeutung sie vielleicht gar nicht kannte, hätte Ömer sie nur »normal« bestraft und nicht fast getötet. Andererseits mag man sich fragen, was in einer langjährigen Ehe überhaupt verborgen bleiben kann. Diese Situation erklärte ich dem

Gericht dann auch: Unabhängig davon, ob die Ehefrau wusste, was in Ömer A.s Kindheit passiert war, allein seine subjektive Denkmöglichkeit, dass seine Vergangenheit bei seiner Frau und seinem Umfeld ans Tageslicht gekommen wäre, hat eine für ihn ausweglose Situation bedingt. Eine Krankheit ist das nicht, und so wurde Ömer A. wegen Körperverletzung zu einer dreijährigen Freiheitsstrafe verurteilt, weil das Opfer für ihn um Milde gebeten hatte. Er konnte nach achtzehn Monaten Untersuchungshaft nach der Hauptverhandlung nach Hause gehen, da der Strafrest zur Bewährung ausgesetzt wurde. Das Urteil sprach von einer verabscheuenswürdigen Tat, die Ömer A. aus Angst vor dem Verlassenwerden und zur Wahrung seiner männlichen Dominanz beging. Tötungsabsichten waren nicht zu erkennen. Das Geständnis, die ausgesprochen problematische Familiensituation und die Versöhnung des Ehepaars hatten dieses sehr milde Urteil ermöglicht. Der Inhalt meines Gutachtens wurde nicht erwähnt – weder bei der mündlichen Urteilsbegründung noch im schriftlichen Urteil. Es wurde lediglich festgehalten, dass eine Schuldminderung durch ein psychiatrisches Gutachten nicht festgestellt werden konnte. Dass ich jetzt darüber zu schreiben wage und die Öffentlichkeit nicht mehr ausschließe, liegt daran, dass die Familie schon lange nicht mehr in Deutschland lebt und alles so verfremdet werden konnte, dass eine Identifikation mir nicht möglich erscheint.

Die Haft

Für die Medien und für die Öffentlichkeit ist mit dem Urteil ein Kriminalfall häufig abgeschlossen. Ein Krimi hört meist viel früher auf, nämlich wenn klar ist, wer die Tat begangen hat. Für Täter und Opfer und für einige andere Beteiligte beginnt dann erst der wirklich schwierige Teil. Das Opfer leidet möglicherweise weiterhin an der Tat oder muss um eine Entschädigung kämpfen. Der Weg zurück in einen geregelten Alltag ist oft schwierig, wenngleich es das Sinnvollste ist, um mit einem Trauma oder einem Schaden zurechtzukommen. »Business as usual« mag zynisch klingen, aber so verheilen oder vernarben die Wunden schneller. Eine Therapie schließt das nicht aus, aber allein hilft sie oft zu wenig.

Der Verurteilte, sofern es sich nicht um einen hafterfahrenen Gewohnheitstäter oder einen Kriminellen handelt, der den Aufenthalt im Gefängnis als Berufsrisiko betrachtet, muss sich mit seinem Leben zwangsläufig neu arrangieren. Wie lange so etwas dauert, haben mir viele langjährig Untergebrachte berichtet, wenn ich sie zu der Frage untersuche, ob sie bei einer vorzeitigen Entlassung eine Gefahr für andere darstellen würden. Die meisten benötigen zirka zwei Jahre, bis sie sich mit ihrer Situation abfinden, sich realistisch mit ihrer Tat und deren Konsequenzen auseinandersetzen und ihren weiteren Gefängnisaufenthalt einigermaßen planen können. Diese ersten zwei Jahre brauchen sie, um sich in die Gefängniswelt einzugewöhnen, um irgendwann nicht mehr mit ihrem Schicksal und der Ungerechtigkeit der Welt zu hadern. Manche berichten von Depressionen, viele über Auflehnung, einige über ihren Traum von der Unschuld und dass sie die Falschen seien, die es getroffen habe. Verleugnung, machohaftes Gebaren und manchmal auch die Konstruktion einer Lebenslegende stellen für viele Strafgefangene Auswege aus der Krise dar. Andere planen, wie sie beim nächsten Coup geschickter vorgehen können, damit sie nicht von der Polizei erwischt werden. Wieder andere versinken in Depressionen und werden dann des Selbstmitleids bezichtigt, obwohl sie doch viel mehr Leid über andere gebracht haben. In dieser Situation helfen Arbeit und Beschäftigung, um sich mit ihrer Misere abzufinden. Im Gefängnis ist Arbeit Pflicht. Wer sie verweigert, wird disziplinarisch belangt: Einkaufsverbot und Einschränkungen beim Hofgang sind die üblichen Sanktionen. Außerdem erhalten sie infolge der Arbeitsverweigerung keinen Lohn, nur ein etwas kärgliches Taschengeld. Der Lohn Strafgefangener ist gering, aber er reicht für die meist bescheidenen Einkäufe, die in Gefängnissen zu tätigen sind. Das eigentliche Problem ist der Mangel an differenzierten Arbeits- und Schulungsmöglichkeiten. Die wenigen anspruchsvolleren Arbeitsplätze sind rasch besetzt und ebenso die angenehmeren wie die Verwaltung der Gefangenenbibliothek. Also bleibt nur die Hausarbeit wie Putzen, Essensausgabe, Kleiderkammer, wenn man keinen Beruf hat, der im Gefängnis gebraucht wird, wie Maler, Elektriker oder Schreiner. Aber das ist sinnvoller, als nichts zu tun. Müßiggang und Langeweile sind nicht nur die Grundlage für Depressionen in misslichen Lagen, sondern auch für das Planen und Träumen mit meist nicht realisierbaren Zielen und für das Aushecken von Dummheiten oder Regelverstößen.

Für viele erstmals Inhaftierte befremdlich ist die Geduld, die sie aufbringen müssen. Die Mühlen im Gefängnis mahlen sehr langsam, und die strenge Hierarchie muss eingehalten werden. Für die meisten alltäglichen Dinge gibt es Regeln, die ebenfalls viel Zeit beanspruchen. Andererseits ist das umfangreiche Regelwerk eine Hilfe, es garantiert den Gefängnisinsassen ihre Rechte.

Der psychiatrische Maßregelvollzug

Kranke Straftäter werden im psychiatrischen Maßregelvollzug untergebracht. Hier sind die Regeln lockerer, die Entscheidungswege kürzer, dafür aber weit mehr von der Einstellung des jeweils Verantwortlichen abhängig als im Gefängnis. Und es gibt deutlich weniger Rückzugsmöglichkeiten. Der Verurteilte befindet sich ja in einer Einrichtung, in der ihm geholfen werden soll, sich zu verändern, und dazu muss etwas unternommen werden.

Der psychiatrische Maßregelvollzug findet in Krankenhäusern statt, die zwar meist etwas freundlicher ausgestattet sind als Gefängnisse, aber ebenso von Mauern, Gittern und Zäunen umgeben und bewacht. Während derzeit in Deutschland etwa 63 000 Menschen in Gefängnissen untergebracht sind, leben nur etwa 6600 wegen psychischer Störungen im psychiatrischen Maßregelvollzug. Beide Zahlen sind im Übrigen rückläufig. 2003 gab es noch circa 81 000 Gefängnisinsassen. Im Maßregelvollzug ist der Rückgang nicht so dramatisch und hat auch erst im Jahr 2013 eingesetzt. Die Idee, die hinter der psychiatrischen Unterbringung steckt, ist größtmögliche Sicherheit nach außen und größtmögliche Freiheit nach innen. Hier werden Straftäter untergebracht, die schuldunfähig oder vermindert schuldfähig sind, von denen man aber in der Zukunft weitere Straftaten befürchten muss. In diesen Krankenhäusern sollte man nicht – wie im Gefängnis – Zeit absitzen, bis die Strafe verbüßt ist, sondern man sollte von einer psychischen Krankheit geheilt werden, sollte sein eigenes Verhalten geändert, seine Störung verstanden und ihr entgegengewirkt haben. Je besser dem Untergebrachten dies gelingt, desto mehr Freiräume werden ihm gewährt. Der psychiatrische Maßregelvollzug ist von einer ständigen Risikoeinschätzung und einem daran ausgerichteten Risikomanagement begleitet. Je geringer das Risiko, desto mehr dürfen die Patienten unternehmen. Geregelt wird das in einem Stufenplan, dabei bleibt der Verurteilte in der ersten Stufe noch innerhalb der Mauern. Nachdem sechs oder zehn Stufen durchlaufen wurden, das ist von Krankenhaus zu Krankenhaus verschieden, sind Übernachtungen außerhalb der Klinik gestattet. Manche Patienten schaffen das innerhalb von drei Jahren, manche brauchen dazu zehn, und einige wenige schaffen es überhaupt nicht. Der unbefristete Maßregelvollzug ist unbeliebt. Er mag zwar ein wenig komfortabler sein, doch man weiß nie, wie lange er dauert, während das bei einer Gefängnisstrafe von vornherein feststeht. Ja, selbst die vorzeitige Entlassung wegen guter Führung kann man ein bisschen planen. Doch ein Lebenslänglich gibt es im Maßregelvollzug deshalb auch nicht: Wenn die Unterbringungsdauer im Vergleich zum Strafmaß übertrieben lang wird, müssen Maßregelvollzugspatienten vom Gericht gemäß dem Verhältnismäßigkeitsgrundsatz entlassen werden. Dieser Grundsatz besagt, dass die Unterbringungsdauer weder in Bezug auf die begangene Tat noch in Bezug auf die befürchtete vom Patienten ausgehende Gefahr unverhältnismäßig sein darf. Sonst würde ja ein Patient mit einem Gehirnschaden, der nicht mehr zu heilen und kaum zu bessern ist, viel länger im psychiatrischen Maßregelvollzug bleiben, obwohl er lediglich in eine Wirtshausschlägerei verwickelt war, als ein Schizophrener, der therapeutisch gut behandelt werden kann, aber seine Tante getötet hat. Das Bundesverfassungsgericht hat bei Gustl Mollath den Verhältnismäßigkeitsgrundsatz zur Begründung seiner Entlassung aus dem Maßregelvollzug herangezogen. Mollath wurde nach sieben Jahren aus dem Maßregelvollzug entlassen. Dort war er wegen eines Ehestreits untergebracht, bei dem es zu körperlichen Auseinandersetzungen gekommen war. Er hatte sich einer psychiatrischen Untersuchung entzogen und bei der Behandlung nicht mitgemacht. Fragen des Gerichts zum

Tatvorgang hatte er nicht beantwortet. Seine Frau hatte ihm eine psychische Krankheit unterstellt und dies durch ein nervenärztliches Attest belegt. Ohne seine Mitwirkung waren ihre Behauptungen schwer zu widerlegen, und seine Weigerung erhärtete den Verdacht einer psychischen Störung, die unbehandelt weiter als Risiko, insbesondere für die Ehefrau, gelten musste. Sie hatte ihre Angst vor ihm in Briefen an das Gericht immer wieder betont.

Die Hürde für die Einweisung in die Psychiatrie ist relativ niedrig. Nach dem Grundsatz »in dubio pro reo«, deutsch: Im Zweifel für den Angeklagten, wird bei einem Täter vom Gericht eine verminderte oder aufgehobene Schuldfähigkeit angenommen, weil ihn dies vom Tatvorwurf, der Schuld und der Sanktion entlastet. Es ist aber zugleich eine erste Weiche für die Einweisung in den psychiatrischen Maßregelvollzug, der vom Gericht angeordnet werden muss, sobald eine Rückfallgefahr befürchtet wird. Die Entlassung aus dem Maßregelvollzug kann aber nur erfolgen, wenn Fachleute sicher sind, dass eine Rückfallgefahr nicht mehr besteht. Die Hürde für eine Entlassung ist somit relativ hoch. Sicherheit bei Prognosen ist ausgesprochen selten – das gilt nicht nur für den Wetterbericht, sondern auch für die Vorhersage menschlichen Verhaltens. Was morgen passieren wird, können wir noch zuverlässig prognostizieren. Was in einem Jahr passieren wird, wüssten wir vielleicht nur dann, wenn wir die Bedingungen des Lebens zu diesem Zeitpunkt gut kennen würden – aber auch das ist praktisch nie der Fall. Und so erfolgt die Entlassung aus dem Maßregelvollzug heute erst dann, wenn die Entlassungsbedingungen nicht nur definiert, sondern auch erprobt sind.

Aber wie soll man das leisten, wenn der Untergebrachte sich verweigert? So blieb Mollath im Maßregelvollzug, weil Unsicherheiten dem Gesetz nach zu Lasten des Untergebrachten gehen.

Nach dem Urteil des Bundesverfassungsgerichts beschloss der Bundestag 2016 ein neues Maßregelrecht, das dem Verhältnismäßigkeitsgrundsatz etwas mehr Geltung verschafft. Die Hürde für eine Entlassung aus dem Maßregelvollzug wurde gesenkt und häufigere Überprüfungen der Unterbringung vorgesehen. Ob sich dadurch wirklich etwas ändert, muss abgewartet werden.

Resozialisierung zwischen Reue und Rechtfertigung

Wer noch nie im Gefängnis war, glaubt vielleicht, dass ein Täter hinter Gittern geläutert wird. Durch seinen Freiheitsentzug tut er sozusagen Buße – und verlässt das Gefängnis als funktionierendes Mitglied der Gesellschaft. Doch Reue habe ich persönlich sehr selten erlebt. Und ich verstehe das, vor allem, was die wirklich schweren Verbrechen betrifft, bei denen viele Menschen mutmaßen, dass Reue am notwendigsten sei. Eine schwere Last, wie die Tötung eines anderen Menschen, die Vergewaltigung eines Kindes oder Ähnliches kann man nicht reuevoll tragen, ohne darunter zusammenzubrechen. Wer sich die Bedeutung seiner Tat in vollem Umfang eingesteht, kann nur schwerlich weiterleben. So ist es für den Einzelnen oft die bessere Strategie, die Reue zu vermeiden. Viele Täter verdrängen die Tat, beschönigen oder rechtfertigen sie oder bemitleiden sich selbst, die anderen sind schuld, die Umstände, irgendjemand oder irgendetwas hat sie zu der Tat getrieben. So können sie weiterleben – vor sich selbst in gewisser Weise entlastet von der Schuld. Die Täter, die wahrhaft Reue empfinden, versuchen in der Haft oft, sich selbst zu töten, wie Helmut P., der seine Frau Hedwig an Ostern erschlug.

Ich weiß nicht, wie angemessene Reue für eine bestimmte Tat aussehen soll. Reue ist kein Begriff, der sich in der wissenschaftlichen Terminologie findet, und empirisch nachgewiesen ist die wiederholte Beteuerung eines Gefangenen, dass er bereue, was passiert sei, kein Schutz vor der Wiederholung einer Tat. Davon abgesehen kann man viel sagen, und natürlich wissen Angeklagte, dass es gut ankommt, wenn sie vor Gericht ihre Tat bedauern und bereuen. Je glaubhafter, desto besser für sie. Wie tief diese Reue wirklich geht – das wissen nur sie selbst. Auch die Ladendiebin, die im Gefängnis sitzt, weil sie zum zehnten Mal Drogerieartikel gestohlen hat, kann kaum glaubhaft von Reue sprechen, sondern eher von der Scham, dass man sie jetzt eingesperrt hat und alle Nachbarn Bescheid wissen. Und natürlich kann man etwas bereuen, weil man seinen Ruf, Geld, ein komfortables Leben verliert. Man bereut also nicht die Tat, sondern die Folgen für einen selbst.

Aber dennoch erwarten wir von den Verurteilten – unabhängig davon, ob sie im Gefängnis oder im psychiatrischen Krankenhaus untergebracht sind –, dass sie sich mit ihrer Straftat auseinandersetzen. Sie sollen erkennen, was dazu geführt hat, dass sie diese Tat begangen haben oder was verhindern kann, dass sie erneut straffällig werden. All dies ist schwieriger, als es sich anhört. Wir brauchen uns nur einmal zu überlegen, wie wir selbst mit unseren Fehlern umgehen, wenn wir zu spät kommen, seitenspringen, zu ungeduldig mit den Kindern sind, den Partner ständig gängeln, Geschwindigkeitsbeschränkungen überschreiten, alkoholisiert am Steuer sitzen und so weiter. Auch wenn wir es uns immer wieder vornehmen – es ist nicht leicht, etwas zu verändern, das schon lange besteht. Selbst dann nicht, wenn wir wissen, dass wir lieben Menschen damit wehtun. Die meisten Menschen, egal ob hinter Gittern oder in Freiheit, finden Rechtfertigungen für ihr Verhalten. Ihre Änderungsbeteuerungen sind halbherzig und überdauern die nächste Herausforderung nicht. Tatsächlich reichen das Erkennen der Fehler und das Überlegen von Alternativstrategien nicht, man muss weit im Vorfeld einer unerwünschten Handlung die Vorwarnzeichen erkennen und ihnen entgegenwirken. Und man muss alternative Handlungen einüben, damit sie einem auch in Krisenzeiten – quasi automatisch – zur Verfügung stehen.

Bei Verurteilten, die zumeist einen sehr viel problematischeren Lebenslauf und sehr viel mehr dysfunktionale Verhaltensstrategien an den Tag legen als die Durchschnittsbevölkerung, ist die Veränderungsbereitschaft meist noch geringer. Die Mehrzahl denkt, dass sie durch das Verbüßen der Strafe oder durch den Freiheitsentzug in der forensischen Psychiatrie schon genug geleistet hätte. Und früher war das ja auch so. Der Täter, der seine Schuld verbüßt hatte, war mit der Gesellschaft wieder im Reinen, wie ein Kind, das seine Strafarbeit gemacht oder seinen Hausarrest abgesessen und Reue gezeigt hatte. In dieser Hinsicht ist es beim Umgang mit Strafgefangenen zu einem radikalen Wandel gekommen. Schon seit der Strafrechtsreform 1975 war die Resozialisation und Reintegration eines Straftäters dem Gesetz nach die wichtigste Aufgabe des Strafrechts. In der Praxis galt die Aufgabe der Justiz aber erfüllt, sobald der Täter das Gefängnis verlassen hatte. Was hinter den Mauern von Gefängnissen oder psychiatrischen Krankenhäusern des Maßregelvollzugs passierte, interessierte kaum jemanden, ebenso wenig der Schutz der Allgemeinheit vor Rückfalltätern. Das hat sich in den letzten dreißig Jahren so dramatisch geändert, dass viele Fachleute von einem Paradigmenwechsel sprechen.

Die Entlassung

Behandlungen finden nicht nur im psychiatrischen Maßregelvollzug, sondern auch in speziellen sozialtherapeutischen Abteilungen für Sexual- beziehungsweise Gewaltstraftäter in Gefängnissen statt. Manchmal, insbesondere wenn ein Strafrest zur Bewährung ausgesetzt wird, ordnet man bei ihnen, ebenso wie bei Patienten des Maßregelvollzugs, eine therapeutische und kontrollierende Nachsorge nach der Entlassung an. Gleichzeitig wird von speziellen Abteilungen der Polizei eine kontrollierende und stützende Überwachung bei bestimmten Straftätergruppen durchgeführt. Für diese Straftäter bedeutet dies auf der einen Seite, dass sie viel länger unter staatlicher Kontrolle stehen als früher. Dafür werden sie aber nach der Entlassung aus dem Gefängnis nicht alleingelassen, wie das seinerzeit der Fall war. Sie erhalten Hilfe und gelegentlich auch eine Warnung, ehe sie wieder auf die schiefe Bahn geraten. Bei jeder Entlassung ist ein Scheitern einkalkuliert. Dieses zu verhindern ist Aufgabe des Risikomanagements. Bewährungshilfe, Nachsorge und eventuell die Polizei müssen die Risikoszenarien kennen, die eine erneute Gefahr heraufbeschwören könnten. Sie müssen auf die spezifischen Frühwarnzeichen reagieren, z. B. wenn der Kindsmissbraucher sich wieder in der Nähe einer Grundschule herumtreibt oder der Wirtshausschläger übermäßig Alkohol trinkt; und sie müssen frühzeitig eingreifen, um eine potenzielle Gefährdung gar nicht erst aufkommen zu lassen. Die Kunst dabei ist, nicht unnötig und nur angemessen zu reagieren, weil das Risikomanagement sonst von den Haftentlassenen nicht ernst genommen und von manchen Menschen missbraucht werden würde, wenn man z. B. einem unliebsamen Nachbarn Schwierigkeiten machen will.

Tatsächlich finden sich viele Menschen, die langjährig im

Gefängnis saßen, nach ihrer Entlassung nicht mehr in einer Welt zurecht, die sich zunehmend schneller ändert. Sie kapitulieren vor Herausforderungen, die für uns gar keine darstellen. Mancher Haftentlassene weiß nicht, wie er eine Bahnfahrkarte kaufen soll, weil man vor seiner Verhaftung zum Schalter ging, jetzt aber einen Automaten bedienen muss. Die Hemmschwelle, einfach jemanden anzusprechen und zu fragen, ist hoch. Ich habe Strafentlassene erlebt, die sich lieber ein Taxi für 200 Euro nahmen, um von der entlegenen Strafanstalt nach München zu fahren, aus Angst, ohne den richtigen Fahrschein wegen Schwarzfahrens eingesperrt zu werden. So verbrauchten sie an einem Tag ein Fünftel ihres Entlassungsgeldes. In München angekommen, war auch der Rest schnell ausgegeben. Es hätte ihnen Obdachlosigkeit gedroht, wäre ihnen nicht jemand beiseitegestanden und hätte geholfen, den komplizierten Weg durch die Ämter anzutreten.

Wie subtil die Schwierigkeiten sein können, hat mir ein Ingenieur berichtet, der wegen der Tötung eines Nebenbuhlers fünfzehn Jahre im Strafvollzug verbrachte. Er hatte in der Haft ein Mathematikstudium abgeschlossen und sich, ohne disziplinarisch belangt zu werden, gut geführt, gut gehalten, Sport getrieben, an Gesprächskreisen mit dem Pfarrer teilgenommen. Er galt als Vorzeigehäftling. Zur Vorbereitung seines Lebens in Freiheit wurde er tageweise beurlaubt, erst in Begleitung von Beamten, dann mit einer Bekannten und letztlich allein. Während einer dieser Freigänge wollte er jemanden anrufen und ging in ein Postamt. Am Schalter erkundigte er sich, wo denn die Telefonkabinen seien. Die junge Postangestellte musterte ihn, als käme er von einem anderen Stern. »Te-le-fon-ka-bi-nen?« Er murmelte eine Entschuldigung und verließ mit rotem Kopf das Postamt, überzeugt davon, dass die Frau gleich erkannt habe, dass er ein Strafgefangener sei. Denn das meinen diese Menschen dann, da es ja ihrer Realität entspricht. Wir kommen auf die absurdesten Ideen, wenn wir das, was in unseren Köpfen vorgeht, auch in anderen vermuten. Dieses Erlebnis zeigte dem Freigänger, dass er für das Leben in Freiheit noch nicht gerüstet war. Er bestand darauf, auf Neuerungen, die sich seit seiner Verhaftung ergeben hatten, vorbereitet zu werden, und verbrachte dafür auf eigenen Wunsch ein Jahr länger im offenen Vollzug. Das kann er, weil die gesetzliche Regelung besagt, dass die vorzeitige Entlassung aus einer Strafhaft nur mit der Zustimmung des Gefangenen erfolgen kann.

Und was darf das kosten?, werde ich häufiger gefragt, weil auch ich gelegentlich ähnliche Vorschläge mache. Wenn man die Kosten eines Verbrechens oder einer gescheiterten Rehabilitation gegen die Kosten für eine sorgfältige Entlassungsvorbereitung, eine vernünftige Nachsorge und ein angemessenes Risikomanagement aufrechnet, so ist Letzteres ungleich billiger. Ein Tötungsdelikt verursacht mehr als eine Million Euro direkter Kosten – durch die polizeilichen Ermittlungen, die Gerichtskosten und die Unterbringungskosten im Gefängnis. Weitaus höher sind die indirekten Kosten, da der Täter, das Opfer und möglicherweise auch einige Angehörige aus dem Arbeitsprozess herausfallen, kein Geld mehr verdienen, keine Steuern und Versicherungen zahlen, berentet und vom Versorgungssystem abhängig werden, medizinisch und psychotherapeutisch behandelt werden müssen und gegebenenfalls Opferentschädigung beanspruchen. Vergleichbares gilt in etwas geringerem Umfang für alle schwerwiegenden Delikte, bei denen Täter zu längeren Haftstrafen verurteilt werden und die Geschädigte aus dem bisherigen Leben herausreißen.

Die Kosten von Verbrechen sind erst in den letzten zehn Jahren ernsthaft thematisiert worden und haben gezeigt, dass es sehr viel billiger ist, Rückfallverbrechen durch Risikomanagement und Betreuung zu verhindern, als dann bezahlen zu müssen, wenn das Verbrechen passiert ist.

Bei der Begutachtung – die vor jeder Entlassung aus langjährigen Haftstrafen erfolgen muss – berichtete mir der Ingenieur, welche Änderungen ihn überrascht hatten, z. B. für wie viele Abwicklungen man einen PIN-Code benötigt, den er seinerzeit nur für die Bankomatkarte kannte. Die automatisierten Kontoauszugsdrucker waren ihm ebenso neu wie computergestützte Ticketverwaltung am Flughafen und vieles mehr. Versetzt man sich in die Lage eines solchen Menschen, erkennt man schnell, wie anstrengend das Leben in Freiheit sein kann, das in gewisser Weise noch einmal gelernt werden muss. Wer soll einem da helfen? Vielleicht die alten Freunde, vor denen man sich nicht zu schämen braucht, weil sie ja wissen, dass man im Knast war, und die dieses Schicksal teilten? Vielleicht ist das aber nicht wirklich ratsam. Denn dann ist man schnell in alten Kreisen, und die haben sich nicht wirklich geändert. Sie stellen aber andererseits die einzige Konstante in einer als fremd und unübersichtlich erlebten Welt dar. Für viele Haftentlassene ist ein geordneter Neuanfang sehr schwer.

Als in den 80er-Jahren des vorigen Jahrhunderts einige engagierte Juristen und Sozialpädagogen sozialtherapeutische Abteilungen für Strafgefangene und einige Psychiater ambulante Nachsorge für Patienten, die aus der forensischen Psychiatrie entlassen wurden, forderten, wurden sie von Politik und Justiz als Außenseiter belächelt. Das unschöne Wort der Gutmenschen, die glaubten, Kriminalität heilen zu können, wurde ihnen mehr als einmal entgegengehalten. In Bayern musste der Begriff Sicherheitsnachsorge eingeführt werden, weil das Konzept der ambulanten Nachsorge signalisieren würde, dass man Entlassenen etwas Gutes vermitteln wollte, Sicherheit aber eine Wohltat für die Allgemeinheit bedeuten würde. In Baden-Württemberg wurde der sinnvolle Satz »Täterbehandlung ist Opferschutz« geprägt, um Gelder für den Aufbau der Ambulanzen zu rechtfertigen. Erst relativ spät haben Politiker und Justiz auf breiter Ebene entdeckt, dass die Kosten des Verbrechens, namentlich der Rückfall eines in der Vergangenheit verurteilten Straftäters, dessen Gerichtsprozess, sein erneuter Gefängnisaufenthalt, die Kosten für das Opfer und dessen Arbeitsausfall, der Ausfall an Arbeitsleistung, an Versicherungsbeiträgen und Steuern, die aufgebracht worden wären, wenn der Betreffende nicht rückfällig geworden wäre, weit höher sind als die Kosten für die ambulante Nachsorge. All diese Erkenntnisse haben dazu geführt, dass sozialtherapeutische Abteilungen in Gefängnissen, ambulante Nachsorge für Entlassene und polizeiliche Überwachung und Unterstützung seit etwa 2010 zur Selbstverständlichkeit geworden sind. Der erfreulichste Effekt dieser Entwicklung ist jedoch, dass die Zahl gravierender Rückfälle von entlassenen Straftätern um ein Drittel, in Teilbereichen um die Hälfte zurückgegangen ist. So hat sich der Opferschutz tatsächlich verbessert, und es müssen weniger Menschen in Gefängnissen und insbesondere in der forensischen Psychiatrie eingesperrt werden.

Kriminalitätsfurcht und Realität

Wie weit kann diese Entwicklung noch gehen? Wo können wir, die wir Verbrechensbekämpfung, Opferschutz und Resozialisierung von Straftätern zu unserer beruflichen Aufgabe gemacht haben, uns noch verbessern? Ich weiß es nicht. Steven Pinker* nimmt an, dass ein Basissatz für gewaltsame Todesfälle von 0,6 pro 100 000 Einwohner in den westeuropäischen Ländern das optimal Erreichbare sein dürfte. Dieser Rest würde bleiben, weil es immer

---

* Pinker, Steven (2011): Gewalt: Eine neue Geschichte der Menschheit. Frankfurt am Main, S. Fischer Verlage.

Familienstreitigkeiten, psychische Ausnahmezustände und einige kriminelle Motive geben wird, die man nicht beseitigen kann. Diesen Wert haben wir schon fast erreicht. Im Jahr 2014 gab es in Deutschland 624 vollendete Tötungsdelikte bei einer Bevölkerungszahl von etwa 80 Millionen Menschen, das entspricht einer Häufigkeitszahl von 0,78 pro 100 000 Einwohner. Dreißig Prozent der Tötungsdelikte wurden übrigens vom Partner begangen. Diese Entwicklung kann man erst wirklich wertschätzen, wenn man überlegt, dass es 1993 circa 1400 vollendete Tötungen gab und im Jahr 2000 noch circa 1000, was für 1993 eine Häufigkeitsziffer von 1,75 pro 100 000 und 2000 von 1,25 pro 100 000 bedeutete. Natürlich besagen solche Zahlen nichts für den Einzelfall, wenn man selbst oder ein nahestehender Mensch Opfer eines Verbrechens geworden ist. Die Wissenschaft kann daraus jedoch Erkenntnisse über die Kriminalitätsentwicklung ableiten und über Erfolg und Misserfolg der getroffenen Maßnahmen. Konkret lässt sich belegen, dass für Menschen im Jahr 2016 ein nicht halb so hohes Risiko besteht, von einem Fremden getötet zu werden, als dies 1993 der Fall war. Die Abnahme der Verbrechenshäufigkeit ist in vielen Deliktgruppen festzustellen, wenngleich nicht so ausgeprägt wie bei Tötungsdelikten. Wir leben heute sicherer – aber wir haben auch viel für diese Sicherheit getan.

Faszinierenderweise hat sich die Angst vor den Verbrechen allerdings nicht vergleichbar reduziert, sie ist vielmehr, wie Umfragen zeigen, gestiegen. Die gefühlte Bedrohung ist deutlich größer, als es die erfreulichen Zahlen aus der polizeilichen Bundeskriminalstatistik nahelegen. Aber die gefühlte Bedrohung wird greller beleuchtet als die Realität. Ich merke das, wenn Reporter mich nach einem aufsehenerregenden Verbrechen um ein Interview bitten, damit sie ihren Lesern und Zuhörern auch ein wenig Fachliches mitteilen können. »Haben Sie eine Erklärung, warum es immer mehr Gewalt bei uns gibt?«, lautet die beliebteste Frage. Und wenn ich korrigiere, dass das falsch sei, dass wir im Gegenteil eine Abnahme der Gewalt verzeichnen, werde ich gefragt: »Was müsste die Politik tun, um der Zunahme von Gewalt Einhalt zu gebieten?«

Man hört nur, was man hören will? Schlechte Nachrichten verkaufen sich besser? Aber sie haben eben Folgen: Die Dramatisierungsneigung der Medien bei schlechten Nachrichten dürfte einer der Gründe für die Kriminalitätsfurcht so vieler Menschen sein. Ein anderer ist wahrscheinlich, dass unsere Bevölkerung immer älter wird. Ältere Menschen sind vorsichtiger, ängstlicher und fühlen sich schutzbedürftiger. Kriminalität scheint für sie als Risikofaktor weit bedrohlicher zu sein als für jüngere Menschen, weil sie sich wehrloser fühlen. Doch alte Menschen werden viel seltener Opfer von Verbrechen. Körperverletzungen und Sexualdelikte treffen die Älteren nur zu einem verschwindend geringen Teil. Und Wohnungseinbrüche oder gravierende Betrugsdelikte sind bei ihnen nicht häufiger als bei den Jüngeren. In diesem Zusammenhang sei darauf hingewiesen, dass das Alter aber auch vor Verbrechensbegehung schützt und die Zunahme des Alters der Bevölkerung ein Faktor für die Abnahme der Kriminalität ist. Es gibt viel weniger junge Leute als früher und damit auch weniger Kriminelle in diesem Alter.

Kriminalitätsfurcht resultiert unter anderem aus einem Paradox. Die Risikoforschung hat gezeigt, dass ein unbekanntes Risiko in der Regel viel dramatischer beurteilt wird als ein bekanntes. Der Alpenraumbewohner kennt das Risiko des Kletterns, für ihn ist es nicht dramatisch. Der Flachländer bekommt schon bei der Betrachtung des Freeclimbers Schweißausbrüche. In einem Umfeld, in dem jedem Einwohner Bedrohung und Gewalt bekannt ist, in dem er gelernt hat, sich zu schützen, ist die gefühlte Angst vor einem Übergriff geringer als in einem Umfeld, in dem Kriminalität nur aus den Medien bekannt ist.

Aber auch das hat seine gute Seite. Je mehr Kriminalitätsfurcht die Wähler umtreibt, desto intensiver müssen Politiker sich dieser Sorge annehmen und die Kriminalitätsbekämpfung verbessern. Insofern könnte das Paradox zwischen Realität und Kriminalitätsfurcht zu einer weiteren Abnahme der tatsächlichen Bedrohung durch Verbrechen beitragen. Und hier spielen die Medien eine Hauptrolle, wenn auch als Schaf im Wolfspelz. Sie schüren eine ungerechtfertigte Furcht, um ihre Verkaufszahlen zu erhöhen – und in der publizierten Entrüstung steckt nebenbei ein Quäntchen Bedauern, weil ihnen der Stoff auszugehen droht.

Das Verbrechen und die Gesellschaft

Eine Gesellschaft ohne Verbrechen ist mir nicht bekannt und kaum vorstellbar. Aber wenn man die internationalen Kriminalstatistiken betrachtet, kann man durchaus Unterschiede erkennen. In manchen Ländern geschehen deutlich mehr Verbrechen als in anderen. So ist in den USA, wo Waffenbesitz mancherorts zum guten Ton zu gehören scheint, die Zahl der Gewaltdelikte etwa zehnmal so hoch wie in Deutschland, in den anderen deutschsprachigen und den meisten mitteleuropäischen Ländern; in Japan ist sie deutlich niedriger. Im Vergleich der europäischen Länder bewegen wir uns im unteren Drittel, wir leben also relativ sicher. Mit Gewalt und Verbrechen kommen wir allenfalls bei der täglichen Zeitungslektüre oder vor dem Fernseher in Berührung. Von vielen anderen Straftaten wie Geldschiebereien, Versicherungsbetrug oder Cybercrime – Kriminalität über oder mit Hilfe der Möglichkeiten von Computern und Internet – merken wir praktisch nichts. Und die Täter, die dahinterstecken, kommen weder zur Begutachtung noch werden sie psychiatrisch behandelt. Zudem agieren sie häufig im Ausland. Aber dennoch sind wir in unserm Alltag von Verbrechen und Verbrechern umzingelt, nämlich in den Medien.

Medien als Verbrechensverstärker

Stellen Sie sich vor, Sie würden eine Woche lang weder Zeitung lesen noch Nachrichten im Fernsehen oder Internet ansehen. Wäre Ihre Welt dann nicht gleich viel friedlicher? Sie würden nichts von dem Drogenkrieg in Kolumbien erfahren und dass irgendwo in Afrika schon wieder Mädchen verschleppt wurden, würden nichts von den täglichen zahlreichen Terroranschlägen hören, die heute schon unter den Kurzmeldungen berichtet werden. All dies sind Ereignisse, die wir nicht beeinflussen können und die deshalb ein Gefühl der Ohnmacht zurücklassen. Wir erfahren etwas, das wir gerne verändern würden, können es aber nicht. Und das ist kein gutes und auch kein gesundes Gefühl. Bei manchen Menschen führt der unkontrollierte Medienkonsum nicht nur zu der oben erwähnten Kriminalitätsfurcht, sondern auch zu Persönlichkeitsveränderungen … Ich sehe, ich lese, ich höre, dass überall Entsetzliches passiert. In jedem meiner Mitmenschen kann sich ein Abgrund verbergen. Ich muss mich wappnen. Ich muss auf das Schlimmste gefasst sein … tatsächlich? Als forensischer Psychiater möchte ich Ihnen sagen: Die Welt ist besser, als Sie glauben. Schauen Sie genau hin!

Schaufenster Psychiatrie

Als ich meine erste Professur in Würzburg antrat, bat mich der Klinikdirektor zu einem Gespräch. Einer seiner Sätze, den ich mir gemerkt habe, lautete: »Die forensische Psychiatrie ist ein Schaufenster, durch das die Öffentlichkeit auf die Psychiatrie blickt. Machen Sie mir keine Schande, Herr Nedopil.« Der Vergleich stimmt, das hat eine Analyse von Tageszeitungen und politischen Wochenmagazinen mit Hilfe von Suchprogrammen ergeben. In mehr als der Hälfte der Fälle ging es beim Begriff Psychiatrie um die forensische, in den meisten Fällen um Verbrechen, bei denen ein Täter begutachtet wurde. Die Psychiatrie als medizinisches Fach, das sich der Heilung und Linderung von psychischen Krankheiten widmet und wesentlich größer ist und von dem viel mehr Menschen betroffen sind als von der forensischen Psychiatrie, tritt im öffentlichen Interesse weit dahinter zurück. Warum? Der forensische Psychiater wird nicht durch seine Forschung, nicht durch seine Persönlichkeit und auch nicht durch sein besonderes Auftreten berühmt, sondern durch »seine« Verbrecher. Ein Täter wird prominent durch die möglichst schreckliche Tat, die er begangen hat, oder durch sein prominentes Opfer. Der Gutachter, der diesen prominenten Täter exploriert, steigt auf zum renommierten Gutachter. *Das ist doch derjenige, der beim Sedlmayr, beim Moshammer, beim Kachelmann Gutachter war. Also muss er was auf dem Kasten haben? Ist das nicht der, der ein Gutachten über den Kanniba-*

len erstellt hat? Die Fragen der Reporter verraten meistens, welche Antworten sie sich wünschen: Wie haben Sie sich gefühlt, als Sie einem Menschen gegenübersaßen, der einen anderen gegessen hat? Sex and crime sells, und die Zuhörer und Zuseher gruseln sich gern, sicher verwahrt auf ihren bequemen Sofas und Sesseln. Und jetzt ist er ja gefasst, der Kannibale von Rothenburg, Armin Meiwes. Und auch der Maskenmann Martin Ney und der Briefbombenbastler Franz Fuchs – Einzelfälle, die namentlich bekannt gemacht wurden und noch Jahre später im Internet nachzulesen sind. Sie haben in der Boulevardpresse einen vorübergehenden Hype entfacht und sind wieder verschwunden, ohne nachhaltige Spuren zu hinterlassen.

Andere Fälle führen zu lang anhaltenden öffentlichen Debatten – und es sind häufig nicht die berühmten Namen, die dies bewirken, sondern das öffentliche Klima, das sich an einem solchen Täter oder an einem Verbrechensopfer verdichtet, Identifikation für viele ermöglicht und öffentliche und letztendlich auch politische Wellen hinterlässt. Der Mord an der siebenjährigen Natalie Astner im September 1996 unterschied sich bezüglich der Tragik und der individuellen Betroffenheit nicht von anderen Kindstötungen. Er war aber der Fall, der lange und ausführlich in den Medien diskutiert wurde und der ausschlaggebend für Gesetzesverschärfungen und Änderungen der Justiz- und Gutachtenspraxis war. Zum damaligen Zeitpunkt war die Stimmung in der Öffentlichkeit aufgeheizt gegen Sexualstraftäter. Einige besonders dramatische Aufdeckungen von Straftaten führten dazu, dass nicht nur die Verbrechen selbst an den Pranger gestellt wurden, sondern auch das Versagen der Verantwortlichen, der Polizei, der Justiz, der Gefängnisse und nicht zuletzt der forensischen Psychiater. Obwohl die Psychiatrie hier keine Entscheidungsfunktion hatte, stand sie zeitweise im Mittelpunkt der Medienschelte. Beim Mord an Natalie Astner konnte man sehr eindrücklich die vielen Resonanzkörper erkennen, die für den medialen Hype verantwortlich sind. In Bezug auf andere presseträchtige Modethemen, z. B. den Umgang mit der Klimakatastrophe, hat man dieses gegenseitige Aufschaukeln zwischen Medien, Öffentlichkeit und Politik analysiert und es als politisch-publizistischen Verstärkerkreislauf bezeichnet, der dann gesetzgeberische oder administrative Folgen für die Psychiatrie und deren Patienten haben kann. Er lässt sich etwa so darstellen: Die Presse entdeckt ein Thema, z. B. das Leiden der Opfer von Verbrechen. Politiker wollen mediale Aufmerksamkeit, sie wollen in der Presse zitiert werden. Sie suchen gezielt nach presseträchtigen Themen und greifen das Modethema auf. Damit werden sie in der Presse zitiert, und man applaudiert ihnen. Die Bemerkung des deutschen Altbundeskanzlers Gerhard Schröder im Jahre 2001 »Wegschließen – und zwar für immer« ist ein gutes Beispiel für diesen Verstärkerkreislauf. Der Satz wurde in den Medien weit verbreitet, er wurde ebenso wie viele andere Äußerungen von Politikern zu Modethemen von der Presse aufgenommen, und der Verstärkerkreislauf setzte sich fort. Ein solcher Kreislauf zwingt die Politiker zum

Handeln, auch wenn sie das ursprünglich gar nicht wollten. Sie treten dann mit Lösungsvorschlägen an die Presse, wodurch das Modethema erneut in das Bewusstsein der Öffentlichkeit gerückt wird. »Warum gibt es immer mehr Sexualstraftaten?«, wird gefragt, obwohl das nicht der Kriminalitätsstatistik entspricht. Tatsächlich ist die Zahl der Sexualmorde von 1981 bis 1990 von etwa neunzig auf siebzehn und jene der sexuell motivierten Kindstötungen von acht auf drei gesunken. Die Zahl der Veröffentlichungen zum Thema Kindesmissbrauch stieg im gleichen Zeitraum von etwa fünfzig auf neunhundertfünfzig pro Jahr. Nun bilden sich die meisten Menschen ihre Meinung nicht durch tatsächliche Vorkommnisse, sondern durch die Häufigkeit, mit der sie in den Medien erscheinen. Viele Veröffentlichungen zu einem Thema machen ein Problem größer, als es manchmal ist. Somit entstehen durch den Verstärkerkreislauf Entscheidungszwänge, deren Grundlagen manchmal kaum nachvollziehbar sind und deren Folgen häufig nicht bedacht werden. Was wir aufnehmen, womit wir uns beschäftigen, das formt unsere Einstellung. Worauf wir unsere Aufmerksamkeit richten, das verstärkt sich. Wir schauen es mit der Lupe an, und es erscheint uns viel größer. Sehen wir ständig Verbrechen, hören wir ständig von missbrauchten Kindern, haben wir den Eindruck, von Gewaltverbrechern umgeben zu sein. Und wenn sich dies einmal eingeprägt hat, sind wir in der Regel nicht mehr bereit für Korrekturen, haben kein offenes Ohr mehr für die Wahrheit. Menschen neigen dazu, an einem Vorurteil kleben zu bleiben. Lieber das Tempo erhöhen, mit dem man in die Sackgasse rast, als umzukehren. Das gilt sowohl für Handlungen als auch für Meinungen, da kann man den Irrtum noch so oft betonen. Ich erinnere Sie erneut, falls Sie es versehentlich vergessen haben: Die Zahl der angezeigten Tötungsdelikte von 1993 bis 2010 ging von 1500 auf 540, also um fast zwei Drittel, zurück. Fachleute sollten also nicht nach dem Phänomen gefragt werden, warum es immer *mehr* Verbrechen gibt, sondern warum es immer *weniger* gibt. Aber kaum ein Journalist stellt eine Frage zu der beachtlichen Abnahme der Kriminalität. Und würde man darauf antworten, dass dies zeige, dass man in der Bekämpfung und Vorbeugung von Verbrechen auf dem richtigen Weg sei und es jetzt darum gehe, diesen mit langem Atem geduldig fortzusetzen, wäre das kaum eine Zeile in der Presse wert. Ein Politiker könnte sich eine solche Antwort schon gar nicht leisten, weil er dann kein Macher, sondern ein Zauderer wäre, und das käme nicht gut an. In meinen Diskussionen mit Ministerinnen und Ministern habe ich wiederholt gefragt, warum sie denn nicht auf das Erreichte hinweisen und vor blindem Aktionismus warnen. Die durchaus offene Antwort war, dass sie dann als ohnmächtig und inkompetent erscheinen oder dargestellt werden würden, als Verantwortliche, denen keine Lösungen für die brennenden Fragen der Wähler einfallen. Tatsächlich haben Zwischenfälle, die von Strafgefangenen und Maßregelvollzugspatienten ausgingen, auch schon zum Sturz von Ministern geführt.

Der politisch-publizistische Verstärkerkreislauf bezieht sich in meinem Fachgebiet nicht nur auf die Entrüstung im Fall von schweren Verbrechen, sondern auch auf eine vermeintlich ungerechtfertigte Freiheitsberaubung eines Täters, den die Presse und die Öffentlichkeit für rechtschaffen halten. Tatsächlich gibt es Menschen, die zu Unrecht verurteilt wurden und die nicht im Gefängnis oder in einer psychiatrischen Maßregelvollzugsklinik eingesperrt sein sollten. Das kommt in Deutschland selten vor, ist aber nicht gänzlich zu vermeiden, weil überall, wo Menschen arbeiten, Fehler nicht völlig ausgeschlossen werden können. In der Presse werden solche Fälle kurz erwähnt, man bedauert zwar, aber die mediale Aufmerksamkeit ist meist gering. Wo gehobelt wird, fallen nun mal Späne. Wenn aber das Klima reif ist, wenn sich nach einer Welle des »Wegsperrens für immer« herausstellt, dass einige Verurteilte unnötig lang und manche zu Unrecht ihrer Freiheit beraubt wurden und sich das Thema des Machtmissbrauchs von Justizvollzug und forensischer Psychiatrie in den Fokus der Entrüstung verschiebt, wird ein vergleichbarer medialer Aufwand mit einem Verstärkerkreislauf in Gang gesetzt. Gustl Mollath wurde zu einem solchen Fall, der die Medien sowie die Politik bis zum Ministerpräsidenten und zu einem Untersuchungsausschuss beschäftigte, der eine Ministerin in Schwierigkeiten brachte und schließlich erneute Gesetzesänderungen nach sich zog.

Für den Fachmann und Wissenschaftler betrüblich ist es, dass es dieser medialen Prozesse bedarf, um Änderungen des Systems zu erreichen, während wissenschaftliche Erkenntnisse, die zu dem gleichen Ergebnis geführt hätten, nicht umgesetzt werden, obwohl sie schon lange veröffentlicht waren. Wissen allein reicht nicht aus, um vernünftige Lösungen voranzutreiben, es bedarf des medialen Drucks. Ohne den Medienhype nach der Ermordung von Natalie Astner wäre die von Kriminologen und Psychiatern lange propagierte sozialtherapeutische Behandlung von Sexualstraftätern nicht umgesetzt worden, und ohne die öffentliche Diskussion um Gustl Mollath wäre die Unterbringungsdauer im psychiatrischen Maßregelvollzug kaum einer wirklich kritischen Prüfung unterzogen worden.

Durch den von der Presse vermittelten öffentlichen Druck hat sich die Landschaft der forensischen Psychiatrie wiederum verändert: Die gleichen Gerichte und Oberlandesgerichte, die bis vor Kurzem den Verhältnismäßigkeitsgrundsatz nahezu vergaßen und jede Verlängerung einer Unterbringung »durchwinkten«, stellen jetzt kritische Fragen an Maßregelvollzugseinrichtungen und Sachverständige. Sie wollen wissen, ob eine Therapie adäquat war, sie erkundigen sich nach Rückfallraten und Wahrscheinlichkeiten und entlassen Patienten, wenn sie unbefriedigende Antworten erhalten. Das ist aus meiner Sicht eine positive Entwicklung, die nicht durch Rezeption wissenschaftlicher Erkenntnisse und deren Veröffentlichungen, die es durchaus gab, erreicht wurde, sondern durch die Aktivität der Medien.

Buhmann Psychiatrie

In vielen öffentlichen Diskussionen spielte die forensische Psychiatrie eine gewichtige Rolle, meist als Buhmann, der für das Versagen des Systems herhalten musste, entweder weil sie – entsprechend der medialen Darstellung – Menschen auf freien Fuß setzte, die später erneut Verbrechen begingen, oder weil sie rechtschaffene Menschen »wegsperrte« und ihren Kampf um die Freiheit sabotierte. Sie werden verstehen, dass ich dies für ungerechtfertigt halte. Ich weiß aber natürlich, dass mein Fach für die meisten Menschen so undurchschaubar und unheimlich ist, dass es ihnen vielleicht ein bisschen Angst macht. Angst entsteht, wenn man mit etwas konfrontiert wird, was man nicht kennt und was man nicht gewohnt ist. Das Unbekannte, das Fremde, oft auch das Neue machen Angst. Und dagegen gibt es nur ein Rezept: Augen auf, hinsehen, erkennen, was das genau ist, vielleicht die Erkenntnis: Ich muss mich nicht fürchten. Die Angst bleibt bestehen, wenn man vor etwas bewusst oder unbewusst die Augen verschließt. Das ist kein guter Plan, vor allem, wenn man der Sache nicht dauerhaft ausweichen kann. Wir können die Kriminalität in unserer Gesellschaft ebenso wenig ignorieren wie die Tatsache, dass Menschen, auch in unserer näheren Umgebung, psychisch krank werden. Die forensische Psychiatrie beschäftigt sich mit beidem, sie geht mit dem um, was den meisten Menschen Angst oder zumindest Unbehagen bereitet, von dem sie nicht wirklich etwas wissen und oft gar nichts wissen wollen. Vielleicht wird aus diesem Grund der Psychiater mancherorts misstrauisch beäugt. Schließlich beschäftigt er sich mit diesem komischen Zeug. Und womöglich färbt seine Klientel auf ihn ab? Filme wie »Einer flog über das Kuckucksnest« scheinen dies zu bestätigen.

Die Realität sieht anders aus. Und dennoch bleibt das Geheimnisvolle in den Köpfen der Menschen. Ein Denken, Fühlen, Einstellungen und Verhalten, das nicht mit unserem Erfahrungsschatz in Einklang zu bringen ist. Und das ist zugleich das Faszinierende, wenn wir es aus einer gewissen Distanz und ohne tatsächliche Bedrohung betrachten. Ja, dann kann der Blick in eine andere Welt sehr interessant sein!

Der forensische Psychiater als Schamane?

Forensische Psychiater werden von der Presse gelegentlich in eine Rolle gedrängt, die früher von Schamanen und Priestern eingenommen wurde. Sie sollen das Unerklärliche erklären. Meist ohne dass ihnen diese Rolle bewusst ist, haben sie damit Anteil an der Gestaltung des moralischen Wertegefüges. So findet ein Dialog statt, in den Affekte, Einstellungen und Wertungen weit mehr mit einfließen als bei jeder anderen Wissensvermittlung. Bei der Risikokommunikation hat man diese Prozesse relativ gut untersucht: Risiko ist objektiv das Ausmaß eines potenziellen Schadens multipliziert mit der Wahrscheinlichkeit seines Eintretens. Subjektive Risikowahrnehmung hängt jedoch von einer Vielzahl von Faktoren ab: Freiwilligkeit, Natürlichkeit, Kontrolle, Vertrautheit und Distanz zum potenziellen Ereignis vermindern die subjektive Zuschreibung. Fremdheit, Unfreiwilligkeit und Nähe erhöhen sie. Wenn die Bedrohung subjektiv als besonders hoch wahrgenommen wird, kann das objektive Risiko kaum noch realistisch kommuniziert und wahrgenommen werden. Bedrohlich empfinden wir etwas, von dem wir uns vorstellen können, dass es uns trifft und von dem wir gefühlsmäßig berührt sind. Der Flugzeugabsturz auf einen Atomreaktor ist für die meisten von uns nicht wirklich vorstellbar, der Einbruch in unsere Wohnung schon. Der Tod eines Kindes berührt uns emotional, die menschliche Katastrophe der Flüchtlinge im Mittelmeer zumeist nur verstandesmäßig.

Ein Risiko wird nicht bereits dadurch zur Bedrohung, dass es existiert. Wir müssen von dem Risiko erfahren und von dessen Bedrohlichkeit. Beides wird durch die Medien, aber auch durch Politiker und schließlich durch Behörden, die für die Sicherheit zuständig sind, verbreitet. Jeder hat seinen Anteil und seinen Vorteil durch eine möglichst dramatische Risikokommunikation. Bedrohung verkauft sich besser als Beruhigung, Schutz vor Bedrohung ist ein Argument, um Wählerstimmen zu gewinnen oder Gelder für Sicherheitsdienste lockerzumachen. Die Frage bleibt, warum wir allzu bereit sind, Risiken – auch ganz entfernte, wenn sie nur plastisch genug vermittelt werden – als so bedrohlich zu empfinden. Psychologisch und psychodynamisch dient die Risikowahrnehmung der Aktivierung, aber im gleichen Maß der Abwehr eigener Ängste. Diese Phänomene sind nicht auf die forensisch-psychiatrische Tätigkeit und den Umgang mit Straftätern beschränkt, treffen aber gerade diese Arbeit im Kern. Studien haben gezeigt, dass die subjektive Risikoeinschätzung, Verbrechensopfer zu werden, im Vergleich zu vielen denkbaren Risiken am meisten durch emotionale Vorstellungsmöglichkeit der eigenen Betroffenheit bestimmt wird. In einer Gesellschaft, die in zunehmendem Maße Risiken ablehnt, ist es nahezu politisch inkorrekt, ein Risiko objektiv zu benennen, denn es stößt häufig durch die subjektive Risikowahrnehmung auf nicht mehr kommunizierbare und unüberwindliche Vorbehalte. Der heutigen gesellschaftlichen und politischen Einstellung gemäß ist bei Unklarheit über ein Risiko alles zu tun, was der Risikovermeidung dient.

Diese Ausgangslage erschwert es dem Fachmann, seine Ergebnisse als Wissenschaftler zu vermitteln. Er muss sich darüber bewusst sein, dass er nur sehr begrenzt durch Fakten überzeugen kann, wenn Emotionen die Wahrnehmung vernebeln. Sind die Diskrepanzen zwischen seinem Wissen und der Erwartungshaltung seiner Zuhörer zu groß, wird er mit seinem Anliegen der Objektivität scheitern. Er muss sich also so ausdrücken, dass die Diskrepanz zu überbrücken ist und die Kluft nicht zu tief wird. Dieser Spagat ist immer schwierig, erst recht bei psychischen Störungen und dem Umgang mit ihnen und bei Kriminalität und ihrer wissenschaftlichen Erfassung. Gerade hier hat jeder Mensch seine eigenen Vorannahmen und Vorurteile. Und von der Realität der Kriminellen und jener der psychisch Kranken möchte man sich möglichst fernhalten. Der Fachmann will Fakten nahebringen, die viele Laien lieber aus der Distanz betrachten. Vielleicht haben sie sich auch längst ihr eigenes (Fehl-)Urteil gebildet, auf dem sie beharren.

Mit Vorurteilen hat jeder zu kämpfen, vielleicht auch Sie. Das Bedauerliche ist, dass wir alle auf unseren Vorurteilen beharren und nur begrenzt bereit sind, etwas Neues aufzunehmen, das nicht zu unserem Vorwissen und zu unseren Vorurteilen passt, gleichgültig aus welchen Gründen. Der Fachmann muss hingegen Entscheidungen fällen oder sie vorbereiten, die auch denjenigen treffen könnten, der Kriminalität nur aus dem Fernsehen kennt. Die Diskrepanz zwischen eigenen Vorurteilen und der fachlichen Darlegung einer andersartigen Realität kann Angst und Misstrauen auslösen. So wird dem forensischen Psychiater teilweise ein wenig begegnet wie dem Kriminellen. Sitzen die nicht irgendwie in einem Boot? Und so betrachtet man möglicherweise seine Einschätzungen mit Misstrauen. Gleichzeitig wird er von der Gesellschaft per Gesetz als Fachmann eingesetzt, der vorhersagen soll, ob ein verurteilter Täter noch einmal gefährlich wird oder nicht.

Kann man Verbrechen vorhersagen?

Diese Frage wird oft gestellt, und Kriminologie und forensische Psychiatrie haben sich nach dem Zweiten Weltkrieg intensiv bemüht, eine Antwort zu finden. Hierzu muss als Erstes die Frage präzisiert werden. Soll das zu erwartende Verbrechen bei einem bisher unbescholtenen Menschen, z. B. einem Kind, vorhergesagt werden oder bei einem bereits straffällig gewordenen Menschen? Und was genau versteht man unter Verbrechen? Selbst wenn man die Rückfallgefahr bei im Maßregelvollzug Untergebrachten vorhersagen will, muss man, streng genommen, eine Antwort schuldig bleiben, wenngleich Gerichte sie vom forensischen Psychiater hören wollen. Für solche Anlässe wurden Worthülsen erfunden wie »Prognosen sind schwierig, besonders wenn sie in die Zukunft gerichtet sind«. Mir gefällt die Antwort eines Krankenhausdirektors: »Ich könnte die Hälfte meiner Patienten entlassen, wenn ich nur wüsste, welche.«

Ich selbst habe oft versucht, Politikern nahezubringen, dass Prognosen mit so vielen Unsicherheiten verbunden sind, dass ich – wollte ich sie alle ausschließen – zumindest die männlichen Zuhörer nicht aus dem Sitzungssaal entlassen dürfte. Man kann Langzeitprognosen bezüglich des Verhaltens eines Menschen nur sehr grob stellen. Das amerikanische Militär hat enorme Summen investiert, um die richtigen Soldaten für bestimmte Aufgaben auswählen zu können. Das Resultat dieser Bemühungen war, dass selbst gut geschulte Fachleute bestenfalls bei sechzig Prozent der Untersuchten die richtige Prognose stellten.

Müssen wir deswegen aufgeben? Nein, wir müssen nur die richtigen Fragen stellen. Sie lauten heute: Wer wird wann unter welchen Umständen mit welchem Delikt rückfällig – und wie können wir das verhindern? In seinem bahnbrechenden, damals aber wenig bekannten Buch kam der amerikanische Kriminalpsychologe John Monahan[*] zu dem Schluss, dass Fachleute nicht in der Lage sind, Kriminalität und kriminelle Rückfälle beim Einzelnen vorherzusagen, dass sie aber die Risikofaktoren, die in größeren Gruppen mit kriminellen Rückfällen korrelieren, d. h. statistisch zusammenhängen, sehr gut identifizieren können. Seit Mitte der 1980er-Jahre wird intensiv nach solchen Risikofaktoren gefahndet. Daraus ist aber nicht abzuleiten, dass ein Mensch, der viele Risikofaktoren auf sich vereint, rückfällig werden würde. Vielleicht erinnern Sie sich an den kriminellen Lebenslauf von P. Zwanzig Jahre nach dem Mord an einer alten Dame wurde er dieser Tat überführt. Hätte man ihn zur Tatzeit untersucht, hätte er nahezu alle bekannten Risikofaktoren bestätigt. Rückfällig wurde er aber nicht. Sein Lebenslauf war kriminell und gleichzeitig sehr ungewöhnlich, weil er in ein gutbürgerliches Leben mündete. Gleichwohl sind es die Menschen mit vielen oder ganz spezifischen Risikofaktoren, denen unsere Sorge gilt.

---

[*] Monahan, John (1981): Predicting violent behavior. An assessment of clinical techniques. Beverly Hills, London, Sage Publications.

Die zweite Frage lautet: Welche Bedingungsfaktoren haben bisher zu Fehlverhalten oder Kriminalität geführt? Daran kann man ablesen, welches Bedingungsgefüge einen Rückfall wahrscheinlich macht, z. B. von einer Partnerin verlassen oder vom Umfeld gekränkt oder missachtet zu werden oder einfach Geldsorgen. Auch das mag in vielen Fällen noch nicht ausreichen, um eine erneute Straftat zu begehen. Meist gibt es zusätzlich einen beschleunigenden Faktor, wie einen Alkoholrausch oder den Wegfall von Kontrollmechanismen, z. B. wenn die Freunde einen allein gelassen haben. Trifft alles zusammen, ist eine erneute Straftat wahrscheinlich.

Der letzte Teil unserer Ausgangsfrage – Wie können wir es verhindern? – bedeutet, dass wir bereits die bedingenden Faktoren berücksichtigen und rechtzeitig einschreiten müssen, um der Gefahr vorzubeugen. So dient die Prognose dazu zu verhindern, dass das Vorhergesagte eintritt. Wir wissen also häufig nicht, ob unsere Prognose richtig war, weil das vorhergesagte Ereignis nicht eintreten konnte. Das ist aber für einen Arzt nicht ungewöhnlich. Er behandelt in vielen Fällen, um zu verhindern, dass eine befürchtete Krankheit ausbricht.

Tatsächlich sind dramatische Zwischenfälle bei einem professionellen Risikomanagement sehr selten. Im Maßregelvollzug Untergebrachte werden nur dann und nur so weit aus den gesicherten Bereichen gelockert, wie prognostiziert wird, dass eine solche Lockerung und eine Entlassung problemlos möglich sind. Derartige Prognosen werden in Deutschland täglich mehrere Tausend Mal gestellt.

Aber selbst wenn man alles sorgfältig bedacht hat, wenn alle Checks gewissenhaft durchgeführt worden sind, kann man sich irren. Seltener als einmal im Jahr begeht ein gerade entlassener Straftäter oder ein beurlaubter Patient ein gravierendes Verbrechen. Die Fachleute ebenso wie die Öffentlichkeit und die Presse fragen: Wie konnte das geschehen? Und: Wer ist dafür verantwortlich? Wenn der öffentliche Druck zu groß wird, haben auch schon Minister die politische Verantwortung dafür übernehmen und ihren Posten räumen müssen. Betrachtet man solche Ereignisse aus der Distanz, so ist zunächst der Täter dafür verantwortlich. Er hat die Tat begangen. Er hat seine Mordfantasien oder seine perversen sexuellen Wünsche vor den Therapeuten, den Gutachtern und möglicherweise vor sich selbst geheim gehalten, sie nicht mit den Behandlern bearbeitet und die notwendigen Trainingsmaßnahmen unterlassen. Aber es ist die Aufgabe von Gefängnissen und forensischer Psychiatrie und letztendlich auch von Justiz, Polizei und Politik, die Bevölkerung vor Verbrechen zu schützen. Hier stehen sie in der Verantwortung. Wie schwer diese nach einem tödlichen oder anderweitig dramatischen Zwischenfall wiegt, habe ich in einigen Fällen erfahren, die ich im Nachhinein in Ermittlungsverfahren gegen die Verantwortlichen bearbeitete oder auch, wenn ich die Täter erneut zu ihrer Schuld untersuchte. Viele Jahre nach einer solchen Aufarbeitung, in der die Staatsanwaltschaft gegen einen damals sehr bekannten Gefängnisdirektor ermittelte, aus dessen Anstalt ein Freigänger einen Mord begangen hatte, traf ich den Direktor bei einem Kongress erneut. Er erzählte mir, wie sehr er damals gelitten habe. Er war der festen Überzeugung, bei dem Gefangenen alles richtig gemacht, ihm intensive Behandlung ermöglicht, seine Entscheidungen mit seinen Mitarbeitern sorgfältig abgeklärt und die Lockerungen sukzessive erweitert und überprüft zu haben. Man habe ganz professionell gearbeitet und auch den gesetzlichen Resozialisierungsauftrag sehr ernst genommen. Aber die Entscheidung war ein tödlicher Irrtum. Man braucht, glaube ich, nicht allzu viel Fantasie, um sich die Verfassung eines Menschen vorzustellen, der dies ... verantwortet? Nein, das ist das falsche Wort, denn wir, die wir beruflich mit der Beurteilung und Resozialisierung von Straftätern zu tun haben, sind nicht für deren Taten verantwortlich, vorausgesetzt, wir haben gewissenhaft gearbeitet. Den letzten Irrtum können wir nicht ausschließen. Und so wurde dieser Gefängnisdirektor nach mehreren Instanzen, durch die das Verfahren gegen ihn lief, freigesprochen. Aber sein Leben war nicht mehr das gleiche wie zuvor. Er konnte nicht mehr als Gefängnisdirektor arbeiten – nicht, weil der Staat ihm dies verwehrte, sondern weil er glaubte, seine Aufgabe nicht mehr erfüllen zu können, dem Spagat zwischen Resozialisierung und Sicherung nicht mehr gewachsen zu sein. Er konnte Gefangene nicht mehr unbefangen betrachten und empfand Unbehagen vor Entscheidungen über sie. Er wusste, dass er bei seinen politischen Vorgesetzten keinen

Rückhalt zu erwarten hatte. Geholfen haben ihm schließlich ein paar gute Freunde, die sich nicht, wie die meisten Kollegen und Vorgesetzten, von ihm distanzierten, sondern ihm einen neuen Job anboten.

Die Frage, ob es tödliche Irrtümer gibt, muss zwangsläufig bejaht werden, weil überall, wo Menschen arbeiten und Entscheidungen treffen, Irrtümer geschehen und weil Irrtümer da, wo es gefährlich sein kann, unter Umständen tödlich enden können. Eine andere Frage ist, ob es tödliche Fehler bei der Beurteilung, Behandlung und Sicherung durch die forensische Psychiatrie gibt. Auch diese sollte man nicht verschweigen, aber sie sind extrem selten. Mir sind lediglich zwei Fälle bekannt, in denen ein forensischer Psychiater wegen fehlerhafter Beurteilung verurteilt wurde.

Was fasziniert uns an Verbrechen?

Warum haben Sie dieses Buch gekauft? Oder: geschenkt bekommen? Was auch etwas über den Schenker aussagen könnte beziehungsweise über seine Einschätzung Ihrer Person. Aus reinem Interesse, natürlich. Weil man vorbereitet sein muss, sicher. Aber könnte es sein, dass Sie ein kleines bisschen neugierig waren, was in einem Verbrecher vorgeht? Dass Sie einmal gern Mäuschen spielen würden, wenn ich in meiner Eigenschaft als forensisch-psychiatrischer Gutachter Mörder und Vergewaltiger befrage, um zu ergründen, was für eine Persönlichkeit sich dahinter verbirgt? Und haben Sie vielleicht ziemlich mutig überlegt, was Sie eigentlich von einem Verbrecher trennt? Und im Verlauf des Buches erleichtert festgestellt: eine Menge. Oder?

Mich persönlich faszinieren Verbrechen überhaupt nicht, und Kriminalfälle waren nicht der Grund, weshalb ich meinen Beruf ergriffen habe. Ich interessiere mich für Menschen, besonders in Grenzsituationen.

Ich weiß aber, dass manche Menschen sich geradezu magisch zu Verbrechen und Verbrechern hingezogen fühlen, wenn auch »nur« als Leser. Die Krimis können gar nicht brutal genug sein. Warum? Weil unser Leben so langweilig ist? Weil alles so asketisch, leistungsorientiert, computergesteuert und funktional ist? Da tropft kein Blut mehr, schon gar keine Gehirnmasse. Oder sind wir so abgebrüht? Haben alles schon gesehen, brauchen Steigerung, die uns die Krimiautoren auch brav zur Verfügung stellen? Da werden Säuglinge geröstet und gegessen, und Einfachmörder gibt es gar nicht mehr, nur noch Morde in Serie. Nun, Sie wissen jetzt, dass solche sehr selten vorkommen. Aber ich will nicht Fiktion mit Realität vergleichen, wenngleich sie in der Faszination der Verbrechen miteinander verbunden sind.

Wir stellen uns vor. Wir tun so, als ob. Könnte ich auch … so einer sein, wenigstens ein bisschen? Würde ich mich das trauen? Einfach mal auf den Putz hauen. Nicht das tun, was von mir erwartet wird. Keine Manieren haben. Unhöflich sein. Ruppig. In der U-Bahn meine Füße auf den Sitz gegenüber. Nicht grüßen. Arschloch zu jemandem sagen. Pöbeln. Könnte Spaß machen? Würde ich nie, nie tun. Aber ich schau gern zu, wenn andere das tun. Im Fernsehen. Wie kann man sich so benehmen! Und bin froh, wenn ich bequem auf meinem Sofa sitze und aus sicherer Warte betrachte, wie einer das macht, was man auf keinen Fall tun darf, wie einer sich benimmt, wie man selbst sich nie benehmen würde. Aber es wäre möglich. Theoretisch wäre es möglich. Und das ist reizvoll. Vor allem: Weil es verboten ist. Sonst könnten wir mit derselben Faszination stundenlang Risikosportarten betrachten. Den Freeclimber, der ungesichert in viertausend Meter Höhe im Fels hängt, den Apnoe-Taucher – wird er wieder an die Oberfläche kommen? Ja, das sind mutige Leute, keine Frage. Aber sie haben sich selbst dazu entschieden. Sie tun das freiwillig. Und jeder könnte sagen: Probier es doch auch einmal. Und dann müssten wir es wirklich tun, um nicht als Feigling dazustehen. Verbrechen ist anders. Die Versuchung ist viel zu weit entfernt, und keiner käme auf die Idee zu sagen: Versuch's doch auch einmal. Außer im sozialen Abseits, im Erziehungsheim, bei der Mafia. Und dort kann sich der Einzelne schlecht entziehen. Manchmal gibt es nur die Wahl: Täter oder Opfer werden. Verbrecher wagen das ganz große Verbotene. Die klauen nicht nur eine Zeitung, die killen Menschen. Das erschreckt – und fasziniert. Und manchmal hat diese Faszination auch eine tiefere Bedeutung. Indem wir das Verbrechen bei anderen betrachten und natürlich ablehnen, bleiben wir selbst die Guten. Ganz tief drin können wir unserem Nachbarn dies oder jenes an den Hals wünschen. Wir würden es nie tun, nie! Und schauen mit Genuss, wie ein Nachbar im Fernsehen gemobbt wird. Wir doch nicht. Wir sind die Guten. Das bedeutet, dass die Beschäftigung mit Verbrechen eine Art Seelenhygiene sein kann. Wir spalten das Böse in uns selbst ab, verlagern es nach außen, bearbeiten es dort. Beziehungsweise, besser gesagt, der böse Täter tut das – und wir selbst bleiben sauber.

Sind Verbrechen Teil unseres Menschseins?

Ja.

Das dünne Eis der Zivilisation

So etwas kann mir nicht passieren, haben viele Menschen gedacht – und dann ist es doch passiert. Ich würde nie einen Menschen töten – und sie haben es doch getan. Es wird nie wieder Krieg geben. Und man hat sich getäuscht. Das Eis ist dünn. Man bricht schneller ein, als man denkt. Diese Erfahrung haben einige der Menschen gemacht, die Sie in diesem Buch kennengelernt haben. Waren sie schuldig? Oder Opfer ihrer Zeit, ihrer Gene, der Umstände?

Vielleicht halten Sie mich nach der bisherigen Lektüre für einen Anhänger der Evolutionslehre, der viele Schwächen und Grausamkeiten seines Klientels mit der genetischen Grundlage der menschlichen Natur, mit der im Überlebenskampf selektierten Erbmasse, mit der Triebhaftigkeit unserer Biologie zu begründen und erklären sucht. Tatsächlich sind dies alles Faktoren unseres menschlichen Bedingungsgefüges, aber es sind nicht die einzigen. Vielleicht ist Ihnen im Verlauf des Buches bewusst geworden, dass unsere genetische Ausstattung mit ihrer jeweiligen Umwelt in eine enge und relativ spezifische Wechselwirkung eintritt und dass das genetisch bedingte Verhalten und sogar unsere Erbanlagen modifiziert werden. Der Einzelne scheint keinen Einfluss darauf zu haben, wie dieses Zusammenspiel funktioniert und zu welchem Ergebnis es führt. Wir könnten annehmen, dass wir dem Spiel der Kräfte zwischen Genen und Umwelt ausgeliefert seien. Aber auch die Faktoren Gene und Umwelt, die unsere Entwicklung von Anfang an bestimmen, sind keine unveränderbaren Größen und nicht die einzigen, die unsere Lebensrealität ausmachen. Ein weiterer wesentlicher Faktor ist die Zuschreibung. Nicht nur meine Erbanlagen, das aus ihnen und meiner Entwicklung resultierende eigene Verhalten, sondern auch die Attribute, die mir von anderen, der Gesellschaft oder meinem Umfeld zuerkannt werden, bestimmen die Art, wie mit mir umgegangen wird. Der berühmte Mathematiker Joseph Weizenbaum, der vor dem Dritten Reich aus Berlin floh, hat es so ausgedrückt: »Um Mensch zu sein, muss der Mensch von anderen Menschen als Mensch behandelt werden.«[*]

Freiheit wird auch dadurch gewährt, dass sie dem Menschen zugebilligt wird. Sie ist nicht automatisch verfügbar oder zu beanspruchen. Das Gleiche gilt für Konzepte wie Krank oder Gesund, Gut oder Schlecht. Eine Zuschreibung kann fatale Folgen haben, weil sie Menschen ausgrenzt. Sie kann aber auch wohltuend sein, wenn Normen vorgegeben werden, deren Verbindlichkeit allen nutzt. Der Satz »Die Würde des Menschen ist unantastbar« stellt eine solche Zuschreibung dar. Zuschreibung bedeutet nicht nur,

---

[*] Weizenbaum, Joseph und Gunna Wendt (2006): Wo sind die Inseln der Vernunft im Cyberstrom? Auswege aus der programmierten Gesellschaft. Freiburg, Herder.

dass jeder Mensch sie für sich in Anspruch nehmen kann, sondern dass wir das Gleiche jedem anderen zugestehen. Sie ist unabhängig von der Evolution und von den Entwicklungsbedingungen des Individuums. Sie ist eine Errungenschaft unserer Zivilisation.

Doch das Eis ist nicht nur dünn in einer individuellen Existenz, sondern auch für uns alle: Wenn wir das gute Miteinander, das wir in vielen Bereichen geschaffen haben, nicht schützen. Es geht ganz schnell, und dann ist es zu spät. Krieg bricht aus. Zwischen Einzelnen, in einem Land, zwischen Ländern, aber ebenso zwischen Gruppierungen. Überall, wo sich Menschen begegnen, kann etwas schiefgehen. Manchmal mit tödlichen Folgen.

Wenn das Eis bricht, werden die Abgründe sichtbar, die bei jedem Menschen darunter liegen. Ich habe kaum einen Täter erlebt, der später gesagt hat: »Wie konnte ich nur?« Auch nicht bei Menschen, die ich viele Jahre nach den ihnen vorgeworfenen Taten als sozial integrierte, unauffällige Bürger kennengelernt und begutachtet habe, und die doch als Kriegsverbrecher verurteilt wurden. Ich habe Begründungen, Rechtfertigungen, Erklärungen, Ausreden für Verbrechen gehört, und keiner – auch ich nicht – kann ausschließen, dass er selbst anders reagieren würde. Ich kenne allerdings auch Menschen, die in persönlich schwierigen Situationen ihre Haltung, ihre Würde und ihre humanistischen Einstellungen bewahrt haben. Aber sie kommen nicht zur Begutachtung. Die Spurensuche in der mentalen Landschaft, der Seele von Verbrechern erlaubt uns auch in unseren friedlichen Zeiten Einblick in diese Abgründe. Ich weiß, dass kein Mensch nur Abgrund ist, und ich bin überzeugt, dass die meisten Menschen neben ihren Abgründen auch Inseln der Zivilisation bewahren. Wer aber die Augen vor den eigenen Abgründen verschließt – und ebenso vor jenen, die uns täglich begegnen –, wird kaum die Notwendigkeit erkennen, das Eis zu stabilisieren, um es vor dem Brechen zu schützen.

Wir haben uns im Laufe der Jahrhunderte eine Reihe von Regeln gegeben, haben ethische und moralische Normen entwickelt und Manieren lernen müssen, die unser Zusammenleben erleichtern und gefahrloser werden lassen. Der Linksverkehr hat sich in England etabliert, weil man so einem Entgegenkommenden die rechte Seite zuwendet, auf der man im Mittelalter häufig eine Lanze zur Abwehr trug. Wir reichen uns die rechte Hand zum Gruß, um zu zeigen, dass wir keine Waffe führen. Die englische Sitte, beim Essen das Fleisch zu schneiden und dann eine Hand unter den Tisch zu legen, soll ein friedliches Speisen ermöglicht haben in jener Zeit, in der man das Fleisch mit dem eigenen Dolch teilte. Da war jeder Tischnachbar bis an die Zähne bewaffnet. Wir sind uns der Bedeutung dieser Manieren nicht bewusst, gleichwohl prägen sie unser gesellschaftliches Verhalten. Wir haben aber auch in unserer Zeit erlebt, wie solche Regeln entstehen und zu Gewohnheiten werden. Stellen Sie sich den Straßenverkehr ohne Verkehrsregeln, Anschnallpflicht für Auto- und Helmpflicht für Motorradfahrer vor. Es gäbe deutlich mehr Verkehrstote zu beklagen. Leider haben weder Vernunft noch bessere Einsicht zu mehr Sicherheit für alle geführt, es bedarf der Regeln und ihrer Durchsetzung. Aber irgendwann werden die Regeln, wenn sie denn vernünftig sind, zur Selbstverständlichkeit. So haben Regulierungen zum Waffenbesitz und zur Waffenaufbewahrung wesentlichen Anteil an der Verringerung von Todesfällen durch Gewaltkriminalität. Aber auch die Freiheit hat viele Todesfälle verhindert. So war es früher nicht unüblich, dass sich homosexuelle Männer verzweifelt das Leben nahmen, weil sie nicht in die Gesellschaft passten, in der sie lebten. Ich erinnere Sie daran, dass es bis in die 1970er-Jahre in Deutschland als Verbrechen galt, wenn Männer gleichgeschlechtlichen Sexualverkehr hatten. Diese bei uns heute akzeptierte Lebensform wird in anderen Ländern mit der Todesstrafe bedroht. Bis 1997 galt die Vergewaltigung in der Ehe in Deutschland nicht als Straftatbestand. Denn Geschlechtsverkehr gehört ja wohl zur Ehe dazu? Heute denken die Menschen anders darüber – Vergewaltigung ist immer eine Straftat. Eine Ehefrau kann ihren Gatten anzeigen, was vormals gar nicht möglich gewesen wäre. Auch die körperliche Züchtigung von Kindern ist nun eine Straftat, und wer Tiere quält, gerät ebenfalls mit dem Gesetz in Konflikt.

Mentalisierung und Empathiekonzept – Theory of Mind

Steven Pinker hat fünf zivilisatorische Entwicklungsstränge aufgezählt, die Gewalt in unserer Gesellschaft nachhaltig verringert haben:
Empathie
Selbstbeherrschung
Evolution
Moral/Tabu
Vernunft.
Er begründet seine Einschätzung in seinem Buch »Gewalt« sehr ausführlich und ausgesprochen lesenswert. Auf zwei Aspekte möchte ich im Folgenden eingehen, weil sie sich besonders auf die Psyche des Menschen beziehen und in der forensischen Psychiatrie eine herausragende Rolle spielen, nämlich die *Theory of Mind* und das *Empathiekonzept*. Während die Theory of Mind eher die kognitiven Aspekte, das verstandesmäßige Wahrnehmen, Denken und Schlussfolgern des zwischenmenschlichen Perspektivenwechsels betrachtet, bezieht sich das Empathiekonzept auf dessen emotionale Aspekte.

Empathie ist ein Begriff, der Anfang des 20. Jahrhunderts entstanden ist, als ein Engländer das deutsche Wort »Einfühlungsvermögen« in seine Muttersprache übersetzen wollte. Empathie ist heute ein Schlagwort für einen ganzen Forschungszweig der Neurowissenschaften und spielt in der Analyse des Charakters von Verbrechern eine große Rolle. Wir sind in der Lage, die Gefühle anderer nicht nur wahrzunehmen und zu verstehen, wir können sie auch nachempfinden. Wenn uns das gelingt und wenn wir es wollen, schützt das einen anderen davor, der vielleicht Schmerzen erleidet oder traurig ist, ausgelacht oder verspottet zu werden. Können wir ihm vermitteln, dass wir bereit sind, seine emotionale Perspektive einzunehmen, die Sprache seiner Gefühle mitzusprechen, entsteht Vertrauen – die Voraussetzung für ein gutes Zusammenleben.

Mittlerweile kennen wir einige der biologischen Grundlagen für Theory of Mind und Empathie, wie die Spiegelneurone, deren Aktivität wir wahrnehmen können, wenn wir jemanden gähnen sehen und dann selbst den Mund öffnen. Oder Nervenverbindungen zwischen verschiedenen Teilen des Stirn- und Schläfenhirns, die aktiv werden, wenn wir uns in die Konfliktsituationen anderer Menschen hineinversetzen.

Auf einer übergeordneten Ebene ist aus diesen Konzepten abzuleiten, dass wir die verschiedenen Perspektiven unterschiedlicher Menschen verstehen und nachfühlen können, es sei denn, wir leiden an Störungen, die das verhindern, z. B. Autismus, Schizophrenie und manche hirnorganischen Störungen. Diese Perspektivenwechsel können wir bis zu einem gewissen Grad steuern und auch ausschalten, und wir können sie bewusst einsetzen. Das verlangt eine gewisse Anstrengung. Forensische Psychiater versuchen in der Behandlung, die Täter dazu zu bewegen, die Perspektive der Geschädigten einzunehmen, um dadurch ihre Sichtweise zu verändern. Und auch wir sollten uns hin und wieder bemühen, einen Perspektivenwechsel vorzunehmen. Damit können wir nur gewinnen.

Verbrechen verstehen heißt: sie verhindern

Welchen Beitrag hat nun die forensische Psychiatrie zu diesem zivilisatorischen Fortschritt geleistet? Einmal muss man dankbar festhalten, dass das Fach nur deswegen entstanden ist, weil die Welt, in der wir in der nördlichen Hemisphäre leben, humanistische Ideen verwirklicht und versucht hat, rationale Konzepte für die Realisierung der Ideen zu entwickeln, wie ich es bereits im ersten Kapitel dargelegt habe. Insofern ist die forensische Psychiatrie dem humanistischem Gedankengut verpflichtet, nicht als Selbstzweck, sondern um künftige Straftaten zu verhindern und potenzielle Opfer zu schützen. Dazu gehört ebenfalls, dass psychisch kranke Straftäter behandelt und eventuell gesichert werden und dass Strafgefangenen bei ihrer Rehabilitation und Resozialisierung geholfen wird. Psychisch kranke Menschen dürfen nicht in die Mühlen der Justiz geraten, weil sie Straftaten begangen haben, die wir hätten verhindern können. Wir müssen dafür sorgen, dass aus psychisch Kranken nicht psychisch kranke Straftäter werden, dass der Teufelskreis von eigener Opfererfahrung zu eigener Täterschaft unterbunden wird. Wir müssen aber auch den Opfern von Verbrechen helfen, damit sie sich aus ihrer Opferrolle befreien können und nicht ein zweites oder drittes Mal viktimisiert werden.

Die forensische Psychiatrie hat wesentliche Beiträge für die Fortentwicklung zivilisatorischer Prozesse geliefert. Verbrechen und Verbrecher zu verstehen trägt dazu bei:

- einige der Wurzeln der Entwicklung zur Kriminalität anzupacken und in Erziehung und Schule Aufklärung und Training zum konsensfähigen Lösen von Konflikten zu fördern.
- der Polizei zu helfen, Verbrecher aufzuspüren und geschult mit ihnen umzugehen, unter anderem indem man die Befragungs- und Vernehmungstechniken verbessert. Der Maskenmann, der Knaben in Schullandheimen und Ferienlagern heimsuchte, um sich an deren weicher Haut zu ergötzen, und der drei dieser Knaben tötete, wurde über zehn Jahre hinweg nicht entlarvt. Er hätte wohl auch nicht überführt werden können, wenn der vernehmende Polizeibeamte, Alexander Horn, nicht die in vielen gemeinsamen Gesprächen und Seminaren erlernte Technik der psychiatrischen Exploration bei seiner Vernehmung umgesetzt und damit eine professionelle Beziehung des Vertrauens hergestellt hätte. In seinem Buch* schildert Alexander Horn sein Vorgehen sehr anschaulich. Sein Team, die Mitarbeiter der operativen

---

* Horn, Alexander (2014): Die Logik der Tat: Erkenntnisse eines Profilers. München, Droemer Knaur.

Fallanalyse in München, und meines der forensischen Psychiatrie haben – anfangs nicht ohne Berührungsängste – in gemeinsamen Seminaren voneinander gelernt. Wir haben ein gemeinsames Ziel: Täter zu verstehen, was ja dazu beiträgt, ihnen auf die Spur zu kommen und sie zu überführen. Wir haben sozusagen durch die Augen des anderen Berufs geblickt, die Perspektive gewechselt und sind so zu neuen Erkenntnissen gelangt.

– Behandlungsstrategien zu entwickeln, um die Rückfälle von Straftätern zu verhindern, ohne sie unnötig lange einzusperren: Jedem Arzt und Patienten ist bekannt, dass eine Krankheit nach einem Klinikaufenthalt noch nicht geheilt und die Schwäche noch nicht überwunden ist. In schwierigen Fällen bedarf es auch bei der ambulanten Nachbehandlung eines Spezialisten, um den Genesungsprozess fortzusetzen. Forensisch-psychiatrische Patienten stellen schwierige und komplexe Fälle dar. Das Wissen um eine spezialisierte Nachbehandlung wurde bis zum Ende des letzten Jahrhunderts ignoriert. Patienten wurden aus der stationären Behandlung, in der sie meist fünf bis zehn Jahre untergebracht waren, wie aus dem Gefängnis entlassen, ohne im Anschluss ihre Behandlung fortzusetzen. Forensische Psychiater, die ambulante Nachsorge für ihre Patienten einrichten wollten, scheiterten an den Kostenträgern. Der Staat, der für die stationäre Unterbringung aufkommen musste, wollte die ambulante Behandlung nicht bezahlen, und die Krankenkassen weigerten sich, die Kosten zu übernehmen, weil es nicht um die Gesundheit, sondern um die Abwendung von Gefährlichkeit ging. Viele Maßregelvollzugspatienten fielen dadurch aus dem Versorgungssystem heraus, wurden wieder krank und manche auch wieder kriminell.

Seit den 1990er-Jahren haben forensische Psychiater immer wieder nachdrücklich eine spezialisierte ambulante Nachsorge für ihre Patienten gefordert. Schließlich gelang es, die Politiker zu überzeugen, und es wurden zunächst Modellversuche gestartet. Diese waren so erfolgreich, dass noch vor der Veröffentlichung der Ergebnisse eine flächendeckende forensisch-psychiatrische Nachsorge für die Patienten aufgebaut wurde. Die Rückfallhäufigkeit bei den entlassenen Patienten konnte dadurch mehr als halbiert, ihre psychiatrische Versorgung und ihre soziale Integration wesentlich verbessert werden. Diese Ergebnisse trugen dazu bei, dass in Bayern ab 2008 auch für Strafgefangene, die sich während der Haft einer Therapie unterzogen, Spezialambulanzen für die Nachsorge geschaffen wurden. Sie tragen wesentlich zu einer Senkung des Rückfallrisikos bei Sexual- und Gewaltstraftätern bei. Dieses Modell hat mittlerweile auch über die Grenzen Bayerns hinaus Schule gemacht.

Es ist ein zivilisatorischer Fortschritt, wenn Menschen, die noch vor hundert Jahren wegen ihrer Verbrechen drakonisch bestraft und lebenslang entrechtet wurden, Unterstützung, Behandlung und sanfte Kontrolle erhalten, um in die Gesellschaft reintegriert zu werden, und dabei gleichzeitig eine substanzielle Verringerung der Rückfallkriminalität erreicht wird. Es werden nicht nur die Täter behandelt und reintegriert; es werden – und das ist vielleicht bedeutsamer – künftige Opfer und Schäden vermieden. Es scheint sich zu lohnen, den Rache- und Vergeltungsgedanken des Alten Testaments aufzugeben und den Versöhnungsgedanken des Neuen Testaments sozial verträglich und realisierbar umzusetzen.

Ein ebenso großer zivilisatorischer Fortschritt ist die Anerkennung der Opfer in ihrem objektiven Schaden, in ihrer subjektiven Betroffenheit und in ihrer rechtlichen Stellung. In dem Maß, in dem der Schaden des Verbrechens nicht durch Vergeltung ausgeglichen wird, haben die Geschädigten einen anderen Anspruch auf Ausgleich. Die Gemeinschaft trägt dem Rechnung durch die rechtliche Stärkung der Opfer im Strafverfahren, durch Opferanwälte und durch Opferentschädigungsgesetze. Auch die Kompetenz der Therapeuten im Umgang mit Verbrechensopfern ist gewachsen.

Von wegen: Früher war alles besser

Ich stelle mir gelegentlich vor, ein Bürger, der vor zweihundert Jahren in Deutschland gelebt hat, würde mittels einer Zeitmaschine zu uns reisen. Er hätte bereits zweimal ein Duell überlebt, in dem er seine Ehre und die seiner Gattin verteidigt hätte, ein Sohn wäre im Krieg gegen Napoleon gefallen, eine Tochter an Tuberkulose verstorben. Wie würde er sich zurechtfinden in unserer Welt, in der es keine Todesstrafe gibt, in der die Frauen das Geschehen im Land mitbestimmen und die Männer die Ehre ihrer Familie nicht mit ihrem eigenen Blut verteidigen? Wären wir für ihn dekadente Weicheier, oder würde er unsere Lebensform als Fortschritt der Zivilisation bewundern? Umgekehrt könnten wir uns fragen, ob wir das Rad der Zeit um zweihundert Jahre zurückdrehen wollten und für Ehre und Vaterland unser Leben opfern würden, selbst wenn es einen vernünftigen Sinn dafür nicht gibt. Ob wir die Vergeltung durch den Strang dem heutigen Umgang mit Verbrechen vorziehen würden und dennoch in einer Welt leben wollten, die um ein Vielfaches gefährlicher ist als die unsere, wie auch das Risiko, Opfer eines Verbrechens zu werden, wesentlich höher ist.

Ich bin der Auffassung, dass viele Beschwerdeführer über unsere schlechte Zeit verstummen würden, wenn wir uns öfter einmal vergegenwärtigten, wie komfortabel wir heute eigentlich leben. Vor zweihundert Jahren hätte ich dieses Buch vielleicht nicht schreiben können, weil ich mich schon längst zu Tode duelliert hätte. Damals war es gang und gäbe, jeden zum Duell zu fordern, der etwas sagte oder tat, das gegen Regeln verstieß, die uns heute albern erscheinen. Die Etikette stand damals sehr hoch im Kurs: Alles war ganz schnell eine Frage der Ehre, und diesbezüglich gab es kein Erbarmen. Und man liebte sein Vaterland. Regeln, Manieren und Normen haben ihre Grenzen erreicht, wenn sie nicht mehr dem Ziel dienen, für das sie geschaffen wurden. Daraus ergibt sich die Frage, ob man an Prinzipien festhalten muss oder ob es adaptive normative Prozesse braucht, um die Zivilisation weiter zu fördern.

All das liegt nicht primär in unseren Genen, wohl aber in unserer genetisch bedingten menschlichen Anpassungsfähigkeit. Sie ist unser großer evolutionärer Vorteil. Sie bedeutet aber auch, dass wir uns ohne große Schwierigkeiten wieder an andere unzivilisierte Verhältnisse anpassen können, an Verhältnisse, in denen unsere destruktiven Triebe ohne großen Aufwand wieder durchbrechen können.

Ich habe manchmal den Eindruck, dass uns die Bedeutung der Errungenschaften unserer Zivilisation nicht bewusst ist. Wir neigen eher dazu, uns zu beschweren, anstatt zu achten, wie viel wir schon erreicht haben – und was sich lohnt zu bewahren und weiter zu verbessern. Das mag auch in der ständig wachsenden Komplexität des Lebens liegen. Wir wissen immer mehr, und es gilt immer mehr zu berücksichtigen, um allem und allen gerecht zu werden. Je mehr Freiheit wir dem Einzelnen zugestehen, desto mehr Regeln bedarf es. Es ist kompliziert, die Autonomie eines einzelnen Menschen inmitten so vieler anderer zu wahren. Diese Komplexität überfordert manche Menschen, weil sie nicht über die intellektuellen Kapazitäten verfügen, weil sie unreif sind und/oder jung. Oder weil sie sich einfache und schnelle Lösungen wünschen und übersehen, dass in dieser Komplexität das Drehen an einer Schraube zu einer Änderung des ganzen Systems führt. Auch das lehrt uns unsere Wissenschaft im Umgang mit Verbrechern. Adaptive, normative Prozesse müssen weitestmöglich die Konsequenzen für das komplexe System erfassen, Fehler frühzeitig aufdecken und korrigieren und die Weiterentwicklung behutsam vorantreiben. Unser Rechtssystem, insbesondere die Rechtsprechung, erfüllt diese Forderungen in großen Teilen und meist viel besser als viele politische Schnellschüsse. Die forensische Psychiatrie leistet hier einen erkennbaren Beitrag, und darauf können wir stolz sein. Krankheit kann die Flexibilität, das Denken und Handeln beeinträchtigen und zu Straftaten führen. Die Gesellschaft kann es nicht hinnehmen, dass ihre Regeln gebrochen werden. Sie kann es aber genauso wenig hinnehmen, dass Täter, die von der Allgemeinheit nicht mehr getragen werden können, für immer ausgeschlossen bleiben, denn das würde unsere Zuschreibung der Würde des Menschen zerstören. Und alles zusammen würde das dünne Eis der Zivilisation zerbrechen, wenn wir auf die alten Mechanismen von Strafe, Ausgrenzung, Vergeltung, Tod zurückgreifen, die vor hundert oder zweihundert Jahren möglicherweise tauglich waren, um eine Gesellschaft zu befrieden. Heute sind sie es nicht mehr.

Zivilisation ist kein Selbstläufer, sondern etwas, das man bewusst pflegen, fördern und gegebenenfalls auch verteidigen muss. Es ist ein Spiegel des Zivilisationsprozesses, wie die Gesellschaft mit den Schwächsten ihrer Mitglieder umgeht. Opfer von Verbrechen, aber auch psychisch kranke Täter gehören zu den Schwächsten unserer Gesellschaft. Verständnis vermitteln, Erklären und adäquate Kommunikation können den Zivilisationsprozess verstärken und das dünne Eis tragfähiger machen. Dies ist einer der Gründe, warum ich dieses Buch geschrieben habe.

Sie werden Ihre Gründe haben, warum Sie es gelesen haben.

Literatur

Babiak, Paul und Robert D. Hare (2007): Menschenschinder oder Manager: Psychopathen bei der Arbeit. München, Hanser.

Cloninger, C. Robert (2004): Personality Disorders. Kaplan and Sadock's comprehensive textbook of psychiatry. B. Sadock and V. Sadock. Lippincott, Williams Wilkins: 2064–2080.

Daffern, Michael, et al., Eds. (2010): Offence Paralleling Behaviour – A Case Formulation Approach to Offender Assessment and Intervention. Forensic Clinical Psychology. Chichester, Wiley.

Farrington, David P. (2005): »Childhood origins of antisocial behavior.« Clinical Psychology and Psychotherapy 12: 177–190.

Gigerenzer, Gerd (2013): Risiko: Wie man die richtigen Entscheidungen trifft. München, C. Bertelsmann.

Haller, Reinhard (2015): Die Macht der Kränkung. Salzburg, Ecowin Verlag.

Hare, Robert D. (2003): Manual for the Hare Psychopathy Checklist – Revised. Toronto, Multi-Health-Systems Inc.

Horn, Alexander (2014): Die Logik der Tat: Erkenntnisse eines Profilers. München, Droemer Knaur.

Jelinski, Juliane (2012): Es war nicht deine Schuld. Eine empirische Studie zur Bedeutung des Schuldgefühls bei weiblichen Opfern sexuellen Missbrauchs in der Familie. Gießen, Psychosozial-Verlag.

Kahneman, Daniel (2011): Schnelles Denken, langsames Denken. München, Siedler Verlag.

Lorenz, Konrad (1984): Das sogenannte Böse. Zur Naturgeschichte der Aggression. München, dtv (Erstausgabe 1963).

Marneros, Andreas (2006): Affekttaten und Impulstaten – Forensische Beurteilung von Affektdelikten. Stuttgart, Schattauer.

Miller, George A. (1956): »The Magical Number Seven, Plus or Minus Two: Some Limits on Our Capacity for Processing Information«. Psychological Review 63(2): 81–97.

Monahan, John (1981): Predicting violent behavior. An assessment of clinical techniques. Beverly Hills, London, Sage Publications.

Moyer, Kenneth E. (1976): The psychobiology of aggression. New York, Harper & Row.

Pinker, Steven (2013): Gewalt: Eine neue Geschichte der Menschheit. Frankfurt am Main, S. Fischer Verlage.

Saimeh, Nahlah (2012): Jeder kann zum Mörder werden: Wahre Fälle einer forensischen Psychiaterin. München, Piper.

Schorsch, Eberhard (1971): Sexualstraftäter. Stuttgart, Enke.

Weizenbaum, Joseph und Gunna Wendt (2006): Wo sind die Inseln der Vernunft im Cyberstrom? Auswege aus der programmierten Gesellschaft. Freiburg, Herder.